절망 속에서 희망을 품다

절망 속에서 희망을 품다

발행일	2016년 9월 12일			
지은이	홍 영 순			
펴낸이	손 형 국			
펴낸곳	(주)북랩			
편집인	선일영	편집	이종무, 권유선, 김송이, 안은찬
디자인	이현수, 김민하, 이정아, 한수희	제작	박기성, 황동현, 구성우
마케팅	김회란, 박진관, 오선아			
출판등록	2004. 12. 1(제2012-000051호)			
주소	서울시 금천구 가산디지털 1로 168, 우림라이온스밸리 B동 B113, 114호			
홈페이지	www.book.co.kr			
전화번호	(02)2026-5777	팩스	(02)2026-5747
ISBN	979-11-5987-190-0 03320(종이책)		979-11-5987-191-7 05320(전자책)

이 도서의 국립중앙도서관 출판예정도서목록(CIP)은 서지정보유통지원시스템 홈페이지(http://seoji.nl.go.kr)와
국가자료공동목록시스템(http://www.nl.go.kr/kolisnet)에서 이용하실 수 있습니다.
(CIP제어번호 : CIP2016022187)

성공한 사람들은 예외없이 기개가 남다르다고 합니다.
어려움에도 꺾이지 않았던 당신의 의기를 책에 담아보지 않으시렵니까?
책으로 펴내고 싶은 원고를 메일(book@book.co.kr)로 보내주세요.
성공출판의 파트너 북랩이 함께하겠습니다.

절망 속에서 희망을 품다

홍영순 지음

" 죽음과도 같은 절망의 문턱에서 발견한 제2의 인생, 평범한 50대 아줌마의 평범하지 않은 이야기. "

북랩 book Lab

찬바람이 뼛속으로 파고드는 추운 겨울날. 나도 무엇인가 해야 하는데, 무엇을 어떻게 해야 할지 하는 생각으로 머릿속이 복잡하고 혼잡한 채 충정로로 향했다. 몇 달 전에 강의를 들은 적이 있는 선생님과 일대일 면담을 하기로 했기에, 무엇인가 해답을 들을 수 있지 않을까 하는 기대감을 앞세우며 선생님을 만나러 갔다.

커피향이 진한 커피숍에서 『나는 내가 고맙다』의 작가 유연숙 선생님을 만났다. 잔잔하게 흐르는 음악을 뒤로 하고 서로의 마음을 주고받으며 이야기꽃을 피웠다. 손에 든 따뜻한 차 한 잔은 추운 날 얼어붙은 몸과 마음을 충분히 녹여주고 있었다. 작가로 활동하고 있는 선생님께 나도 예전에 책을 쓰려고 몇 번이나 시도했는데 쉽지 않았다고, 그래서 포기했는데 막상 이렇게 작가 선생님과 마주앉아 있으니 기분도 좋고 부럽기도 하다고 내 마음을 표현했다. 그러자 대뜸 다시 한 번 해보라고 했다.

"어떻게요?"

"일단 점부터 찍고 시작해 보세요."

'점부터 찍고 시작', 이 한 마디에 그냥 그렇게 선생님의 '따라쟁이'가 되었다.

머릿속은 하얗게 최면에 걸린 것처럼 너무 쉽게 점부터 찍고 글을 쓰기 시작했는데, 두 번째 선생님을 만났을 때는 벌써 한참을 써내려가고 있었다. 며칠을 굶주린 사자가 사냥을 해서 미친 듯이 허기진 배를 채우듯, 나도 그렇게 오랫동안 굶주린 듯 정신없이 글을 쓰고 있었다. 몇 번이고 글을 쓰고 싶었던 지난날 살림 살고, 일하고, 아이들 보며 바쁘다는 핑계로 시도하다 말고 하다 말고를 여러 번 했다. 그런데 지금 생각하면 바쁘다는 건 단순히 핑계였던 게 아닐까. 왜냐면 지금도 일하고 와서 새벽 3~4시까지 글 쓰고 아침 6시에 일어나서 준비하고 출근하는 것을 보면 가능한 일이기에 말이다.

지금은 무엇인가에 홀린 듯 이렇게 잠도 안 자고 글을 써내려가고 있다. 책을 내려고 글을 쓰고 있는 지금, 피곤하지만 기분은 날아갈 것만 같이 좋다. 건강이 좋지 않아 피곤하면 안 되는데, 새벽까지 글을 쓰고 있는 지금은 행복하기만 하다. 컴퓨터와 친하지 않은 내가 자판을 두드리며 글을 쓴다. 속도는 느리지만 정타로 또박또박 치면, 글씨가 한 자씩 완성되고 문장이 이어지는 것을 보면서 짜릿한 전율이 느껴진다. 타닥타닥 타다닥 들리는 경쾌한 자판 소리가 왜 이렇게 좋은지, 세상 어느 음악 소리보다 더 듣기 좋다. 글을 쓴다는 것이 이런 것인가 하고 쾌감까지 느끼는 것이다.

오래전부터 책을 쓰고 싶어서일까. 아님 지금 겪고 있는 일이 하도

기가 막혀서일까. 그냥 쉽게 시작했다. 국문과를 나온 것도 아니고, 소설가도 아니고, 전공이랑 전혀 상관도 없는 내가 책을 쓴다는 것이 생뚱맞을지 모르겠다. 지금 나에게 일어나는 일들이 주인인 나의 허락도 받지 않고 마음대로 땅속 깊은 곳으로 빠져들어가 버렸다. 그곳이 절망인 줄도 모르고 그냥 들어가고 있는 것이다. 내가 아무리 힘없고 나약해 보여도, 절망의 소용돌이 속으로 빠져들어 가는 나의 모습을 그냥 둘 수가 없어서, 젖 먹던 힘까지 꺼내 소용돌이 속에서 건져내고, 희망이라는 꿈을 품을 수 있도록 나 스스로 노력해야만 했다. 어느 날 갑자기 닥쳐온 현실이라는 이름의 격랑에 휘말려, 이 젊은 나이에 제2의 인생을 준비해야 한다는 것이 이상할지도 모른다. 세상 사는 것이 내 마음대로 되지 않기에, 어느 날 갑자기 찾아온 절망을 이겨내기 위해 앞으로 잘될 것이라는 희망이 필요하고, 그 희망을 가지고 꿈을 만들어 도전해야 하는 게 아닐까.

하루에 10회 약을 시간 맞추어 먹지만, 진행 속도를 늦출 뿐 완쾌되지는 않는다. 비록 수명과는 상관이 없다고 하는데, 10~14년 정도면 80%가 사망하거나 심각한 장애를 겪는다고 한다. 그 사실을 무시할 수가 없기에 앞으로 제2의 인생을 준비하기로 했다. 그냥 이대로 자포자기하고 주저앉을 수만은 없는 것이다.

나는 두 아이의 엄마이자 가장이기 때문에, 병들었다고 달라질 것은 없다. 걱정하는 아이들을 위해서 씩씩하고 당당하게 견디고 아무렇지 않다는 것을 보여주고 싶은 것이 엄마의 마음인 것이다. 나의 남은 인생을 생각하면 정말 보잘것없는 제일 밑바닥을 걸어가고 있는 것인지도 모른다. 하지만 이 힘들고 어려운 상황에서 희망이라고는 눈곱만큼도 없는 남은 생애라 할지라도, 실오라기 한 가닥이라도 잡을 수만 있다면 나는 꿈을 꾸고 노력하고 싶다. 누군가에게 나처럼 힘든 사람이 있다면, 같이 손잡고 일어나자고 용기와 희망을 주고 싶다. 나보다 나은 많은 사람들에게는, 병들고 건강하지 못한 나도 하는데, 나 같은 시원찮은 사람도 하는데, 못 할 게 뭐가 있냐며 힘내라고 말해주고 희망과 꿈을 가지라고 말해주고 싶다.

지금은 내가 아프다는 사실을 가족, 형제 외에는, 이 책에 나오는 다섯 사람 외에는 아무도 모른다. 모두의 기억 속에 지금처럼 건강한 사람으로 남고 싶은 것이 솔직한 심정이랄까. 내가 아프다는 사실을 누가 아는 것이 아직은 마음에 걸린다. 하지만 비밀이라는 것이 한번만 밝히고 나면 속이 더 시원하다고 해도, 아직은 좀 그렇다. 이 글을 다 쓰고 책이 나오면 그땐 달라지겠지.

'어떠한 일이든 행동하지 않으면, 어떠한 일도 일어나지 않는다.'

얼핏 보면 당연하면서도 간단해 보이는 이 명제는 실로 단순명쾌한 진리를 내포하고 있다. 꿈을 꿈으로만 가지고 있어서는 결코 이루어지는 일이 없다는 불변의 진리를 말이다.

나같이 부족함이 많고, 나 같은 별 볼 일 없는 그냥 아줌마도 희망을 가지고 꿈을 꾸고 그 꿈을 실현하기 위해서 행동으로 옮기니 꿈이 이루어졌다. 또 꿈이 이루어지고 있다는 것을 말해주고 싶은 마음에서, 글재주도 없고 문장력도 없지만 나의 마음을 적어보기로 했다.

꿈꾸고 성공하고 싶다고 말만 하고 행동하지 않으면 아무것도 아니지만, 꿈꾸고 성공하고 싶다고 말하고 행동한다면, 뭐가 돼도 될 것이다.

"아무것도 하지 않으면, 아무 일도 일어나지 않는다."

| 차 례 |

프롤로그 _ 04

| 1장 | 이상 반응

언제부터인가 _ 13

헐! _ 28

똥 박사, 똥과의 전쟁 _ 33

완벽한 노후 계획서 _ 36

50대 아줌마 무얼 할까? _ 39

| 2장 | 노후가 없어지다

청천벽력 _ 46

근로 능력 _ 67

두 아들 _ 74

큰아들의 눈물 _ 91

똥 싸는 기계 _ 104

만병통치약 _ 115

작은아들의 눈물 _ 121

| 3장 | 제2의 인생

웃음 치료사 _ 132

눈물의 박장대소 _ 137

멘토 _ 142

맨땅에 헤딩 _ 148

모니터링 _ 153

홀로서기 1탄 _ 155

홀로서기 2탄 _ 160

다이어트 산타클로스 _ 164

소통은 엄지 척! _ 173

| 4장 | 절망 속에서 희망을 품다

내일을 위한 준비 _ 181

내가 몰랐던 나의 꿈, 당신의 꿈은? _ 187

도전하며 잃어버린 꿈을 찾아주다 _ 193

꿈은 이루어진다 _ 199

희망을 꿈꾸며 도전하는 지금은 아직도 진행 중 _ 203

| 5장 | 나의 든든한 조력자

날개 없는 천사 _ 210

웃음 친구 _ 219

창시자 _ 227

롤 모델 _ 239

버킷 리스트 _ 252

길거리 박장대소 _ 261

세상에 없는 스폰서 _ 268

웃음 백 세 _ 278

에필로그 _ 298

작가의 말 _ 302

1장

이상 반응

언
제
부
터
인
가.

청담동 산후재활전문치료병원에서 산모를 관리하는 나는 '홍 실장' 하면 다 알 정도로 꽤나 유명하고 잘나가는 한 사람이었다. 홍영순은 모르지만 홍 실장은 다 안다. 오랫동안 홍 실장으로 불린 나는 지금도 홍 실장으로 불리고 있고, 산모를 빼면 아무 이야깃거리가 없을 정도로 오랫동안 산모들과 하나가 되어 지내왔다. 그렇게 세월이 흘러 남들은 모르는, 정말이지 아무도 모르는, 혼자만 느끼는 이상 반응들이 몸에 나타나기 시작했다.

다리

언제부터인가 '어, 왜 이러지?' 하는 생각이 들었다. 주차장에서 걸을 때 발자국 소리가 달라도 너무 달랐다.

언제부터 그랬는지 알 수는 없지만, 다른 사람들이 지나가면 창피해지기 시작했다. 일부러 발바닥을 뒤꿈치부터 시작해서 중간, 앞, 발가락까지 정성 들여 디디며 걸어보기도 했다. 하지만 양쪽에서 나는 발소리는 너무 다른데, 이상하게도 내가 주차하는 주차장 건물에서만 그 소리가 들렸다. 우리가 다니는 보통 도로에서는 느끼지 못하고 있었으니, 발소리에 대해서 신경을 안 쓰고 지나온 것이었다. 통증도 없는데 주차장에서의 짝짝이 발소리는 더 심하게 나고 소리가 안 나게 걸으려고 까치발로도 걸어보고, 천천히 아주 천천히도 걸어보고 바로 걸으려고 하면 엉덩이가 뒤로 빠지는 느낌이 들기도 했다.

언제부터인지 모르지만, 가만히 서 있으면 오른쪽 무릎이 쭉 펴지지 않고 약 10도 정도 구부러지는 상태가 된 것을 알게 되었다. 그때부터 무릎 펴는 운동을 시작했다. 시간만 되면 무릎에 신경을 쓰는데도 무릎은 나를 외면한 채 쭉 펴주기가 싫은지, 펴는 그 순간만 잠깐 까꿍 하고 펴지고는 다시 구부러졌다.

또 어디선가 나의 모습을 찍었는데 그 사진을 보고 놀라지 않을 수 없었다. 사진 속의 내 모습은 똑바로 서 있는데, 무릎은 약간 구부린 채였다. 단체 사진을 찍을 때 뒷사람의 얼굴이 안 보일까 봐 앞사람이 약간 무릎을 구부려 주는 센스쟁이 같은 모습. 아니면 키가 커 보이면 면접에서 떨어질까, 공손하게 무릎을 약간 구부리고 있는 듯한 자세. 그때부터 서 있을 때는 무릎에 신경쓰고 일부러 무릎을 펴고 서게 되었다. 그런데도 무릎은 무심하게도 내 마음을 몰라주고, 생각 따로 몸 따로, 내 말을 듣지 않았다.

두 다리를 쭉 펴고 무릎에 힘을 주면 똑같이 양쪽 무릎에 힘이 들어가는데, 힘을 뺄 때 왼쪽 다리는 자연스럽게 힘이 빠지지만, 오른쪽 무릎은 그냥 그대로 힘이 들어간 상태로 있는 것이다. 내가 힘을 빼면 힘이 빠져야지 왜 힘이 안 빠지는지. 두 다리를 보며 힘을 주었다 뺐다 주었다 뺐다 아부라도 하는 것처럼 무릎에게 살살 정성을 들였다. 그런데도 오른쪽 무릎은 내가 무슨 잘못이라도 한 것처럼 삐져서 나의 말은 들은 척도 않고 고개를 돌려버렸다.

아침에 일어나면 제일 먼저 모관 운동을 한다.

모관 운동은 편안하게 누워서 팔과 다리를 하늘로 향하게 들고 떨어주는 운동이다. 모관 운동은 모세혈관 운동이라고도 한다. 모세혈관의 두께는 머리카락보다 훨씬 가느다란 1/5 정도다. 이렇게 가느다란 모세혈관은 우리 몸에 약 51억 개나 있다고 한다. 그 51억 개 중에서 팔과 다리에 있는 것만도 38억 개. 모세혈관 3개 중 2개가 팔과 다리에 있기 때문에, 팔과 다리 운동을 해주는 것이 혈액순환에 큰 도움을 준다고 한다.

모관 운동은 혈액 순환으로 생기는 질병들, 다리부종, 수족냉증, 저혈압, 하지정맥류, 면역력 등에 효과가 있다. 밤새 움직이지 않고 잠을 잔 후 혈액 순환이 제일 안 될 때, 아침에 눈 뜨자마자 이부자리에서 일어나기 전에 손과 다리만 하늘로 향해 들고 팔과 다리를 떨어주면 된다.

손바닥은 마주 보고 팔다리를 떨어주는데, 너무 크게 팔다리를 흔들지 말고 잔잔하게 약간씩 떨어주어야 한다. 중요한 것은 손발만 떠는 것이 아니라, 팔과 다리를 전체적으로 떨어주어야 한다.

아침마다 일어나면 제일 먼저 하는 운동이다. 그런데 언제부터인가 기억에도 없지만, 오른쪽 다리는 떨리지도 움직이지도 않고 그냥 목석처럼 하늘로 우뚝 솟은 채 가만히 있었다. 오른쪽 다리 하나만 따로 흔들면 나무토막처럼 흔들릴 뿐, 발목이 굳어 있어 왼쪽 다리처럼 자연스럽게 흔들리지 않았다. 양팔과 두 다리를 흔들면서 모관 운동을 하는데, 세 개만 움직이는 그 그림을 생각하면 참 우스꽝스럽다. 하나는 마치 말뚝을 박은 듯 일부러 세워놓고 있는 듯한 착각이 들 정도였다.

언제부터일까. 다리를 절기 시작했다. 시간이 지나면서 다리 저는 것이 눈에 보일 정도였다. 하지만 조심해서 걸으면 된다는 생각으로 천천히 걸어보기도 하고, 특히 산모들에게 표시 내지 않기 위해 까치발로 걷기도 하고, 뛰긴 뛰는데 천천히 뛰는 것 같은 폼을 하기도 했다.

그러던 중 오랜만에 옛날 산모를 만났다. 의자에 앉았다가 일어나는데

"어머, 실장님 어디 아프세요?"

"아니요. 왜요?"

"다리가 아프신 것 같아요. 아! 그때 교통사고 후유증인가요?"

"아! 예."

얼떨결에 교통사고 후유증으로 다리를 전다고 하니 깔끔하니 대답하기도 좋았다. 나는 몰랐다, 내가 그렇게 표시 나게 다리를 절고 있는지.

7년 전에 교통사고가 난 적이 있었다. 두 달 동안 병원에 입원했었는데, 이 산모는 내가 병원에 입원 중일 때 셋째를 출산한 후 인연이 되었다. 힘든 일을 하면서도 보약 안 챙겨 먹어도 병원 가는 일도 감기약 먹는 일도 없이 늘 밝고 건강하고 씩씩한 원더우먼이었는데, 그

런 사람이 다리를 절고 이상해 보이니, 교통사고 후유증으로 생각한 것이었다. 내 머리로는 이런 핑계 댈 대답을 생각 못 했을 텐데, 다행스러웠다.

10년 만에 나이 많은 산모를 만났다. 계속 연락만 하고 지냈기 때문에 10년 만에 만나는 얼굴이 얼마나 반갑던지. 46세에 늦둥이를 출산하고 나이를 거꾸로 먹는 것 같은 그 산모는 어느 대학교 피부과 교수님이 '홍 실장'을 안다며 만나고 싶다는 연락이 왔는데 같이 가자고 했다.

"내가 아는 피부과 교수님이랑 이름이 다른데요."

"나는 그분 모르는데요."

전혀 기억에 없다고 하는데도, 오래되어 기억 못 하는지도 모른다며 같이 가잔다. 소통은 하고 지냈지만 마주 보니 반가워, 두 손을 맞잡고 폭풍 수다를 떨며 피부과 교수를 만났다. 역시나 서로가 아는 피부과 교수도 아니고, 서로가 아는 홍 실장도 아니었다.

그래도 서로의 얘기를 하며 즐겁게 식사하고 일어나는데, 갑자기 그 교수님이 나를 잡으며 "괜찮으세요? 어디 아프세요?" 하며 내가 넘어질까 봐 급하게 부축했다.

그런데 이 상황이 넘어질까 봐 부축한 사람보다 부축 당한 내가 더 황당하니 놀랐다.

"예, 괜찮습니다."

"아니, 몸이 불편하신 줄 알았어요."

"아, 예. 교통사고 후유증이 조금 있지만, 아픈 건 아니에요."

교통사고 후유증이라 대답하니 말하기도 쉽고 깔끔하니 괜찮은데, 내가 일어날 때 '그렇게 이상한가? 집어줄 정도인가? 얼마나?'

자리 양보

한번은 늦은 시간에 버스를 탔다. 나는 아무렇지 않았는데, 어느 여학생이 자리를 양보하는 것이다. 버스에서 자리를 양보만 해보았지 양보를 받아보는 일은 처음이었다. 순간 당황하지 않을 수 없었다.

"아니, 학생 괜찮아요."

"내릴 거예요." 하며 옆으로 비켜섰다.

내릴 거라는 소리에 앉기는 했지만, 바늘방석이라는 것이 이런 것인 줄 '예전에 미처 몰랐어요'였다. 여학생은 내리지 않고 옆에 서서 핸드폰만 열심히 두드리며 손가락이 날아다니는 것을 자랑이라도 하듯 샤샤샤샤.

"학생, 야자 하고 피곤할 텐데 어떡해요 미안해서."

"괜찮아요. 안 피곤해요."

하고 말을 하면서도 손가락은 여전히 바쁘게 샤샤샤샤.

몇 정거장을 그러고 가는데 바늘방석도 그런 바늘방석이 없었다. 저녁이면 학생들도 야자 하고 피곤한 건 뻔한데, 앉으란다고 날름 자리에 앉아서 오니 고개도 못 들 정도로 창피했다. 게다가 '내가 자리를 양보받을 만큼 늙었나?' 하는 생각과 또 다른 생각들, '아니 세상에. 벌써. 이제 50인데. 말도 안 돼…' 하는 생각들이 머릿속에 다 뒤엉킨 듯 복잡 미묘했다. 그땐 노인네로 보고 자리를 양보한 줄 알았다. 그런데 시간이 지난 후 사람들이 일어날 때 부축하고, 걸을 때도 부축하려 해서 알게 되었는데, 그 여학생은 몸이 불편한 사람에게 자리를 양보해준 것이었다.

물론 내가 느끼는 이상한 점은 전혀 없었다. 다만 남들이 보기에 이상하게 보일지 모르지만, '왜 나를 부축하려 하지. 왜 나에게 괜찮냐고 하지?' 그렇게 이상히 여길 뿐 아무 이상도 느끼지 못했다. 내가 다리를 많이 절고 있다고 느꼈을 때 병원도 갔지만, 아무 이상 없다는 말을 들어서일까? 별로 대수롭지 않게 생각했다. 발목이 굳어 있는 것 같아 발목 스트레칭을 시작하고, 텔레비전에서 '걸음만 바로 걸어도 건강해진다'라는 프로를 보고 그대로 걷는 연습도 해보았다.

친정인 진해에 굉장히 유명한 마사지 숍이 있었다. 몇 번만 관리하면 못 걷는 사람도 멀쩡하게 걸어 다닌다는 곳이었다. 거기도 가보았지만, 골반이 틀어져서 그런 거라며 일주일에 두 번씩만 와서 20회 정도 관리받으면 괜찮아진다고 했다. 하지만 서울에서 진해까지 일주일에 두 번을 다닐 수가 없었다. 거리도 멀고 차비도 무시 못 하고 일도 해야 하는데, 그곳에서 좋아진다고 해도 진해까지 다니기는 무리가 있어 엄두도 낼 수 없었다.

폴더 체형

한번은 이런 일이 있었다.

열심히 걸어가는데, 자전거 타고 가던 아저씨가 아는 사람 쳐다보듯 계속 쳐다보았다. 자전거를 탄 채 나와 나란히 걷고 있는 것처럼 가면서 계속 힐끗힐끗 쳐다본다. 나와 눈이 마주쳐도 계속 그러는데, 아무리 봐도 내가 아는 사람이 아니었다. 그래서 내기 먼저 말문을 열었다.

"왜 그러고 보세요?"

"아니, 이러고 걸어야지, 왜 이러고 걸어요." 하며 자전거 위에서 나의 자세를 흉내내 보이며 등을 앞으로 구부렸다가 등을 쭉 펴는 자세를 취하는 것이다. 그러면서 하는 말.

"앞으로 넘어지겠어요. 앞으로 넘어질까 봐 내가 보고 있는 거예요."

순간 생각했다. '아, 내 자세가 이상하게 보이는구나.'

자전거 아저씨는 "허리 좀 펴세요. 이렇게, 이렇게." 하며 또다시 자전거 위에서 시범을 보이며 따라 하라고 한다.

"어떻게 그러고 걸어요, 앞으로 넘어지게 생겼구먼."

계속 옆에서 지적하는 아저씨에게 웃으며 대답했다.

"급한 일이 있어 가는데 마음이 급해서 그런지 머리는 먼저 가고 다리는 안 따라가나 보네요."

나는 아무 일 아닌 것처럼, 원래는 이러지 않았다고 확인이나 시켜주듯이, 등을 쭉 펴고 서서 방긋 웃었다. 그때서야 그 아저씨는 "꼭 앞으로 넘어질 것 같았구먼, 지금처럼 앞으로 넘어지지 않게 조심하세요." 하고는 자전거와 한몸이 되어 쌩하니 지나갔다. 그때부터 길을 걸어갈 때면 길가의 유리나 쇼윈도에 비치는 내 모습을 보곤 했다. 사람이 구부정하니 할머니가 걸어가는 것처럼 보였다. 마음 급하게 걸으면 더 심하게 꼬부랑 할머니가 된 듯 폴더형 체형으로 바뀌고 있었던 것이다. 한마디로 오스트랄로피테쿠스Australopithecus였다.

지금으로부터 약 300만~150만 년 전에 살았던 최초의 인류. 생김새가 사람보다는 원숭이에 가까운 딱 그 모습. 아니 그보다 더 숙이고 있는 정도.

사람이 걸어갈 때는 시선이 전방을 향하고, 걷는 본인의 발이 보여도 안 된다. 그런데 나는 걸어가면 발이 보이는 것이 아니라 무릎, 배, 가슴까지 보이니, 이게 웬말이란 말인가. 얼마나 구부정하니 걸으면, 고개를 푹 숙이고 걷는 것도 아닌데 상체와 하체가 폴더처럼 얼마나 접혔으면, 걸을 때 내 가슴까지 보일 정도란 말인가. 그때 그 기분을 어떻게 표현할까. 자전거 아저씨 앞에서는 창피하니까 아무렇지도 않은 듯 대답하고 웃었지만, 어느 노래 가사에서 "내가 웃는 게 웃는 게 아니야. 또 내가 걷는 게 걷는 게 아니야." 하는 대목처럼 내가 딱 그 심정이었다.

어떻게 이렇게까지 되었지, 하며 자세에 신경을 쓰고, 가슴을 펴고 등을 쭉 펴고 바른 자세를 취하려 했다. 하지만 오른쪽 무릎이 내 말을 듣지 않고 반항하며 마음대로 하듯, 몸통도 쭉 펴고 있어도 언제 그랬냐는 듯, 폴더 뚜껑 닫히듯 했다. 그렇게 나도 모르는 사이에 변해가고 있었던 것이다. 잠잘 때조차 오른쪽 무릎이 쭉 펴지지 않아서, 왼쪽 다리로 오른쪽 무릎을 누르고 발목 움직이는 운동을 하며 잠자리에서까지 신경 써야 했다.

그동안 병원도 가보았지만, 통증이 전혀 없는 다리엔 이상 없다는 말만 들었다. 왜 그런지 고민되어 나 혼자 힘들어할 뿐이었다. 다리가 아파 제대로 걷지 못하는 사람도, 병원에서 못 고친 사람도, 다리를 질질 끌고 다니는 사람도 멀쩡하니 걸어 다니게 한다는 유명한 체형 교정하는 곳도 가보았다. 여기저기 만져보며 진찰을 하더니, 골반이 틀어져서 그렇다고, 30회 정도 관리를 받으면 정상이 될 거라고 했다. 나는 반가움보다 의심쩍은 말투로 물었다.

"어머, 그래요? 한평생 멀쩡했고 출산하고도 괜찮았는데, 왜 갑자기 골반이 틀어져서 이런 증상이 생깁니까?"

나도 사람을 만지는 직업이라, 골반이 틀어지면 어떤 통증에 어떤 증세가 있는지 알 만큼 알고 있다. 매일 산모들 관리하며 골반 틀어진 것 봐주고 골반 운동시키고, 그게 내가 하는 일인데 이해가 갈 리가 없었다. 그랬더니, 어릴 때 결핵을 앓았는데, 그게 원인이고 그게 소아마비였다는 것이다. 나도 모르는 결핵은 무슨 말씀. 나도 모르는 소아마비. 어처구니없는 말을 들을 정도로 내 몸은 이상해져 갔다.

그렇게 무릎이 각도기처럼 10~15도 접히고 몸이 폴더처럼 접혀 가고 있는 중에, 다리에 힘이 들어와서 빠지지 않는 것이었다. 잠잘 때 바로 누울 때도, 옆으로 누울 때도 다리에 힘이 빠지지 않아서 힘들어지기 시작했다. 허공에 다리를 들고 있으면 힘든 것처럼. 학창시절 두 팔 들고 벌서고 있는 것처럼, 아무리 힘을 빼려고 자세를 바꾸어 보아도 힘이 빠지지를 않았다. 내 다리를 내 마음대로 할 수 없이 벌서는 듯한 느낌으로 힘을 준 채 잠을 자야만 했다.

그런데도 아무런 통증도, 낮에 출근하고 일할 때도, 뛸 때도 불편한 것은 없었다. 아니 가랑비에 옷 젖듯이 아주 조금씩 변해가고 있어서, 나도 모르게 변해가는 내 모습에 적응되어가고 있었다는 것이 맞는 말일 것 같다. 아무런 통증이 없으니까, 일하는 데 지장이 없으니까, 이런저런 생각으로 또 시간이 지나갔다.

팔

언제부터인가 오른쪽 팔이 쭉 펴지지를 않았다. 무릎처럼 10도 정도 구부러진 상태쯤. 손목은 8개의 손목뼈와 5개의 손허리뼈 기저부로 되어 있어 손목이 자유롭게 움직이는데 지금 나의 손목은 8개의 뼈가 단합대회라도 하는 듯 사이좋게 하나가 되어 자연스럽게 움직이질 않고 뻣뻣하게 굳어져서 손목이 통째로 움직이기 시작했다. 일을 끝내고 식사 시간 때 젓가락질을 하면, 남들 눈에 보일 정도로 손이 떨리기 시작했다. 원래 양손잡이에 왼손을 많이 쓰던 나는 잽싸게 왼손으로 젓가락질을 하고 남들이 알아차리지 못하게 했다.

"어머, 왼손 잘 쓰시네요."

"예, 원래 왼손잡이였습니다." 하고 간단하게 넘기며 패스.

그런데 손바닥을 펴면 쫙 펴지지 않고 약간 오목한 상태가 되었다. 물컵이 없을 때 손바닥으로 물을 담는 것처럼. 또, 힘도 약해지기 시작했다. 아무리 힘을 세게 주어도 힘이 들어가지 않고 손바닥에 오목한 공간이 생기면서, 다른 사람들이 손 느낌이 이상하다고 느낄 정도가 되자 왼손만 계속 사용했고, 이윽고 왼손에 무리가 갈 정도가 되었다. 왼손은 무리를 해서 아프다지만 '오른손은 아무런 통증도 없고 멀쩡하니까, 그래도 내가 일하던 것은 계속할 수 있으니까' 하며 시간을 보냈다. 그리고 쫙 펴지지 않는 손바닥을 주무르고 펴고 하는 일이 습관처럼 되어 손바닥을 조물조물하기 시작했다.

한번은 헬스 러닝머신 위에서 열심히 걷고 있는데, 지나가는 사람이 "어머 오른팔이 뒤로는 안 나오네요" 하며 말을 했다.

"예?"

그게 무슨 말인지 몰랐다. 걸음을 걸을 때 앞뒤로 팔을 흔들면서 걷는데 오른쪽 팔은 몸통에 붙어서 뒤로 가지를 않고 있는 것이었다. 깜짝 놀랐다. 의식을 하고 앞뒤로 크게 흔들어보았다. 뒤로 정상적으로 가는 것 같은데, 왼쪽 팔처럼 흔들어지지 않는다는 것을 알았다. 그것도 의식하고 흔들 때뿐, 그 후로는 걸어갈 때 오른쪽 팔은 몸통에 자석처럼 붙어 조금도 움직이질 않고 있는 것이었다.

그렇게 시간이 지난 어느 때부터인가 운동을 하는데 팔이 90도 이상은 앞으로도 옆으로도 올라가지 않았다. 밤에 잠을 잘 수 없을 정도의 통증은, 팔을 올리면 비명을 지를 정도로 심해졌다. 병원에서 회전근개가 망가졌다며 수술해야 한다고 했다. 나는 일을 해야 하는데 팔자 좋게 수술하고 입원하고 편안하게 쉴 수 있는 입장이 아니었다. 그래서 혼자 재활 운동을 시작했다. 재활 운동은 내가 전공이니, 6개월을 꾸준히 하루도 빠지지 않고 매일같이 재활 운동을 하였더니 만세를 부를 정도로 좋아졌다. 사람은 자기에게 꼭 필요한 일은 하는가 보다. 팔이 아프면 안 되니까 정말 열심히 재활 운동을 했고 결과는 성공이었다. 만세! 만세!

몇 달 후 어느 날 자고 일어났는데 오른쪽 어깨가 눈물이 날 정도로 아팠다. 화장실을 갔는데 손을 뒤로 돌려 뒤처리를 해야 하는데, 손이 닿지 않았다. 팔을 뒤로 해서 엉덩이 쪽으로 돌리면 눈물이 절로 흘러내릴 정도의 통증. 병원에 가서 손이 뒤로 안 간다고, 화장실에서 볼일 보고 뒤처리를 못 한다고, 손이 그곳에 닿지 않는다고, 통증은 심한데 설명하기도 참 애매모호한 상황에서 검사를 했다. 그런데 의사 선생님이 "어쩌고 저쩌고 해서 어깨뼈를 좀 깎아내는 수술을 해야 한다."고 했다.

통증이 너무 심해서 일도 못 할 정도였지만, 집안의 가장인 내가 수술하고 몇 달 동안 일을 쉬게 되면 어찌 되랴. 수술을 할 수가 없었다.

화장실에서 뒤처리를 할 때 왼손으로 하면 그만일지도 모른다. 하지만 그럴 수가 없었다. 만약 왼쪽 팔을 사용하기 시작하면 오른쪽 팔은 사용하지 않을 것이고, 그러면 그대로 오른쪽 팔은 영영 사용하지 못하게 된다. 화장실에 가는 것이 겁이 났다. 오른손을 사용해야만 하니까. 고통을 감내해야만 했으니까. 최대한 허리를 오른쪽으로 돌릴 수 있을 만큼 돌리고 돌리고 팔을 뒤로 당기고 당기고 겨우겨우 오른쪽 손을 사용하는데, 그 통증을 참는 것은 정말이지 지금 생각해도 끔찍하다.

혼자서 재활 운동을 시작했다. 처음엔 너무 통증이 심해서 하기 힘들었지만, 수술을 안 하려고 꾹 참고 어깨 운동을 시작했다. 일명 '하루 딱 5분! 운동'.

처음엔 눈물을 흘리면서 겨우겨우 5분을 채웠다. 이를 악물고 안 움직이는 팔을 들고 딱 5분! 매일 하루도 안 빠지고 딱 5분! 몇 달을 한결같이 딱 5분!

갈수록 바른 자세가 나오고 더 잘되어가면서 통증도 서서히 줄어드니, 그래, 나는 나을 수 있어. 몇 달이 걸리면서 어깨는 좋아졌고,

수술하지 않고 재활 운동으로 완쾌했다. 한마디로 인간승리였다. 지금도 어깨가 아프면 어깨 운동 몇 번으로 시원해지는 깃을 알 수 있다. 역시 운동은 좋은 것이여.

그렇게 오른쪽 어깨에 두 번의 수술 권유를 받았지만, 운동을 통해 성공적으로 잘 버텨냈다. 한편, 팔꿈치는 각도를 재듯 쭉 펴지지 않고 모양이 변해갔지만, 별다른 통증이 느껴지지는 않았다.

눈

언제부터인가 책을 볼 때 글씨가 커졌다 작아졌다 하는 것을 알았다. 내가 착각하고 있는 것처럼 표시 나지는 않는데, 무엇인지는 모르겠지만 글씨가 깨알처럼 보일 때도 있었다. 책을 볼 때도, 핸드폰을 볼 때도, 글씨를 볼 때면 느끼는 '어? 이상하네' 하는 느낌. 돋보기를 끼고 핸드폰을 보는데도 글씨가 너무 작게 보이는 것이다.

'어? 이상하다, 내가 이렇게 글씨를 작게 하고 보았나?'

'핸드폰이 고장인가?'

핸드폰 설정으로 들어가서 글꼴 크기를 확인하니 '더 크게'라고 되어 있었다. 다른 날엔 정상 크기로 보이다가, 어느 날 살며시 글씨가 작아졌다 다시 정상으로 돌아왔다. 그럴 때마다 '어! 이상하다, 이상하다'는 생각은 들었지만, 그 외에 아무런 증상이 없으니 그냥 대수롭지 않게 넘기곤 했다.

또 한번은 글씨체가 예쁜 건 아니지만, 글씨를 쓸 때 이상하게 작아졌다. 글씨를 작게 써도 그렇게 작게 쓰지는 않을 텐데, 작은 글씨가 한곳으로 모이게 글씨를 쓰는데, '이상하다'는 생각보다는 '왜 이렇게 글씨가 미워지지? 갈수록 글씨가 엉망이네.' 할 뿐 전혀 의심조차 하지 못했다. 이렇게 몸에 이상반응이 생기는데 전혀 눈치도 못 채고, 그냥 그렇게 시간이 지나가고 있었다.

행동

언제부터인가 행동 자체가 비디오를 천천히 돌리는 것 같은 느낌으로 '슬로 모션'이었다. 옆에서 무엇을 달라고 했을 때 성질 급한 내가 그 물건을 집어주는데, 나무늘보 정도는 아니지만 땅 위에 있는 거북이가 된 듯싶었다. '어, 이상하다.' 멀쩡하게 잘 움직이고 있는데 무언가 모르게 느릿느릿한 것. 내가 느끼지 못할 정도로 슬로 슬로(slow, slow). 오른쪽에 있는 마우스를 움직일 때 더블 클릭으로 폴더를 열어야 하는데, 손가락 움직이는 속도가 느려서 더블 클릭이 안 되는 정도. 몇 번씩 다시 더블 클릭을 해야 할 정도. 커서를 올려놓고 '준비 땅!' 하고 기다렸다가 더블 클릭을 할 정도로 늦게 움직이는 행동이 단지 오른쪽 팔에 힘이 없기 때문인 줄로만 알았었다.

힐
!
。

어느 날은 잠자리에 들었는데 갑자기 다리가 움직였다. 뭐라 어떻게 표현할 수 없는 꿈틀거림? 다리에 힘을 빼고 있을 때 무릎을 탁 치면 다리가 저절로 툭 튀어오르는 느낌. 또 부르르 떨리기도 하고, 다리가 부르르 떨리면 몸이 저절로 움찔해지는 느낌. 그 느낌은 추운 날 갑자기 소변을 누고 나면 온몸이 부르르 떨리는 그런 것!

다리가 부르르 떨릴 때마다 온몸으로 전해지는 으으으 하는 느낌은 잠을 이루지 못할 정도로 기분 나쁘게 만들었다. 가끔 한 번씩 잠들기 전에 다리가 내 허락도 없이 마음대로 움직이기 시작하면, 잠도 못 자고 이리 뒹굴, 저리 뒹굴, 밤새 힘들게 뒤척이다 어떻게 잠들었는지. 새벽녘에야 깜빡 졸다 일어나는 것이다. 하지만 통증은 전혀 없었다. 가끔씩 이런 증상이 생기면 잠자기는 물 건너간 것이다. 눈만 감고….

여러 차례 잠을 못 자게 되니 그때서야 '아무래도 몸에 이상이 생긴 것이 분명해' 하며 병원을 가야겠다고 생각했다. 그런데 무슨 과를 가야 하는지. '정형외과를 가야 하나, 신경외과를 가야 하나, 신경과를 가야 하나?' 고민을 좀 한 후 동네에 신경과는 없고 정형외과가 몇 군데 있기에 일단은 가까운 곳에 있는 정형외과를 먼저 가보기로 했다.

이 동네로 이사 온 지 얼마 안 되고 식구들이 없으니까 병원 갈 일도 없어서 어디가 좋은지 몰라, 동네 야쿠르트 아주머니께 여쭈어보고 추천 받아 방문한 정형외과. 다리 발소리가 이상하다는 말과 함께 손바닥이 쫙 펴지지 않는다며, 또 다리가 혼자 내 허락도 없이 움직인다고 모두 다 말했는데, 내 말은 듣는 둥 마는 둥 카르테에 알 수 없는 글씨를 써넣고는 x-ray를 찍으란다.

???

웬 x-ray? 황당했지만 의사 선생님이 시키는 대로 "사진 예쁘게 찍어주세요." 하며 다리도 찍고 손도 찍은 후 잠시 기다렸다. 그러자 "홍영순 씨 들어오세요." 하고 부른다. 아무 말 없이 들어가 의사 선생님 앞에 앉았다. x-ray 사진을 보던 의사는 "아무 이상 없습니다." 한다. 이게 끝이다.

"헐!!!"

'헐'이란 말을 누가 만들었는지, 정말이지 너무 완벽하게 잘 만들었음에 감탄하는 순간이었다.

"헐!!!"

몇 시간 기다리고 1분 본다는 대학병원보다도 더 간결한 진료시간. 말 몇 마디 더 하면 벌금이라도 내는지, 금언령을 지키고 계시는지. 입을 닫고 다른 일을 하는 의사 선생님께 아무 말도 할 수가 없었다.

아니 아무 말도 못 하고 나온 것이 맞을 것이다. 진료비와 x-ray 사진 찍은 것을 계산하고 나오는데, 이 무슨 황당한 병원이 있단 말인가.

'뼈에 이상 없는 걸 사진을 찍어봐야 아냐고.'

'멀쩡하게 다 움직이는데 뼈에 이상이 있으면 어떻게 움직이냐고.'

'뼈에 실금만 가도 붓고 아프고 만지지도 못하는데.'

'나는 아픈 곳은 전혀 없는데.'

병원 문을 나서며 혼자 씩씩거리며 집으로 왔다.

며칠이나 지났을까. 아니 몇 달이 지나갔을 거다. 아픈 곳은 없지만 몸에 이상이 생긴 느낌을 지울 수가 없어서 신경과를 찾았다. 동네에는 신경과가 없어서 규모가 큰 2차 병원에 접수했다. 간호사가 어떻게 왔냐고 물었다. 이런이런 증세가 있어서 왔다고, 신경과에 오는 게 맞냐고 나는 물었다.

"접수하셨으니까 일단 선생님 보세요."

혈압을 재고 기다리니 들어가란다. 다리가 쭉 펴지지 않고 발자국 소리도 양쪽이 너무 다르고, 손바닥이 쫙 펴지지 않으며, 다리가 내 허락도 없이 혼자 움직인다고, 모두 다 오른쪽만 그런다고 자세히 설명했다.

그런데 의사 선생님 왈.

"뼈에 이상 있어요?"

"아니요."

"신경에 이상 있어요?"

"아니요."

"감각에 이상 있어요?"

"아니요"

"그럼 근육 문제네요, 운동하세요."

"헐!!!"

황당해도 이렇게 황당할 수가!

"선생님, 오른쪽만 이상한데 그건 왜 그런 건가요. 혹시 중풍 같은 거 오는 건 아닌가요?"

"혼자서 그렇게 느끼는 겁니다. 생활하다가 더 이상이 생기면 그때 다시 오세요." 하고 끝이다. 이러고도 2차 병원이라고 돈은 많이 받는 것 있죠.

언제부터인가 피로하기 시작했다. 피곤이 조금씩 밀려와서 '아~ 피곤해, 왜 이렇게 피곤하지? 좀 쉬어야 되겠어.' 하고 쉬는 것이 아니라, 갑자기, 그냥 갑자기 물 한 바가지 팍! 붓는 느낌. 아니, 물 한 대야를 갑자기 확 동시에 머리 위에 붓는 느낌으로 피로가 하나 둘 셋 하고 오는 것이 아니라, 갑자기 백 하고 오는 느낌! 차 안에서 의자를 뒤로 제치고 편안하게 누운 듯 기대고 쉬는 것이 아니라, 운전석에 앉은 그대로 고개를 떨구고 한 시간도 좋다, 그냥 그대로…. 아니면 조수석으로 옆으로 넘어간 상태로 뽕 가버리는 일이 많아졌다.

아픈 곳도 없는데 피곤한 정도가 심해졌다. 주위 사람들이나 친구에게 얘기하면

"갱년기라서 그래."

"야, 요즘 나도 그래."

"나도 그래."

"우리 나이가 딱 그럴 때야."

하고 나들 그냥 그런 게 정상이라고 한마디씩 했다.

깨끗한 피부에 항상 밝은 얼굴. 동안이라는 수식어가 늘 따라다녔다. 항상 내 나이는 38세라고 뺑치고 다녔고 모두가 인정도 해주었다. 그런데 2014년 감기몸살로 아파서 누웠다가 일어나면서 10년 늙어버리고, 2015년 또 감기몸살로 누웠다가 일어나면서 또 10년이 늙어버렸다. 얼마나 심하게 골골 앓았는지, 동생이 죽을 사들고 올 정도였다.

감기약도 잘 안 먹는 내가 갑자기 감기에 발목이 잡혀 한 2~3년을 골골 하고 있으니, 이 또한 갱년기라서 그렇다고….

이렇게 몸에 이상이 생기고 있는것도 전혀 모르고, 그냥 그렇게 바쁘다는 핑계로 열심히 살았다. 괜찮겠지, 이러다 다시 좋겠지 하는 생각만 하고, 걱정이라고는 병아리 눈곱만큼도 안 하고 살았다. 동생도 옆에서

"혼자 있으니까 잘 해먹질 않아서 영양이 부족해서 그런 거야. 좀 잘 먹고 다녀." 하며 잔소리 섞인 걱정을 할 정도로 대수롭지 않다는 반응을 보였다.

똥 박사,
똥과의 전쟁.

지금까지 직업상 만나는 사람들이 모두 100% 여성이다. 여성들은 대부분 변비가 있다고들 한다. 그런데 젊었을 때부터, 아니 내가 철든 후에 만나는 사람을 모두 합쳐도 나보다 변비가 심한 사람을 보질 못했다. 말이 변비지, 얼마나 힘든 고통인지 '뼈 없는 얘기'를 낳았다고 해도 과언이 아니리라. 그러다 보니 변비에 관한 것이면 박사 수준이 다 됐다.

변비로 순위를 매긴다면 당연히 1등인 일명 '염소똥'. 몽돌 해수욕장에 가면 있는 몽돌. 몇백 년 몇천 년을 파도에 부딪치며 인내하고 다듬어서 모나지 않고 둥글어진 몽돌처럼, 배 안에서 얼마나 오랫동안 모양을 내고 다듬었으면 동글동글하게 예쁜 구슬은 힘을 주어도 나올 생각이 전혀 없는, 정말이지 너무너무 힘들게 하는 변비였다. 유리병 속에 콩이 반쯤 들어 있는데, 조금씩 기울이면 콩이 나올 텐데, 한꺼번에 엎어놓으니 딱딱한 유리병 입구가 막혀 안 나오는 것. 아무리 유리병을 눌러도 소용없는 것. 딱 그것이다.

그런데도 될 수 있는 한, 약은 먹질 않으려 했고, 또 안 먹고 다른 방법들을 찾았다. 변비에 좋다고 하는 것은 우리 집에 줄을 서 있다. 차전차피 씨앗부터, 다시마 환, 알로에 환, 청국장 환, 양배추 가루, 치아시드, 화이버웰 식이섬유, 일본에서 사온 변비약, 유산균 등등. 한 가지만 계속 먹으면 안 되어 때 따라 바꾸어가며 적적히 조절해야만 하는, 그리고도 아침 공복에 올리브유 마시기부터 아주까리 기름 먹는 것까지, "변비에 무엇이 좋다고 하는 사람 나와 보라 그래, 까불고 있어!" 딱 그런 느낌. 마음에는 안 들지만, 그렇게 몸으로 고생하며 '똥 박사'가 되었다.

그런데 언제부터인가 변비 때문에 구급차를 불러야 될 정도가 되었다. 배가 등가죽에 붙었다고 할 정도로 배가 없었는데, 언제부터인가 차츰차츰 배가 나오더니, 임신 8개월로 출산을 앞두고 있는 산모 수준쯤 될 것 같은 정도에 이르렀다. 그 정도면 항문 입구까지 막혀 소변도 안 나오기 때문에, 출근이고 약속이고 모두 취소하고 화장실에서 '똥과의 전쟁'을 해야만 했다.

출근 전에 화장실에 앉으면 입구가 막혀 일어서지도 앉지도 못했다. 처음에는 관장약으로 해결했는데 갈수록 그것도 힘들어졌다. 항문 자체가 막혀 관장약이 들어가지 않고 다시 밀려나오는 수준에 이르렀다. 관장약을 6~7개 사용하면서 2시간 이상 화장실에서 울고 소리치고 땀으로 범벅이 되어 고전을 거듭하다 나오면 기진맥진. 출근도 못 하고 몸져 누워버리곤 했다. 그렇게 '똥과의 전쟁'이 계속되어 가는데, 식이섬유부터 물까지 아무리 많이 먹어도 효과가 없었다. 입으로는 먹고 아래로는 나오질 않고. 화장실을 못 가니 갈수록 식사량도 줄어들고, 어쩌다 한번 화장실을 다녀오면 식사량이 늘어나고. 먹고 나니 다시 배가 불러 그렇게 구급차를 불러야 할 정도가 되어 119를 누르다 말고를 수십 번. 병원에서 변비에 좋은 장운동 하는 약을 몇 번씩 지어다 먹었는데, 처음에만 잠깐 좋다가 약을 먹어도 소용이 없었다. 그땐 몰랐다. 왜 이렇게 변비가 심한지를….

완벽한
노후 계획서.

항상 입버릇처럼 말한다.

"65세까지만 일하고, 65세 이후에는 절대로 일을 하지 않을 것이다."

"65세부터는 지금까지 하고 싶어도 못 하고 참고 살아온 것 모두 다 하며 인생을 즐기며 살 것이다."라고.

건강검진을 해도 산부인과를 가도 아무런 이상이 없다고 하는데, 내 몸이 조금씩, 뭔가 모르게, 무엇인지 모르게, 조금씩, 아주 조금씩 모래탑이 소리 없이 무너지듯 사그라지는 느낌이 들기 시작했다. 그러면서 앞으로 살아갈 길이 살짝 걱정되기 시작했다.

내 주위에는 사람이 아무도 없다. 그래서 누구에게도 짐이 되지 않고 혼자 살아갈 준비를 해놓아야만 했다. 아이들에게 짐이 되지 않고 나 스스로 노후를 책임져야 한다는 강한 생각으로 지금까지 살아온 것처럼, 혼자 힘으로 단단하게 완벽하게 노후 계획을 세워놓았다. 넉넉하게 살지는 못하겠지만, 지금처럼 일해서 65세까지 일하고 아이들 각자 보내고 나면, 65세 이후에는 절대로 일하지 않고 연금 받으며 생활할 것이라고. 그때까지 일하면 넉넉지는 않아도 국민연금과 개인연금이면 혼자 시골여행 정도는 하면서 사는 데는 전혀 지장이 없을 테니까.

몸만 건강하다면 끄떡없는 계획이었다. 평생 다이어트는 해본 적도 없지만, 음식에 욕심내지 않고 항상 '마른 근육형'을 유지하며, 한 끼 굶으면 평생 찾아 먹을 수 없는 밥에 목숨이라도 건 것처럼 꼬박꼬박 챙겨 먹었다. 왜냐면, 한 끼 굶으면 힘이 없으니까. 쓰러질 것 같으니까. 물론 운동도 하면서.

사람들은 헬스 다닌다고 하면 "살 뺄 것도 없는데 무슨 헬스를 해?"라고 하고, 또 동네 산으로 운동 가면 "어휴, 빼삭 말라서 살 뺄 것도 없구먼, 무슨 산에 운동 오냐?"라고, 마치 마른 사람이 산에 가면 안 되는 것처럼 말한다. 헬스는 살 빼려고 가는 것이 아니고, 소위 말하는 '알통'을 만들려고 근력 운동을 하기 위한 곳이 아닌가? 동네 산에 가는 것은 유산소 운동으로 건강을 지키기 위한 것인데 말이다.

나름대로 열심히 운동을 하다 보니 보기 좋을 정도로 팔에는 '말근육'이 표시 나고, 팔굽혀펴기를 정석으로 해서 60개는 거뜬히 했고, 바벨은 30kg를 들고 운동했었다. 사람들은 매일같이 살과의 전쟁을 한다. 먹을 것 다 먹고 뒹굴거리고 매일 저울 위에 올라가며 "아이 속상해, 몸무게 또 늘었어!" 그 다음날도 저울 위에 올라가며 "아이 속상해, 또 늘었어!" 하며 매일 매일 똑같이 늘었다고만 한다. 맨날 그 몸에 그 몸무게인데.

이렇게 나름 몸 관리도 하고 건강검진도 꼬박꼬박 받으며 근육 양도 충분하고 지방만 더 있으면 된다는, 괜찮은 몸 관리를 했었다. 이렇게 열심히 숨쉴 틈도 없이 옆도 뒤도 안 보고 앞만 바라보고 살았으니, 할머니가 되면 어깨 짐 다 내려놓고 시골길을 걸으며 여행도 하고, 각 지역 5일장 구경도 다니며 시골 장터를 천천히 돌아다니며 맛있는 것 사먹으며, 그렇게 여유 있는 한가한 여행을 하고 싶었다.

외국 여행? '요즈음은 개나 소나 다 가는 외국여행, 우리나라도 아니, 제주도도 못 가봤는데, 말도 안 통하는 외국은 무슨?' 하며, 나의 노후를 풍요롭지는 못하더라도 지금까지 누리지 못한 여유를 마음껏 즐기며 살고 싶었다.

아침에 출근할 때, 수영가방 메고 스포츠센터 차 타는 사람들이 부러웠고, 문화 센터에 등록해서 이것저것 배우며 끼리끼리 모여 비빔밥 사먹으며 코스모스 축제, 단풍놀이 등등 어울려 다니는 것이 얼마나 부럽던지. 그래도 65세까지 열심히 일하고, 그 이후에는 나도 저렇게 하리라 마음먹었다. 아이들 키우며 앞만 보고 억척스럽게 사느라 '나'라는 존재가 없었는데, 그때가 되면 젊어서 못 한 취미 생활도 하고 문화 센터도 다니며 이것저것 배우고, 동료들이랑 끝나고 식사도 하고…. 정말 너무 소박하고 평범한 그런 생활들을 여유롭게 하고 싶었다.

50대 아줌마 무얼 할까?

병원에서는 이상이 없다고 하지만, 스스로가 조금씩 몸에 이상을 느끼면서

'아~ 내가 몸이 아파서 이 일을 못 하면 무슨 일을 하지?'

'어떻게든 나는 일을 해야만 하는데, 이 일을 그만두게 되면 무슨 일을 하지?'

'어떤 일을 해야 지금 이상해지는 내 몸에 무리가 안 가게 65세까지 일을 할 수 있을까?'

하며, 지금 할 일이 있을 때 다른 방법도 찾아놓아야 되겠다는 생각을 했다. 그래서 그때부터 벼룩시장부터 전봇대 벽보까지 무엇이든 다 알아보았다. 산모들과 분리를 시킨 홍 실장은 생각조차 안 해보았는데, 이제 서서히 산모들과 분리하는 작업을 해야 할 때가 다가오고 있다는 것을 나의 몸 상태를 보고 자연스레 감지하게 되었다. 힘이 없어지고 약해져가는 내가 앞으로 할 수 있는 일이 무엇인지 찾기란

쉽지 않았다.

직장에서아 홍 실장 하면 최고 인기 있고 팬들도 많이 있지만, 직장에서 떠나면 그냥 50대 초반의 아줌마가 되었다. 경력이 있어도 50대 아줌마는 갈 곳이 없는데, 경력 없는 50대 아줌마는 정말 갈 곳이 없었다. 제일 많이 가는 곳이 식당 서빙. 주방 설거지. 건물 청소, 산후 도우미, 베이비시터.

나는 산부인과에 있었고 아는 사람이라고는 산모들뿐인데, 산후 도우미도 있고 베이비시터도 하겠다고 하면 홍 실장 인기야 다 아는 사실. 서로 모셔가려 할 것은 안 봐도 비디오였다. 하지만 힘이 빠지고 있는 지금 산후 도우미나 베이비시터를 할 거면, 지금처럼 산모를 관리하고 다이어트 방법도 가르쳐주고 재활 운동도 가르쳐주고 잔소리해가며 눈감고도 졸면서도 하는 내 일을 하는 것이 제일 좋은데, 이렇게 좋은 기술이 있는데, 있어도 못 하게 생겼을 때를 대비해서 직장을 찾으려 하니 정말 아무것도 없었다.

식당 서빙. 다리에 이상이 생긴 내가 하루 종일 아침부터 밤까지 일한다는 게 무리일 것은 명약관화明若觀火했다. 조금씩 하는 아르바이트는 지금 한 가정의 가장인 나에겐 수지타산이 맞지 않았다. 인터넷 네이버 박사에게 물어보기도 하고, 생활정보 신문을 가짓수대로 들고 와서 찾아보며 이곳저곳 수소문하고 뒤져봐도, 정말 맞는 것이 없었다. 한마디로 깜깜했다.

주변에 아는 사람들의 도움? 내가 아는 사람이라고는 산모들뿐. 매일 만나는 사람들도 산모들뿐. 그러다 보니 지금도 내 핸드폰 속에 살고 있는 산모들이 1,300명쯤 같이 동고동락하고 있다.

1,300명쯤 되는 산모들은 직업도 가지각색이다. 의사, 판사, 변호사, 군인, 경찰, 회계사, 탤런트, 영화배우, 가수, 청와대 비서실 등등. 우리나라의 직업이란 직업은 다 접할 수 있다. 심지어 외국사람까지도. 작은아들의 말을 빌리면 "엄마가 인맥을 이용하는 사람이라면 엄마보다 다양한 인맥들이 또 있겠느냐며, "대단한 인맥을 사용 안 해서 없을 뿐"이라고 했던 적이 있다.

이렇게 일하는 내가 안쓰러웠던 걸까. 가끔은 산모 어머니들이

"왜 이렇게 힘든 일을 해요? 신랑이 돈 벌어주는 것으로 살지."

하며 불쌍한 듯 안쓰러워하는 사람들이 간혹 있었다. 하지만 대부분의 산모 친정어머니들은 나를 부러워했었다.

"이런 좋은 기술이 있으니 얼마나 좋아요. 모두 다 일하고 싶어도 일이 없는데, 이런 좋은 기술이 있으니 얼마나 좋아요."

나는 산모들의 출산 후 몸 상태와 출산 후 우울해지는 정신의 안정을 담당하고, 건강을 책임지고 다이어트하라고 잔소리하고, 운동하라고 잔소리하고, 온갖 잔소리를 다 하는 사람인데, 홍 실장이 아프다는 소문이 나면 어떻게 되겠는가. 완전 끝장이다. 그래서 산모들에게는 아무런 조언을 구할 수가 없었고, 그 수많은 인맥들을 그저 손가락 빨며 지켜볼 수밖에 없는 상황이었던 것이다.

그래서 매일같이 무얼 할까, 무얼 하면 될까 하고 사방팔방 찾고, 고민하고, 생각하고, 걱정하는 나날이 계속되었다. 하지만 그 어디에서도 답을 찾을 수 없었다.

우리 동네에서 조그마한 분식 가게를 하다가 장사가 너무 안된다고 그만두고 취직한 40대 후반 여자가 있었다.

큰 마트에 족발 자르는 데 취직했다고 얼마나 자랑을 하는지. 하루 8시간 근무하고 월급 120만 원 받는다고, 편하고 좋은 일자리에 취직 잘했다고 엄청나게 자랑을 했었다. 그것도 50이 넘으면 취직하기 힘든데, 자기는 그래도 40대라서 취직되었다고 자랑할 때, 그것이 그렇게 대단한 건지 그땐 몰랐다. 주위에 있는 사람들이 모두 다 직장을 다니고 있으니까, 50대 아줌마가 취직하는 것이 힘들 거라는 게 피부에 와닿지 않는 것은 어찌 보면 당연한 일이리라.

그때 문득 생각이 났다. 언젠가 텔레비전 방송에서 대형마트 계산원을 뽑는데 70% 정도가 석사 출신이었다고. 열심히 공부하고 학위를 받은 후 임신, 출산, 육아 문제 해결하고 아이들 키우고, 소위 말하는 솥뚜껑 운전하다가 10~15년 후에 사회에 나오면 누가 그 사람을 채용하겠는가. 학위를 가지고 있는 젊은 사람도 차고 넘치는데, 나이 든 아줌마를 누가 채용한단 말인가. 특별한 기술이나 재능이 있지 않으면 고학력자나 고학력자가 아닌 자나 그냥 아줌마일 뿐, 나이 들면 취직하기 힘든 것은 마찬가지인 것이다. 나도 산모만 보다가 새로운 일자리를 찾으려니 정말 모래사장에서 바늘 찾는 것처럼 어려웠다. 그러던 중 웃음 치료사라는 직업을 알게 되었다.

다이어트 비법

사람들은 항상 다이어트 하냐며 어쩜 이렇게 배가 없냐며 비법을 가르쳐 달라고들 한다. 그 비법 아무리 가르쳐 주어도 절대로 지키지 않으면서 말이다. 청소기가 먼지를 빨아들이듯 있으면 있는 대로 먹어치우는 습관만이라도 제발 고치라고 해도, 하루 이틀 지나가면 도루묵이 되고 만다.

다이어트 성공하는 비결은 간단하다. 운동하지 않아도 몸무게 몇 킬로는 저절로 빠진다.

첫째, 하루 세 끼 꼬박꼬박 먹는다.(어느 메뉴이든 상관없다, 먹고 싶은 것 다 먹어도 된다.)

둘째, 식사량을 3분의 1만 줄이고, 대신 천천히 먹는다.(3분의 2를 먹는 시간이 3분의 3을 먹을 때의 시간이 소요될 만큼 천천히 먹는다.)

셋째, 간식은 먹지 말라는 것이 아니라, 식사와 바꾸어 대체하면 간식도 맛있게 먹을 수 있다.

넷째, 저녁식사 이후에 야식은 금지.(저녁식사를 거르면 꼭 밤에 출출해서 간식을 먹게 된다.)

다섯째, 식사 후 바로 누워 잠들지 않는다.

음식에 욕심만 안 내면~, 천천히 먹으면~, 절제하면~, 소식하면~ 성공!

2장

노후가 없어지다

청천벽력。

보는 사람들마다 어디 아프냐며 병원에 한번 가보라고 했다. 봄에 진해에 계신 엄마에게 다녀왔는데, 그때 엄마도 그랬었다.

"야야, 몸이 왜 그래?"

"모르겠어요, 아픈 데는 전혀 없는데 자세가 이러네요."

"몸이 영 삐뚤하구만은."

"병원 갔는데 아무 이상은 없다고 하는데, 다리도 절고 쭉 펴지지를 않네요."

"혹시 중풍 오는 것 아니냐?"

"에이, 설마."

"꼭 그런 것 같은데." 하고 엄마는 중풍을 의심했다. 오랜만에 본 오빠도

"너 몸이 왜 그러냐. 어디 안 좋니?" 하고 물었다.

"이상하네. 내가 그렇게 이상해?"

매일 보는 사람은 매일 보니까 이상하게 걸어도 너무 잘 걷고 아픈 데도 없으니까 그런가 보다 하는데, 오랜만에 본 사람들은 너무 변해 버린 모습에 다들 한마디씩 했다.

"그래 언니야. 꼭 중풍 걸린 사람 같아." 하면서 동생도 병원을 가보라고 했다.

"병원에 갔었어. 모든 증상을 얘기했는데도 아무 이상이 없다고, 더 있다가 오라고 했어."

다음날 큰딸이 중풍이라도 걸릴까 봐 걱정된 엄마는 무릎이 아파 걷기가 불편하신데도 "다리를 질질 끌고 다니는 사람도 고치는 곳"이 있는데 가보자며, 아픈 다리로 난간을 잡고 3층까지 직접 올라가서 상담을 했다. 그곳에서는 중풍은 아니라고 했다. 중풍이 오면 눈동자도 이상하고 혀도 이상하고 말하는 것도 어눌한데 모든 게 멀쩡하다며, 중풍은 아니라고 했다. 엄마는 딸이 중풍이 아니라고 하니, 다 낫기라도 한 것처럼 안도의 숨을 쉬셨다.

진해에 계신 엄마는 그때부터 "몸이 영 삐딱해서 못 보겠더라, 혼자 있어서 잘 해먹지도 않고 하니 몸이 안 좋은 것 같다."고 하시며 늘 걱정을 하셨다. 추석 한 달 전쯤 엄마는

"언제 한번 올래. 네가 영 걸려서 안 되겠더라. 한약 잘 짓는 데 알아놨다. 녹용 한 재 지어줄 테니 언제 한번 와라." 하셨다.

속상해서 눈물이 났다. 팔순을 바라보는 나이에도 50이 넘은 자식을 걱정해서 한약 잘 짓는 곳 알아보고 다니시니 죄스러웠다. 불효도 이런 불효가 없었다.

아산병원에 예약 전화를 했다.

증세를 말하고 무슨 과로 접수해야 되느냐고 물었더니, 증세가 여러 가지라 어디를 가야 할지 모르니 가정의학과를 접수하라고 한다.

"이런, 그건 아니지요. 정형외과를 가든지, 아님 재활의학과를 가든지, 아님 신경과일 것 같은데요."

그러자 증세가 여러 가지라 모르니 가정의학과 접수해서 진료하고 가라고, 넘겨주는 과로 가면 된다고 한다. 이런~

서울대병원으로 예약 전화를 했다. 증세를 말하고 물었더니 알아보고 다시 전화해주겠다며 기다려 달란다. 얼마 후 전화가 왔다. 신경과 근신경을 보는 선생님께 예약해주겠다며, 일단 그곳에서 보고 다른 과로 갈 수 있다고 했다.

추석 연휴 전날 서울대병원에 갔다. 어떻게 왔냐는 질문에 어느 행동을 할 때의 손동작과 떨림, 다리만 이야기했는데 첫마디가 "변비 없으신가요?"였다.

"완전 너무 심해서 구급차 부를 뻔했습니다."

"갑상선은요?"

"침샘검사 몇 번 했습니다."

"손 이렇게 해보세요, 다리 이렇게 해보세요." 하더니 "언제부터 이런 증상이 있으셨나요?" 한다.

"확실히는 모르겠는데, 다리는 1년쯤. 팔은 6개월쯤."

"진행된 지 3~4년 되었습니다."

"약을 한 달 분 줄 테니 꼭 챙겨 드세요."

그러고는 간호사에게 알아듣기 힘든 말로 신경과 파킨슨으로 옮기라며, 그 과 진료날짜 봐서 약을 더 맞추어 주라고 간호사에게 말했다.

"선생님 확신하시나요?"

선생님이 바로 대답했다.

"확신합니다." 그러고는 "앞으로 신경외과도 가야 하고 재활의학과도 가야 하고, 갈 길이 멉니다."라는 말을 덧붙였다.

나에게 파킨슨이라는 말은 안 했지만, 파킨슨이라는 말은 들어본 적이 있으니까, 아무 생각 없이 그냥 파킨슨과로 옮기라기에 파킨슨과로 가는 게 맞는 거냐는 질문으로 '확신하냐'고 물은 거였다. 그런데 아무런 의학적인 검사를 하지 않았는데도 '확신한다'고 대답했다. 간호사를 따라 파킨슨과를 갔다. 다행히 2주 후 한 자리가 취소된 자리가 있다고 예약을 해주었다. 진료비를 계산하려 수납으로 갔는데, 진료 전에 계산한 진료비를 취소하며 말했다.

"병명 아시지요? ○○○○○로 지정되어서 진료비 할인해서 다시 계산해 드리겠습니다."

"예?"

나는 깜짝 놀랐다.

"병명이 무엇인데요?"

"그건 여기서 모르니 안에 가서 다시 물어보세요."

순간 기분이 이상했다.

'무식이 용감'이라고, 파킨슨에 대해서 잘 모르니 그냥 아무 생각 없이 담담하게, 파킨슨과로 옮겼으니 단순히 파킨슨이라고만 생각하고 아무렇지 않았는데, 얼마 전 주위에 가까운 사람이 암수술을 받았는데 그때 무엇을 등록했다는 말이 생각나서 다시 물었다.

"○○○○○ 그게 뭐예요? 혹시 암 환자들 등록하는 것 그런 건가요?"

"예."

"암 환자는 5년인데, 이건 몇 년인가요?"

"똑같이 5년입니다." 하며 잠깐 기다려 달란다. 신경과에서 병명을 넣어 ○○○○○ 등록을 해놓았는데, 코드번호를 넣지 않아서 계산할 수 없으니 잠깐 기다리라고 했다. ○○○○○ 이것이 무슨 단어인지 정확히 몰랐는데, 용어 자체도 생소한 '산정 특례자'로, 난치성 질환이나 유전성 질환, 희귀성 질환, 암 같은 병이 든 사람들의 경우 보다 좋은 치료를 위해 환자 본인에게 부담을 덜어주기 위한 것이라는 걸 나중에 알게 되었다.

마음이 급해졌다. '내가 희귀병에 걸린 것인가?' '파킨슨이 희귀병이란 말인가.' '산정 특례자로 지정될 정도로 심각한 병이란 말인가.'

갑자기 심장에 파도가 일기 시작했다. 두두두두둥둥둥둥, 작은북의 작은 소리에서 시작해서 큰북의 가장 큰소리까지 올라가듯 심장이 뛰기 시작했다.

기다리는 동안 얼른 네이버에서 파킨슨에 대해서 알아보았다.

파킨슨은 희귀병으로 불치병이며 우리나라 60세 이상 인구의 1%인데, 50세 이전 발병은 그 1% 중 10%라고 한다.(이런 확률이면 로또가 당첨되어야 하는 것 아닌가.) 뇌에 도파민의 신경세포가 소멸되면서 생기는 희귀병으로, 발병한 후 대부분 합병증으로 5년이면 50%, 10년이면 83~84%가 사망하며, 또한 10년을 산다고 해고 목숨만 붙어 있는, 정상 생활을 할 수 없는 경우가 대부분이라고 한다. 혼자서 밥 먹는 것도 세수하는 것도 못 하게 된다고….

헐!!!

병원 수납창구 앞에서 잠깐 기다리는 동안 급하게 찾아본 네이버 검색은 어느 곳에서 보았는지 알 수가 없지만, 이것만 보아도 충격적이었다.

짧은 시간 동안 찾아본 정보가 믿기지 않았다. 파킨슨이라는 말은 들어보았지만 불치병인 줄 몰랐다. 정상 생활을 할 수 없다는 것도 몰랐던 사실이다. 눈물이 핑 돌았다.

수납에서는 코드번호를 넣지 않았다고 다시 처음 그대로 결제하고 병원을 나서는데, 서울대 근처에 사는 10년 전의 산모가 보고 싶다며 서울대병원으로 오겠다고 했다. 볼일이 있어 나왔다며 택시 타고 올 테니 조금 기다려 달라고 했다. 나는 2주 후에 다시 오니 그때 만나자고 하고는 집으로 향했다. 집으로 오는 버스 안에서 네이버 안을 돌아다니며 계속 파킨슨에 대해 찾아보았다.

집에 와서도 컴퓨터를 좋아하지 않는 내가 정보를 찾기 위해 컴퓨터 앞에 앉았다.

서울대학교병원 의학 정보에 의하면, "현재까지 행해지는 파킨슨병에 대한 치료는 주로 증상을 완화시켜 환자가 최대한 일상적인 생활을 유지할 수 있도록 돕는 것이다. 파킨슨병은 만성 진행성 질환이므로 환자의 증상은 서서히 악화되고, 대부분 10년 정도 지나면 다양한 합병증으로 인하여 사망에 이르게 된다."라고 한다.

즉 파킨슨병의 경과는 다양하지만 연구 보고에 따르면 "5년 이내에 25%에서, 5~9년에는 67%에서, 10~14년에는 80%에서 사망이나 심각한 장애를 나타냈다."고 했다. 정보를 볼수록 파킨슨은 무서운 병이었다. 전 세계적으로 완치가 없는 불치병으로서, 파킨슨으로 사망하는 일은 없지만 합병증으로 사망하게 된다는 것이었다.

혼자서 일상생활이 안 되는 병이라고 했다. 눈물이 났다. 쪼그리고 벽에 기대고 앉아서 울었다. 엉엉 울었다. 울고, 울고 또 울었다. 죽는 것은 무섭지 않은데, 혼자서 일상생활을 못 한다는 것이 받아들일 수 없이 힘들었다.

그도 그럴 것이, 어느 날 갑자기 사고를 당한 아버지는 머리에 지퍼를 달 정도로 머리 수술을 여러 번 했는데도, 거의 40년 가까이 심각한 장애를 가지고 사셨다. 혼자서는 기초적인 일상생활조차 전혀 할 수 없었다. 하루하루 다른 사람의 도움을 받아야만 했다. 옆에 계시는 엄마의 고생을 무슨 말로 표현할 수 있겠는가. 어릴 때부터 아버지의 그 모습을 보아왔는데, 그런 아버지처럼 창살 없는 감옥에 갇힌 듯한 암담한 생활을 나도 하게 된다는 게 정말 죽으면 죽었지 받아들일 수 없었다. 하루아침에 장애자가 된 아버지의 마음도 죽기보다 힘들었겠지만, 죽는 한이 있어도 아버지처럼 살고 싶지는 않았다. 눈물이 끝없이 흘러내리고, 아무도 없는 방안에서 그냥 엉엉엉 목놓아 울었다.

차라리 '암'이면 좋겠다고 생각했다. 암 환자를 무시해서도 아니고, 암 환자들의 고통을 몰라서도 아니다. 다만 암은 수술이라도 할 수 있으니까. 공기 좋은 곳에 가서 살고 관리 잘하면 완치 판정도 받을 수 있으니까. 또 무슨 음식이 좋다 무슨 음식이 좋다 하며, 좋은 음식으로 좋아지기도 하니까. 그런데 파킨슨은 음식으로 대체할 수 있는 것도 없었고, 수술로 고칠 수 있는 것도 아니었다. 약을 먹는다고 낫는 게 아니라, 진행을 늦추어줄 뿐이라고 했다.

"아버지, 오늘 하루만 울고 안 울게요." 하고는 또 울었다. 그냥 계속 눈물이 났다. 이제 50대 초반인데 길어야 십 몇 년. 잘하면 환갑 때까지 살 수 있으려나. 아니 환갑 때까지 산다는 것이 중요한 게 아니었다. 얼마를 살든, 내가 사는 동안 나 스스로 움직일 수 있는 것이 더 중요했다. 스스로 밥 먹고, 스스로 세수하고, 혼자서 화장실 가고, 혼자 옷 입고… 이런 기초적인 일상생활조차 못 한다고 생각하니 가슴이 메어왔다.

아이들은 어떡하지. 엄마가 없으면 어떡하지. 한국에 들어왔을 때 우리 아이들은 어디서 짐을 풀지. 엄마가 없으면 집이 없어지는데 어떡하지. 내가 누구의 손을 빌려서 살아야 된다면 정말 살고 싶지 않은데, 죽을 준비를 미리 해놓아야 되나? 이런 여러 가지 생각들로 머리가 복잡해져 갔다. 50대가 되도록 여행 한번 못 가보고 놀며 즐기며 살아본 적도 없는데, 아이들 뒷바라지하며 앞만 보고 살았는데, 그래서 노후에는 즐기면서 살 거라고, 여유롭게 시골길 여행 다니면서 노후에는 절대로 일하지 않고 살 거라고 준비하며 기다렸는데…. 인어공주가 사랑하는 왕자의 행복을 위해 스스로 바다에 뛰어들어 물거품이 되어 사라지는 순간처럼, 나의 노후, 나의 미래가 송두리째 물거품처럼 사라지는 순간이었다.

한참을 울고 또 울고 있는데, 밤에 작은동생에게서 전화가 왔다. 내일 추석이라 서울 올라올 건데, 시댁에서 일하다 보면 만날 시간도 없다고 미리 전화를 한 것이다. 이런저런 말을 하다 병원 갔다 온 얘기를 했다. 놀라는 동생. 위로하며 한참을 말했는데, 많이 울어서일까, 무슨 말을 했는지 기억이 나질 않는다.

미국에서 공부를 하다 한국에 들어온 후 부산에서 살고 있는 동생은 우리 모든 형제들이 한자리에 앉아서 얘기할 수 있는 토론의 자리를 만들어, 얘기할 수 있게 하는 주인공이다. 거리가 멀어서 자주 만나지는 못하지만, 우리 형제들 이보다 더 좋을 수는 없다. '미스 벚꽃 아가씨'로 미인대회까지 나간 동생은 지금도 변함없이 한 미모 하는, 등 뒤에 백을 메고 나가면 학생으로 볼 정도로 정말 예쁘고 착하고 사랑스런 동생이다.

멀리 있는 효자보다 가까이 있는 이웃사촌이 낫다는 말처럼, 엄마 가까이 산다는 이유로 진해에 계시는 엄마에게 자주 다니며 엄마의 말벗이 되어주기도 하고, 엄마의 건강을 체크하고, 정기적으로 병원 예약부터 약 타는 일까지 혼자 다 도맡아 한다. 또 집에서 만든 반찬들을 서로 주고받으며, 국수도 같이 만들어 먹고 옥상에서 고기도 같이 구워 먹는다. 동생 혼자서 부산에서 진해까지 왔다 갔다 하며 함께할 수 있는 소소한 시간들, 딸이 옆에 있어 좋은 모든 것들을 다 하고 있는 것이다.

동생 신랑 또한 휴가나 여행을 갈 때 꼭 진해에 계시는 엄마를 모시고 여행을 간다. 이 동생 부부 덕분에 지금까지 세상구경 못 한 엄마는 과메기 철이나 대게 철에는 포항으로, 갓김치 철엔 여수로, 태안으로 다니며 세상구경하며 코에 콧바람을 넣을 수 있는 것이다. 멀고 먹고 살기 바쁘다는 이유로 일 년에 두어 번 진해 엄마에게 가는 나는 이런 면에서 이 동생 부부에게 늘 고맙고, 늘 미안하다.

이 동생네는 어릴 때부터 남다른 평범하지 않은 아이가 있다.(이 글을 쓰고 있는 오늘 큰조카의 '멘사 시험' 결과가 나왔는데, 만점을 받았다. 조카는 상위 1%, IQ 156 이상으로, 멘사 시험으로는 정확한 IQ가 측정 불가하다고 나왔다. 그것도 최연소의 기록으로) IQ가 156을 넘는다는 뛰어난 조카보다 더 대단한 것은, 동생 부부의 일심동체가 된 자녀교육에 대한 특별한 결정들이다. '어떻게 저런 결정을 할 수 있을까? 나라면 절대로 못 할 텐데' 하는, 보통 사람들이 결정짓기 어려운 것들을 자녀를 위해서 결정하고 뒷받침해주는 것이다.

큰동생에게서 전화가 왔다. 추석날 차례를 지낸 후 시어머님 모시고 신랑이랑 같이 시외할머니 댁에 갔다 올 거라며, 집에 와서 아이들이랑 맛있는 것 먹으며 같이 자달라고 했다. 나는 병원을 다녀온 이틀 후 추석날 동생 집에서 잠을 잤다. 예쁘고 착한 조카들이랑 귀여운 잠옷을 입고 사진도 찍고 장난도 치며, 수다 떨고 밤늦도록 재미있게 놀았다.

큰조카는 누가 보아도 딱 보면 얼굴에 '착하다'라고 적혀 있다. 너무 착하고 성실하고 예뻐서 '어떻게 시집을 보내지?' 하고 걱정될 정도다. 지금 내가 보아도, 어느 누가 보아도 아까운 아이다. 누가 될지. 어느 누가 우리 큰조카 데려간다면 정말 '땡잡은 것'이다. 복권 당첨된 것보다 더 땡잡은 것이다. 작은조카는 카리스마 짱이다. 매력 덩어리다. 같은 여자가 보는데도 한마디로 끝내준다. 작은 조카가 연예인이 된다면 '바람과 함께 사라지다'에서 비비안 리가 맡은 역의 스칼렛 오하라쯤 되지 않을까 싶다. 이 아이들은 넓은 자기 집에 있다가 좁은 이모 집에 오면 불편할 텐데도 "이모 집은 앉아서 손만 뻗으면 다 닿아서 편하고 좋아요." 한다. 이모 집이라고 놀려오는 아이들이 이렇게 고마울 수 없다.

조카들이 잠든 후 혼자서 핸드폰으로 네이버를 뒤지며 파킨슨에 대한 정보를 찾았다. 중국에서는 어느 남자가 12년째 일상생활을 하고 있다고 했다. 고향을 떠나 혼자서 생활하고 있었다. 정상인은 아니지만 힘들게 움직이며 밥하고 반찬도 만들었다. 친구들이 놀러오면 시간이 많이 걸려도 직접 음식을 만들어 대접하고, 친구들은 인내심을 가지고 기다려 주는 장면이 나왔다. 이 남자의 걱정은, 조금 더 심해지면 집을 구할 수 없다는 것이었다. 중국에서는 몸이 불편한 사람이 혼자 산다고 하면 집을 빌려주지 않는다고 한다. 목발을 짚거나하는 단순 장애가 아니기 때문에…

또 다른 사람은 젊은 여자인데, 몸을 흔드는 정도가 너무 심했다. 운동장애가 심해서 아버지가 붙잡고 있는데도 제어가 안 되고 뛰쳐나가는 사람도 있었다. 남자인 아버지의 힘으로도 관리가 되질 않는 사람도 있었다. 사람마다 다 다르게 나타나는 증세는 결국 결과가 다 배드 엔딩이었다. 조카들이 잠든 후 소리 없이 눈물이 나고, 수도꼭지 망가진 것처럼 나의 눈물은 계속 나왔다. 수도꼭지가 망가져서 눈물이 나오는 거라면, 수도 요금이 엄청나게 나올 것이다.

다음날 동생과 동생 신랑, 동생 시어머님이 돌아온 후 같이 밥을 먹었다. 그리고 이것저것 한 보따리 챙겨준 먹을것을 싸들고 집으로 돌아왔다. 버스 타는 곳까지 나온 동생은 "무슨 일 있어?" 하며 이상한 듯 물었다.

"일은 무슨, 잠 잘 자고 잘 먹고 가는데."

"무슨 일 있지, 말해봐."

"아무 일도 없어."

"응? 무슨 일 있는 것 같은데?" 하며 자꾸 다그친다.

"아무 일도 없어, 일은 무슨." 하면서도 자꾸 물어보는 동생의 목소리에 눈물이 나오려 했다.

"별일 없어. 괜찮아." 하고 말은 하는데, 눈물이 핑 돌려고 했다. 동생의 눈을 피하면서 "왜 이렇게 차가 안 오는 거야?" 하며 버스 오는 곳으로 시선을 돌렸다. 예리한 동생은 그것까지 짚었다.

"거 봐, 무슨 일 있는 거 맞네. 무슨 일이야? 왜 그래? 나에게 못 할 말이 뭐가 있어?" 하며 집요하게 캐물었다. 나는 애써 웃음지어 보이며

"야아, 아무 일 없어. 네가 자꾸 그러니까 그러잖아. 왜 사람 울리려고 그래?" 하며 웃음 아닌 웃음을 보이는데 버스가 왔다. 눈물이 보이기 전에 웃으면서 인사하고 얼른 차에 올라탔다. 고무가 늘어날 대로 늘어난, 빵빵하게 분 물풍선이 0.0001초 만에 터지기 직전인 것처럼, 눈물이 터지기 일보 직전이었다.

서울에 같이 사는 동생은 참 고마운 동생이다. 동생인데 친정 같은 동생. 친구 같은 동생. 속 깊은 동생. 꼼꼼하고 야무지고 버릴 데라고는 티끌만큼도 없는 동생. 착하고 예쁘고 늘 옆에서 도와주는, 말로는 표현할 방법이 없을 정도로 고마운 동생. 사랑하는 동생이다. 50을 바라보는 나이인데도, 딸들과 밤에 동네에서 볼일 보고 오다가 학교 선생님을 만나면, 선생님이 "친구랑 밤늦게까지 돌아다니냐?" 하며 "빨리 집에 들어가라."고 할 정도다. "우리 엄마인데요." 선생님, 너무 미안해서 급 사과. 예쁜 동생은 딸들이 있어서 그런지 나이가 들어도 예쁜 모습 그대로다. 선홍이가 한국에 와서 하는 말이, 이모는 나이

를 거꾸로 먹는다며, 더 젊어졌는데 엄마는 할머니가 되었다고 말하기도 했었다.

동생 신랑 또한 참 멋있는 사람이다. 성실하고 사람 됨됨이가 진국 중에 진국이다. 무뚝뚝해서 예쁜 딸들에게 점수가 조금 깎일 때도 있지만, 그럴 때마다 우리 아이들은 이모부 불쌍하다며 이모부 편이 되어 웃음을 주기도 한다. 우리나라에서 단 몇 명만 가지고 있는 자격증을 보유한 실력파인 이 이모부는 퇴직 후에 교수가 되려는 꿈을 가지고 끝없는 노력으로 박사 학위까지 받았다. 나이가 들어도 그 잘나가는 위치에 안주하지 않고 꿈을 위해 노력해서 박사학위를 받은 이모부는 선홍이의 롤 모델이기도 하다.

며칠째 버릇이 생겼다. 시간만 있으면 컴퓨터 앞에 앉아 파킨슨에 대해 알아본다. 동생 집에서 돌아온 후 정보를 찾고 있는데, 밤에 동생이 갑자기 찾아왔다. 우리 집에서 같이 자고 갈 거라고 보따리를 챙겨서 온 것이다. 언니가 뭔가 있는 것 같은데 말을 안 하고 가서 부산 동생에게 전화해서 물어보고 왔다고 했다. 부산 동생도 언니에게 말하고 싶지 않았는데, 그래도 알아야 된다고 말을 했단다. 사실은 동생도 큰 수술을 받은 상태라 지금도 치료 중에 있기 때문에.

동생네 집에서 자는 날도 울어서 눈은 부어 있었고 "웃고 있어도 웃고 있는 게 아니야" 하는 노랫말처럼, 남들은 모르지만 동생은 내가 이상하다는 것을 알아차린 것이다. 아무 말도 안 하고 간 언니가 마음에 걸려서 부산 동생에게 전화해 혹시 아는 게 있는지 물어보고, 놀란 동생은 한걸음에 달려왔다. 어차피 알 일이라 내가 속 시원히 말을 하고 왔으면 동생이 힘들게 시골에서 오자마자 또 이렇게 오지 않아도 되는데. 하지만 그땐 동생에게 말을 할 수가 없었다. 시골에 올라온 동생은 바빴다. 또 시어른도 계시고 동생 신랑과 조카들도 있는데, 어떻게 얘기할 수 있는 상황이 아니었다. 가만히 있어도 눈물이 펑펑 쏟아지는데, 동생에게 얘기하면 또 눈물이 날 것이고…. 아니, 눈물바다가 되었겠지. 그 많은 식구들 앞에서 울고 있을 수는 없었다. 어차피 동생도 알 일이지만 그날은 아니어서 그냥 왔더니, 결국 동생이 달려온 것이었다.

큰동생도 작은동생이랑 똑같은 위로의 말을 했다. 그리고 우리 집에 오는데 갑자기 '부자와 거지 나사로'가 생각났다며, "하나님이 얼마나 언니를 사랑하고 계신지 알겠다."고 했다.

"언니야, 내가 도와줄게."

"너는 힘이 없어서 안 돼."

"나 힘센데."

"그 힘으로는 안 돼." 하며 같이 울고 웃고 한 후 집으로 보내버렸다.

동생은 충격받은 언니가 혼자 있는 것이 걱정되어 위로해주고 같이 자러 온 것이었다. 동생이 이곳까지 안 와도 되는데, 시골에서 온 후 잠시도 못 쉬고 집안 치우고 신랑과 시어머니, 아이들 아침 식사까지 준비해놓고 언니 집까지 오느라고 얼마나 바빴을지, 안 봐도 비디오였다. 수술 이후 무리하거나 피곤하면 안 되는 동생이기에 "피곤할 텐데 집에서 편하게 푹 쉬며 자라."고 같이 있겠다는 동생을 강제로 퇴출시키듯 그냥 보냈다. 동생을 보낸 후 그래도 동생 말처럼 '부자와 거지 나사로' 얘기가 큰 위안이 되었다.

며칠 후 동생이 말했다. 앞으로 계속해서 평생 병원에 다녀야 되는데, 서울대병원은 교통이 나쁘다고. 이제는 무슨 병인지 알았으니 가까운 병원으로 옮기자고 했다. 그래야 동생이 같이 다닐 수 있다고, 검사하기 전에 옮기는 것이 좋을 것 같다고 했다. 맞는 말이다. 지금은 나 혼자서도 씩씩하게 다닐 수 있으니까 서울대병원까지 다녀도 되지만, 나중에는 평생을 다녀야 하는데, 그리고 혼자 일상생활도 못하게 된다면 혼자 병원 못 다닐 것은 불 보듯 뻔한 일이었다. 그러니 아무도 없이 한국에 혼자 있는 나는 동생의 도움을 받을 수밖에 없으니, 교통이 편한 아산병원으로 옮기기로 했다. 서울대병원을 취소하고 아산병원으로 바꾸니, 한 달을 더 기다려 11월에 예약할 수 있었다.

아산병원을 처음 가는 날, 인천을 다녀오는 길이라 지하철 잠실역에서 내려 걸어서 정문으로 들어가 두리번거리며 찾고 있는데, 후문으로 들어온 동생이 어디에 있느냐며 전화가 왔다. 아산병원을 자주 다니는 동생은 여기는 어디고 여기는 어디고 하며 병원을 안내해주고, 차를 어디에서 내려 후문으로 오면 편하게 올 수 있다고 자세히 알려주었다.

아산병원에서 진료를 보는 날, 서울대병원에서 파킨슨 약을 한 달 먹었다고 했더니,

"서울대 누가 파킨슨이라고 했어요?" 한다.

한번 진료 본 선생님 이름을 어떻게 기억하지? 그것도 내가 진료의사 지정한 것도 아닌데.

"이름이 생각 안 나는데요."

"걸어보세요, 손 이렇게 해보세요."

하며 서울대 병원에서와 똑같이 몇 가지 체크를 했다.

처음에 서울대 병원에 갈 때만 해도 몰랐는데, 기다리는 두 달 사이에도 계속 진행 중이었고, 그것도 빠르게 진행 중이었다. 진료를 기다리는 두 달 사이에 생긴 이상한 증세들을 말했다. 바지를 입을 때자꾸 넘어지려 해서 벽에 기대고 옷을 입어야 한다는 것. 팬티를 입는 짧은 순간마저도 한쪽 다리를 들면 중심을 잃는다는 것. 버스를타고 손잡이를 꽉 잡고 있는데도, 차가 정지하면 다리에 힘이 없어 저만큼 밀리는 것… 꼭 두 다리는 형식이고, 두 손으로 잡고 매달려 가는 것처럼 다리에 힘이 없다고 했다. 손에 가방이라도 들고 있으면 한손으로 손잡이를 잡고 가는 것은 불가능해서 어깨에 엑스 자로 메는크로스 가방을 사용하고, 자유가 생긴 두 손으로 손잡이를 꼭 잡아야만 버스를 탈 수 있었다. 이 말이 끝나기가 무섭게

"머리에 이상이 생긴 것이 확실하네요. 이것저것 검사를 많이 해야되겠습니다."

한다. 동생이

"제발 파킨슨만 아니어야 할 텐데요." 하니

"지금 이 상황에서 파킨슨이기를 바래야 됩니다."

"예?"

나와 동생은 소스라치게 놀랐다. 무슨 말인지 이해가 안 되었다.

"이 상황에서 파킨슨이 제일 다행입니다."

"그럼 무엇이 더 있는데요?"

동생과 나는 동시에 같이 물었다.

"파킨슨 증후군 같은 것이 있습니다."

나는 작은 눈을 동그랗게 뜬 채 멈춘 듯한데 동생은 침착하게 묻는다.

"파킨슨과 파킨슨 증후군은 어떻게 다른가요?"

"파킨슨 증후군은 진행 속도가 빠릅니다. 그래서 위험합니다."

"그러니 파킨슨이길 바라는 게 제일 다행입니다."

나는 아무 말도 못 하고 멍한 상태인데, 동생은 보호자 노릇을 잘하고 있었다.

"변비가 심한데요."

"어느 정도 심한가요?"

"파내야 할 정도입니다."

충격을 받아 조금은 멍한 상태로 있던 내가 대답했다.

"그 정도면 해볼 건 다 해보았겠네요."

"예."

"앞으로 계속 힘들 겁니다."

내장 기관을 다스리는 신경세포가 죽어가면서 배변 활동이 힘들거라고 했다. '그래서 이렇게 힘들게 했구나' 그놈의 변비가 한번 힘들면 하루 종일 드러누울 정도로 힘들게 하더니, 앞으로도 계속 그렇다고? 병이 심해지면 더 심해질 거라는 사실에 아픈 것보다 더 걱정될 정도였다. 앞으로도 똥과의 전쟁은 계속된단 말인가!

밤에 잠잘 때의 상태를 묻는데 모른다고 했다.

"왜 몰라요?"

"자니까요. 옆에서 봐주는 사람이 없으니까."

호구조사를 하듯이, 남편이 같이 와야 하는데 왜 같이 안 왔는지,

자녀는 몇 명인지, 아들은 몇 살이고 무엇을 하는지, 형제는 몇 명인지, 형제들은 어디에 사는지 묻는다. 가족들에게 꼭 알리고 같이 와야 한다고, 혼자서는 못 견딘다고, 꼭 가족들에게 말하고 같이 오라고 했다.

진료실에서 나온 후 파킨슨 담당 선생님을 만났다. 사람마다 다양하게 나타나긴 하지만, 앞으로 다가올 것들을 조금이라도 연장하기 위해서 꼭 필수로 해야 할 운동 방법과 약 먹는 방법, 금지 약물까지, 주의사항들을 설명해주며 파킨슨에 관한 안내장과 작은 책자들을 가득 담은 가방을 선물이라며 내밀었다. 반갑지 않은 선물로 받은 흰 가방을 메고 여러 가지 검사를 예약하고 돌아섰다. '제발 파킨슨만 아니면 좋겠다'며 병원에 갔는데, 돌아오는 길은 '제발 파킨슨이길' 간절히 바라면서 돌아오는 웃지 못 할 상황이 되었다.

검사비는 200만 원 정도. 임상 자료가 아닌 여러 가지 검사 이후, 눈에 띄게 확실한 결과치가 나와야 산정 특례자로 지정되어 병원비를 지원받을 수 있다고 했다. 지금은 검사 이전이기에 지원 대상이 아니어서 병원 검사비가 많은 것이란다. 파킨슨이라고 그에 해당하는 약은 처방해주면서, 눈에 띄는 검사를 하기 전이라고 병원비는 그대로 다 내야 하며, 그 결과 이후부터 산정 특례자로 지정된다고 했다. 물론 이미 지급한 검사 비용은 환급되지 않는다고도 했다.

MRI 같은 검사는 새벽 2시에도 새벽 4시에도 예약을 하는데, 병원에 가니 왜 이렇게도 아픈 사람들이 많은지.

아산병원 입구에 많은 사람들이 서 있다. 병원에서 나오는 사람에게 "약 지을 겁니까?" "약 지으세요?" 하며 호객행위를 하는 것 같은 상황들이 보이는데, 병원 앞에 저게 무언가 참 궁금했다. 그런데 오늘에서야 궁금증이 풀렸다. 처방전을 들고 입구로 나오면 묻는다.

"약 지을 겁니까?"

"예."

"정해진 약국 있습니까?"

"아니요."

"아, 그럼 이리 오십시오."

하며 어디론가 전화를 한다. 잠시 후 봉고차가 오면 타고 그 약국으로 가서 약을 짓고, 그 후 근처 목적지인 지하철역이나 버스 정류장, 동서울 터미널까지 다시 태워다 준다. 모두가 약속이라도 된 듯 하나같이 친절했다.

약을 한 보따리 지어서 봉고차를 탔다. 미닫이로 되어 있는 문은 몇 번을 닫아도 닫히지를 않는다. 기사가 내려서 닫을 정도로 팔에 힘이 빠지고 있다는 것을 새로 알게 되었다. 대부분 병원 근처는 약국이 즐비한데, 아산병원은 위치상으로 옆에 약국이 하나도 없다. 그래서 이런 호객행위 형태의 영업을 하는 것이다. 약국을 정해놓으면 약을 지어서 배달도 해주는데, 처음에 누구의 머리에서 이런 아이디어가 나왔는지 궁금할 정도였다.

한 달 후, 검사 결과가 나오는 날 병원에서 동생과 만났다. 의사 선생님은 정상인의 뇌 사진과 나의 뇌 사진을 보여주었다. 누가 봐도, 한쪽 눈을 감고 봐도 알 수 있을 정도로 확연한 차이가 났다. 다행히 걱정했던 파킨슨 증후군이나 다른 증상은 안 보인다며 "오늘 날짜로 파킨슨 산정 특례자로 등록됩니다."라고 했다. 2015년 12월 3일이었다. 심장이 멈추어 사망했을 때 의사가 시계를 보며 사망선고를 하는 듯한 기분. 딱 그런 기분이었다.

다행히도 파킨슨이었다. 파킨슨이어서 다행이라고 하니 이상하지만, 그래도 내 증상에서 이 정도가 천만다행이라며, 앞으로 파킨슨의 유사한 증상이 나타나는지 관찰도 잘해야 하고 유전자 검사도 해야한다며, 앞으로 갈 길이 멀다고 했다.

"아들에게 얘기했습니까?"

"아니요."

"왜 얘기 안 합니까. 빨리 말을 해야죠."

"군대 있는 아들에게 어떻게 말을 해요."

"약 먹고 어떻던가요."

"잘 모르겠는데, 남들이 사람이 덜 삐뚤어졌다고들 합니다."

옆에 있던 동생이

"옆에서 보기에 한쪽으로 기울고 자세가 삐딱했는데, 자세가 좀 좋아진 것 같아요."라고 덧붙였다.

"그거 다행이네요. 약을 좀 더 올리겠습니다."

"앞으로는 전쟁이 일어나도 약은 꼭 가지고 가야 됩니다. 약 없으면 도망도 못 갑니다."

그때는 왜 약이 없으면 도망도 못 간다고 하는지 알지 못했다. 그냥 그렇게 담담하게 진료를 마치고 검사 결과에 따라 처방전을 받는데 골다공증 약이 추가되었고, 변비약 두 종류와 위 보호약과 도파민을 대체하는 약을 한 보따리 받아왔다.

지난달 엄마 생신 때 진해에 갔을 때였다.

"야야, 니 몸이 영 이상하다. 녹용이리도 지어줄 테니 언제 한번 와라."

하며 봄부터 걱정을 있는 대로 하셨는데, 이번엔 "야야, 저번보다 몸이 괜찮아졌네, 보기가 영 낫다." 하신 이유를 이제야 알게 되었다. 통증이 없고 운동 장애만 있으니 바로바로 표가 나지 않는데, 지금처럼 약을 먹으면 다리도 덜 절고, 손도 덜 떨리고, 폴더형 자세가 일자형으로 바뀌고, 행동이 조금은 빠르게 원상 복귀되는 것이었다. 약을 먹지 않으면 근육이 굳어 전혀 손가락 하나 움직일 수가 없으니, 전쟁이 일어나면 약부터 챙겨서 도망가야 된다는 말이 무슨 말인지 알게 되었다.

근로 능력.

    계속 일을 못 했다. 미라 언니가 주민 센터에 가서 기초 수급자 신청을 하라고 했다. 지금 신청하면 보험 안 되는 약값도 혜택을 받아 부담이 덜 될 거라며, 받을 수 있는 혜택을 받으라고 했다.

    "기초 수급자는 무슨, 저는 해당 안 돼요." 하고 그냥 넘어갔었다. 그런데 얼마나 지났을까. 지금 약을 먹고 있으니 내가 얼마나 심각한지 인식을 못 하고 있었던 것이다. 앞으로 더 심해질 때를 대비해 준비해 놓아야겠다 싶어 병원 갔다 오는 길에 주민센터에 갔다. 산정특례자로 지정되어 병원비가 확 줄어서 부담되는 것은 아닌데, 복용하는 약 중에서 두 가지는 보험이 안 되는 약이라 약값이 많이 나왔다. 기초 수급자가 되면 다른 것은 혜택을 못 받아도 약값은 혜택받을 수 있다고 해서 주민센터를 방문한 것이다. 기초 수급자 상담을 하러 왔다고 하니 신분증을 달라고 했다. 한참을 기다리니 서류를 들고 와서는 묻는다.

"기초 수급자 신청하려고 오셨다고요?"

"예, 상담 좀 받아 보려고요."

"어디 아프세요?"

"예. 좀 아프다고 하네요."

"근로 능력이 없나요?"

"글쎄요. 그런 말은 안 하던데요."

"나이가 젊어서 일을 해야 합니다."

"무슨 일요?"

"같은 처지에 있는 사람들끼리 도와주는 거예요. 서로 간병도 해주고."

"언제 일을 하는데요?"

"아침 9시부터 오후 6시까지 일하는데요. 60~70만 원 정도 됩니다. 도배장판도 하고요."

"도배장판 못 하는데요."

나는 기술이 없어서 못 하는 게 아니라 힘이 안 되어 못 한다는 소리였는데, 주민센터 직원은 기술이 없어서 못 한다는 줄 알았나 보다.

"다 할 수 있게 가르쳐 줍니다."

"제가 도배장판 할 수 있을 정도면 여기에 올 일이 없지요. 기술 있는 사람이 내 일을 하면 되지요."

"혹시 병명이 무엇인데요?"

"파킨슨이래요."

"파킨슨은 근로 능력이 없습니다. 1년 후에 장애 진단도 나옵니다."

"헉!"

잠시의 망설임도 없이 '파킨슨은 근로 능력이 없다'고 하는데, 그 말을 듣는 순간 눈물이 핑 돌다 못해 주르륵 흘러내렸다. 눈물이 100m 달리기를 하기 위해 준비하고 있다가 '땅!' 하는 총소리와 함께 질주라도 하듯이 기다리고 있기라도 한 것처럼 그렇게 주루룩 흘러내렸다.

젊은 사람 앞에서 눈물 흘리는 게 창피해서 얼른 눈물을 닦았다. 그러나 소리 없이 흐르는 눈물은 길거리 상수도가 터져서 나오는 것 같았다. 계속 흘러내리는 것을 겨우겨우 닦고 멈추었는데,

"파킨슨은 근로 능력이 없어서 신청할 수 있습니다. 서류 준비해 드릴까요?" 한다.

"어떤 서류인데요?"

"서류가 좀 많습니다. 진해 어머니께도 서류 보내서 사인 받아오고, 일본에도 서류 보내서 아들에게 사인 받아 와야 됩니다."

"엄마는 제가 아픈 것도 모르는데요."

"아프다는 말 안 하고 그쪽 주민센터에 가서 사인하고 보내주면 됩니다."

"그렇게 하면 얼마가 지원되는데요?"

"재산조사해서 매달 50만 원인데, 현금은 43만 원 정도 지급됩니다."

"재산은 얼마를 기준으로 하나요?"

"자동차가 뭔가요?"

"카렌스입니다."

"카렌스는 중형차라 안 됩니다. 경차만 됩니다."

"재산은 전세 보증금 포함, 보험 해약금 모두 포함해서 5,400만 원

까지입니다."

재산이 있는 사람들이 기초 수급자가 되어 혜택받는 사람들을 많이 봤다. 그 사람들은 전세 보증금도 다른 사람 이름으로 해놓으면서 명의를 바꾸어 놓곤 했다. 그땐 왜 그런지를 몰랐었다. 주위 사람들은 말한다. "그 사람은 재산이 얼마큼 있는데도 기초 수급자 하던데." "누구도 재산이 있는데 했어." "아들이 있는데도 하던데." 그랬다. 실제는 그러한데 막상 내가 도움이 필요해서, 지금 이 순간이 힘이 들어서 평생 처음으로 도움을 청하려고 하는데, 실상은 그렇지를 않았다.

"지금까지 직장 다녔는데 보증금에 국민연금만 해도 해당 상황이 안 되네요."

"5,400만 원에서 부족한 부분만큼만 채워줍니다. 서류 준비할 게 많은데요. 해줄까요? 아들 군대 제대하고 취직하면 이것도 없습니다."

"어차피 해당 안 되는데요. 신청은 안 해도 될 것 같습니다."

사실은 이곳으로 이사 오기 전에 큰일이 생겨서 20년 넘게 살던 우리 집을 팔고 이사를 왔다.

"신청해도 한참 걸리니까 필요하면 서류 준비해 오세요." 하는 말을 뒤로 하고 주민센터를 나왔다.

그렇게 주민센터를 나오는데 발걸음이 얼마나 무겁던지. 발걸음이 천근만근이라는 말을 이럴 때 쓰나 보다. '근로 능력이 없다'는 말이 계속 귓가에 맴돌았다. 또다시 눈물이 흐른다. 지나가는 사람들이 쳐다보는데도 그냥 눈물이 흐른다. 9월 25일 처음 병명을 들은 날부터 매일매일 얼마나 울었는지, 눈물이 다 말랐을 것 같은데 또 눈물이 난다. 나는 지금 이렇게 약 먹고 멀쩡한데 근로 능력이 없다고 하니,

참 기가 막히고 코가 막히고 어처구니가 없었다. 5년을 살든 10년을 살든, 약 먹고 있으니까 사는 날까지는 지금처럼 활동하고 스스로 움직일 수 있고 이렇게 살 것 같은데, 자료들을 찾아보면 중국에 12년을 살고 있는 사람도 있는데, 나는 이렇게 일상생활도 하고 멀쩡할 것 같은데 '근로 능력'이 없다니. 이해가 안 갔다. 아니, 믿기지가 않았다.

나는 지금도 내가 병이 들었고 그것도 전 세계적으로 완치가 없다는 일명 '불치병'이라는 사실을 알고 있는데도, 머릿속으로는 어떻게 될 것이라는 것을 알고 있는데도, 받아들이지 못하고 인식조차 못하고 있는 것 같았다. 지금 이 순간 나를 더 힘들게 하는 것은 내가 우리 집 가장이라 일을 해야 하는데, 앞으로 몇 년은 일을 더 해야 하는데, 일할 수가 없다는 것이었다.

큰아들은 군복무 중이고 작은아들은 아직 학생이고, 지금처럼 일을 해야 하는데, 근로 능력이 없다면 생활비는 어떻게 하냐고, 내가 나를 책임져야 하는데, 근로 능력이 없다는 말은 나를 너무 슬프게 하고 힘들게 하고 마음을 아프게 했다.

많은 사람들이 바삐 지나가는 와중에도 닭똥 같은 눈물을 뚝뚝 떨어트리는 나를 쳐다보는 것도 아랑곳없이, 집으로 가는 길은 '헨젤과 그레텔'에서 집 찾아가는 길을 표시하기 위해 빵조각을 떼어 길에 뿌리면서 가는 것처럼, 주민 센터에서 집으로 가는 길을 눈물로 표시하고 가는 것이었다. 집에 돌아와서는 자리를 잡고 앉아 또 울었다. 처음에 서울대병원에서 파킨슨이라고 했을 때보다, 파킨슨이 불치병인지 알고 충격을 받았을 때보다, 근로 능력이 없다는 지금이 더 눈물이 났다.

미국 어느 기관에서 '사람이 언제가 제일 행복한지'에 대해 조사한 것을 본 적이 있다. 돈이 많은 것도 아니고, 여행을 다니는 것도 아니고, 사랑을 할 때도 아니었다. 제일 행복한 때는 바로 '일할 때'였다. 사람들은 일을 하고, 돈을 벌고, 그 돈으로 생활하고, 여행도 다니고, 봉사도 하고, 취미 생활을 하고, 희망을 품고 꿈을 이루어간다. 일을 통해서 보람을 느끼고 생활의 즐거움을 찾는다. '일할 때'가 제일 행복하다고 했다. 맞는 말이다.

나도 지금까지 일할 때가 제일 행복했다. 아들 둘 이만큼 키우고 공부시키고, 내가 일을 안 했다면 어떻게 되었을까. 지금까지 산모들과 같이 울고 웃으며, 강산이 변한다는 세월을 같이한 시간들이 어찌 힘들지 않았겠는가. 힘이 들면서도 아이들을 생각하며 한 가정의 가장으로서 엄마의 위치에서 열심히 일할 때가 제일 행복했다. 한국에서도 아이 둘 대학 보내면 학자금 대출받아야 하는데 나는 아이들 유학을 보냈으니, 여자 혼자의 힘으로 얼마나 열심히 일했을까. '나 홍영순'이라는 사람은 없었고, '엄마'와 '홍 실장'만 존재했지만, 나로 인해서 아이들이 하고 싶은 공부를 할 수 있었고, 또 '엄마'와 '홍 실장'으로 충실했기에 내 가정을 지킬 수 있었던 것, 그것은 오로지 '일 하는' 행복을 느끼며 살았기에 가능한 일이었다.

돈만 많아서 쓰고 사는 것보다, 이처럼 '일을 한다는 것'은 꿈을 이룰 수 있게 하는 희망 그 자체인데, 이런 꿈을 이룰 수 있는 일을 공식적으로 할 수 없다고 사형선고를 받은 느낌이었다. 또 아들이 제대하고 나면 그나마 받을 수 있는 혜택도 없어진단다. 이 말인즉 내가 아이들에게 짐이 된다는 소리가 아닌가. 아이들에게 짐이 되지 않으려고 65세까지 일하고 65세부터는 일하지 않아도 '나 홍영순'을 찾으면서 신나게 즐기면서 살 거라고 노후 계획을 얼마나 잘 세워놓았는지 모른다. 그런데 '나 홍영순'을 찾아보지도 못하고, 내 노후가 산산조각이 나서 흐트러지는 것이었다. 노후라는 단어는 고사하고, 내가 언제까지 누구의 도움을 받지 않고 나 스스로 움직이고 할 수 있을까. 일을 못 한다는 것 자체가, '근로 능력'이 없다는 자체가 이렇게 나를 힘들게 했다. '근로 능력'이 없어지면서 희망도 없어지고 꿈도 같이 없어졌다. 이처럼 일이란 나의 행복이었다.

두
아
들.

산모들은 나를 보면

"실장님 딸 없으시죠?"

"어떻게 아셨어요?"

"딱 그렇게 보여요."

항상 민얼굴에 꾸밈없이 촌스럽고 씩씩하게 다니니 딸 없는 것이 표
나나 보다. 산모들이나 산모 친정어머니들께서 꼭 한마디씩 하신다.
"아이고, 딸이 없어서 어떡해요?" 또는 "인생 잘못 살았네."라고들 하
신다. 그럴 때마다 0.1초도 생각 안 하고 "딸 생각해본 적 한번도 없
습니다."라고 대답한다.

나에게는 아들이 둘이나 있다. 그냥 아들도 아니고 너무너무 잘난
아들들이다. 보이는 겉모습이 아니라 내면이 얼마나 반듯하고 예쁜
줄 모른다. '고슴도치도 자기 새끼는 예뻐한다'고, 엄마니까 아들 자랑
하는 팔불출 같은 것이 아니라, 누구나 인정하는 잘난 아들이다. 아

이들을 키울 때 산모들과 같이 모든 얘기를 하며 키웠는데, 산모들은 아이들 키운 얘기를 책으로 쓰라고 했다. 아이들 키우는 얘기를 듣고 싶고 아이들 키우는 노하우를 배우고 싶다고 일부러 '홍 실장'을 찾는 사람도 있었다.

우리는 참 어렵게 살았다. 세 식구는 똘똘 뭉쳐 한마음으로 서로 위하며 살았다. 누가 가르쳐준 것도 아닌데 '콩 한 톨을 나누어 먹어도 마지막에 먹는 사람 배 터진다'고 했던 옛말처럼, 껌 한 개가 있으면 3등분으로 나누고, 사탕이 하나 있어도 3등분으로 나누는 것은 당연한 것이었다. 두 아이들은 한번도 좋은 것 먼저 가지겠다고, 큰 것 먼저 먹겠다고 싸운 적이 없었다. 좋은 것이 있으면 형은 동생을, 동생은 형을 서로서로 챙겨주었다. 다정하고 행복하게 늘 아이들 덕분에 뿌듯함으로 살았다. 남들은 아들 둘 키우면 깡패가 된다고 한다. 그런데 그 말은 우리 집에서는 전혀 해당 안 되는 말이었다. 사춘기 때도 두 아들은 힘들게 하는 일 없이, 말썽 한번 피운 적 없이 어느 누가 봐도 부러워하는 그런 아이들이었다. 나는 자신 있게 말할 수 있다. 두 아들 키우면서 "나처럼 목에 힘주고 늘 다른 사람들의 부러움의 대상이 되어 살아온 사람 있으면 나와 보라 그래!" 하고 말이다.

예의 바르고 도덕적이고 인성이 제대로 된 아이들!

넉넉하지 않은 살림살이 때문에, 아니 절약하는 습관 덕분에, 특히 메이커 옷이나 새 옷 같은 것은 거리가 멀었다. 늘 친구 아들에게서 옷을 물려입거나 바자회에서 옷을 사고, 중·고등학교를 갈 때 교복도 친구 아들에게서 물려 입혔다. 학교 바자회에서 교복을 구해 입혀도 아이들은 전혀 불평하지 않았다. 엄마가 바빠서 빳빳하게 다림질해주지 못한 교복을 입고 학교에 가도, 선생님들로부터 최고의 대접을 받는 아들들이었나. 아들이 둘인데도 빈 친구들과 한번도 주먹질한 적도, 입씨름한 적도 없는 모범생 그 자체였다. 흔히 엄마들이 말하는 '엄마 친구 아들'이었다. 항상 엄마 친구 아들로 불렸다.

선생님들은 학교에 너희 같은 아이들만 있으면 좋겠다고 노래 부를 정도로 인정받았다. 바빠서 임원인 아이들 학교에 가보지 못해도 학교 선생님이 전화해서 "어떻게 하면 이렇게 키울 수 있냐고, 그 엄마가 궁금하다."고 했다. 졸업식 날은 아들 잘 키웠다고 아들 덕분에 엄마가 표창장을 받기도 했다.

선생님과 엄마들이 만나는 자리에 나갈 때도 바빠서, 걸어 다닐 시간이 없어 뛰어다녔던 나는 일하다가 화장기 없는 맨얼굴에 청바지 입고 잠바 입은 채로 나가도 언제나 아들 덕분에 상석에 앉았다. 그런 나는 예쁘게 밍크코트 입고 멋 부리고 온 다른 엄마들이 아들을 어떻게 키웠냐며 부러워하는 선망의 대상이었다.

전교 총학생회장이었던 형이 있는 학교로 동생이 가던 날, 성적 좋은 아이가 우리 학교로 왔다고 좋아하시던 교감 선생님께서 교복 한 벌 줄 테니 동생 데려오라며, "이 중에서 마음에 드는 교복 한 벌 가져가라."고 하셨다. 각 교복 회사에서 마네킹에게 옷을 입혀 광고하는 옷이었는데, 마음에 드는 것으로 벗겨 가라고 하신 것이다.

우와, 신난다. 남들이 말하는 '메이커 교복을 입을 수 있는 기회'가 온 것이다. 그러나 입지를 못했다. 사이즈가 맞지 않아 줘도 못 입는, '기대 만땅'이었던 메이커 교복은 눈요기로 끝나버렸다. 그래서 학생부에서 가지고 있는 선배들이 물려준 옷을 입어야 했다. 그래도 그곳에서 사이즈를 찾을 수 있었다고 얼마나 좋아하는지. 그래서일까, 지금까지도 우리 식구들은 엄마나 아들이나 옷에는 관심도 없다. 눈에 보이는 것으로 치장하지 않고, 오로지 책과 아이들의 머릿속의 지식에만 투자했다.

남자 아이들인데도 학교 갔다 올 때 PC방을 바로 간다든지, 땅에다 책가방 내려놓고 운동하고 놀고 온다든지 하는 일은 한번도 없었다. 지금도 아무리 무거워도 책가방을 땅에 내려놓는 법이 없다. PC방을 갈 때도 교복 갈아입고, 어느 PC방에 가는데 한 시간 있다 올 것이며, 누구랑 같이 간다고 '보고'를 하든지 허락을 받든지 한다. 핸드폰이 없던 시절, 친구 엄마들은 자기 아이들 없으면 우리 집으로 연락이 왔다. 우리 아이들이 항상 행선지를 말하고, 중간에 행선지가 바뀌면 꼭 연락을 해서 말하기 때문에, 우리 집은 '이산가족 찾기 협회'도 아닌데, 자기 아이들 연락이 없으면 무조건 우리 집으로 연락이 왔다.

책 욕심이 많은 아이들은 학교 중간고사나 기말고사가 끝나면 PC방으로 가는 것이 아니라, 교보문고나 영풍문고로 가서 마음껏 책을 본 후 사고 싶은 책 한 권을 사왔다. 그게 우리 아이들의 정례행사였다. 이럴 때 사는 책은 학업과 상관없는 책 『잠수함학개론』, 『10년 20월』 등 '밀리터리 마니아'로서 사고 싶은 책을 사는 것이다.

이사 오기 전 우리 집은 단독주택이었다. 우리 집은 항상 오픈된 상태라 아이들이 매일 우리 집에 모였다. 동네 엄마들은 자기 아이들이 우리 아이들과 친구가 되었으면 좋겠다고 늘 부러워했다. 큰아들인 선홍이가 7살 때 태권도 끝나고 오면서 떡을 한 접시 들고 왔다. 집에 오는 길에 이발소에서 개업 떡을 돌리는 것을 보고 찾아가서는,

"아저씨, 우리 엄마가 떡을 좋아하는데 다음에 머리 깎으러 올 테니, 떡 한 개만 주세요."

했다. 그러고는 조그마한 손으로 떡을 들고 왔다. 정말 아들은 약속을 지키기 위해 이발소로 머리를 깎으러 갔다.

중학교 때 수행평가로 음악회를 다녀와야 하는데, 그날이 마지막 날이었다. 저녁에 혼자서 세종문화회관에 갔는데 표가 매진이라고 전화가 왔다. 끝까지 기다려보라고 했다. 음악회가 시작되면 수행평가 때문에 꼭 들어야 된다고 말하고, 옆 계단에서라도 들을 수 있게 입장시켜달라고 부탁하라고 했다. 선홍이는 엄마 말대로 끝까지 기다리다가, 음악회가 시작하고 나서 계단에 앉아서라도 들을 수 있게 해달라고 말하고 있는데, 한 사람이 급하게 와서 표를 환불하는 바람에 다행히 음악회를 듣고 왔다.

이처럼 엄마가 한번 말하면 그대로 지키는 아들. 한번은 일본에 있을 때 어느 중학교 앞에 학부모 참관수업을 한다는 플래카드를 보고 교무실로 찾아갔다. 그리고는 한국에서 온 유학생인데, 일본은 우리나라와 어떻게 다른지 알고 싶어 왔다며 참관수업을 할 수 있냐고 했다. 그러자 학교에서 각 교실을 안내해주고, 학부모랑 같이 참관수업을 하고 학부모 임원 선출하는 것도 보고 왔다고 말했다.

"너 학교는 왜 갔어?"

"엄마가 경험할 수 있는 것은 해보라고 했잖아요."

했다. 이처럼 생각 자체가 또래들과 확연히 차이가 나는 아이. 연예

인, 가수, 운동선수 이런 것은 전혀 관심 없고 역사, 경제, 철학 이런 것에 대해 책을 많이 보다 보니, 대화도 친구들보다 선생님들과 말이 잘 통하는 애늙은이였다. 선홍이는 밀리터리 매니아다. 고3때 협회에서 잠수함을 탈 기회가 생겼는데 이번이 아니면 탈 수 없다고 했다. 그래서 학교 수업은 내일 들어도 된다고 다녀오라고 했다. 우리는 아이들과 이런 교육 방법이었는데 동네 엄마들은 "고3인데 어떻게 학교를 안 보내고 놀러 보내냐?"며 걱정하며 이상한 엄마라고 했다.

어느 TV 프로에 보면 문제 있는 아이와 그 가정에서 해야 할 처방전이 나온다. 그 처방전 내용을 우리는 어릴 때부터 생활 속에서 하고 있었던 것이었다.

고등학교를 졸업하고 일본에 갈 때까지 퇴근이 늦은 엄마를 대신해서 항상 선홍이가 밥을 했고, 겨울에 김장할 때는 선홍이가 돌아다니며 배추를 보고 점찍어놓으면, 퇴근길에 배추를 사와서 밤중에 김장을 하고, 세탁기 돌려놓으면 선홍이가 빨래를 널고 자는 것이 일상이었다. 이러니 어느 딸이 이보다 더 잘해줄 수 있을까. 딸이 있으면, 하고 생각할 턱이 없었다.

고등학교에서 전교 총학생회장을 하며 학교에 새로운 기록을 세울 정도로 야무지고 똑 부러지는 선홍이는 학교를 졸업하자마자 일본으로 가서 학교를 다녔다. 아는 사람 하나 없는 곳에 어떻게 가느냐고 했더니 자기의 계획을 말했다. 일본과 러시아와 한국을 오가며 하고 싶은 일이 있다고 했다. 고등학생인데도 분명하게 세운 계획은 선생님들도 놀라게 했다.

"잘할 수 있겠니?"

"예."

"그래, 그럼 한번 알아보고 어디서 만날지 엄마 끝나는 시간에 보자."

그리고 유학원에서 알아보고 결정 끝이었다. 이렇게 간단하게 결정할 수 있었던 것은 선홍이를 어디에 데려다 놓아도 믿을 수 있으니까, 선홍이의 됨됨이를 아니까 가능했다. 믿고 보낼 수 있었다. 두말할 필요도 없었다.

중학교 때부터 독학으로 일어 공부를 하더니 일본을 갈 때는 일어를 잘하는 상태였다. 학비와 기숙사비만 엄마가 책임지고, 생활비는 선홍이가 아르바이트를 해서 생활하기로 했다. 그렇게 학교 다니며 알바하고, 엄청난 고생과 빈틈없이 바쁜 생활을 했다. 여친이라도 있으면 좋으련만, 그러면 군대 갔을 때 외롭지는 않을 텐데, 시간이 없고 돈이 없어서 여친을 못 만난다는 선홍이. 생활비를 벌어야 하는 처지라 학교 끝나면 아르바이트, 아르바이트 끝나면 밤늦게 집. 날마다 화상전화로 얼굴 보며 안부를 전하고, 하루 종일 있었던 세 사람의 얘기를 하며, 만지지만 못하는 것 외에는 늘 같이 있는 것같이 그렇게….

선홍이는 학교 가고 아르바이트 가고 밤늦게 집에 들어와서 뉴스를 볼 시간이 없어서 신문을 구독해서 보았다. 일본에서도 신문을 구독하면 우리나라처럼 선물을 갖다 준다고 한다. 학교 가고 아르바이트하고 집에 늦게 들어와서 못 만난다고 몇 달 치의 신문값을 선불로 주었더니, 고맙다며 쌀도 가져다주고 생필품도 많이 갖다주었다고 했다. 받은 물건들을 들고 화상 화면으로 비추어 보이고 하며, 우리는 늘 그날그날의 모든 얘기를 했다. 그래서인지 한국에 오면 따로 할 말이 없었다. 카카오톡이 없을 때 일본에 있으면서도 매일같이 연락하고 하루도 빠지지 않고 엄마와 동생의 안부를 물어왔다.

공부하며 아르바이트를 하면서도 경제신문을 구독해서 보고, 아침에 일어나면 전 세계의 뉴스를 보면서 하루를 시작하는 선홍이. 선홍이는 잠자는 시간이 제일 아깝다면서 틈틈이 다른 나라 언어를 공부했다. 그러더니 독학으로 러시아어도 배워서 아르바이트하는 곳에 러시아 재무부 장관이 왔을 때 통역을 하기도 했다.

또 2011년 일본 후쿠시마 원전 사고가 났을 때 모든 유학생들이 비행기를 타고 일본을 떠나는데 선홍이는 꿋꿋하게 아르바이트를 했다. 원전이 터진 당일 모든 교통수단이 끊어진 상태에서 4시간을 걸어서 아르바이트 하러 갔다가, 아르바이트를 하고 다시 4시간을 걸어서 집으로 돌아왔다. 유학생들이 모두 도망갔는데, 4시간을 걸어서 맡은바 책임감을 다하기 위해 아르바이트하러 온 선홍이를 보고 놀라는 것은 당연한 일이었다. 이렇게 맡은 일에 책임감을 가지고 최선을 다하는 선홍이는 점장 대행으로 일했고, 학교 그만두고 바로 본사로 들어오라는 스카우트 제의를 받기도 했다. 이렇듯 선홍이는 어디에 내놓아도 특출했다. 학창시절 '무인도에 홀로 떨궈놓으면 살아서 나올 놈 1인'으로 뽑히기도 했다.

작은아들 제홍이는 큰아들과는 완전히 다르지만 형만 아는 '형바보'이다. 큰아들 선홍이 또한 동생을 위해서는 자기 것을 포기할 수 있다고 하는 '동생바보'다. 우리 아이들은 형제가 너무 사이 좋아서 무엇을 차지하겠다고 단 한번도 욕심부리며 싸운 적이 없었다. 책을 많이 봐서 그런지 수준이 친구들이 아니라 선생님과 대화하고 어울리는 것을 더 좋아하는 아들이다. 두 아들이 다 그랬다.

제홍이는 취학 통지서도 나오기 전에 조기입학을 했는데도 부족함 없이 따라갔고, 친구들보다 형 친구들과 어울리곤 했다. 형이 일본 가고 없을 때도 형 친구들이나 형의 선배들과 더 잘 어울렸고, 형의 친구들은 우리 집에 모여 날을 새기도 했다. 제홍이는 여자아이 같은 자상함, 누구도 흉내 낼 수 없는 자상함이 있다. 공부를 잘했던 '엄마 친구 아들' 제홍이 덕분에 엄마는 밍크코트 입고 자랑하는 엄마들보다 상석에 앉을 수 있었다. 시험을 보고 나면 엄마인 나보다 친구 엄마들이 제홍이의 성적을 먼저 알았고, 시험이 어려웠는지 쉬웠는지 제홍이의 기준에 맞추어서 자기 아이들 성적을 관리했다. 어릴 때 교회 유치부에서 야쿠르트를 주면 먹지 않고 엄마를 기다리다가 엄마를 준다. 엄마 변비 있다고 엄마 드시라고. 초등학교 1학년 때 급식에서 포도가 나왔는데 안 먹고 들고 왔다. 그 이유는 '엄마 피 부족하다고 엄마 드시라고'였다. 매번 이런 식인데, 지금도 마찬가지다.

중학교 때 교생 선생님이 왔을 때는 제홍이의 위로에 선생님이 제홍이 앞에서 울었다며 고맙다고 집으로 편지가 왔다. 제홍이는 말이 없지만 어떻게 선생님을 감동시켰을지 안 봐도 알 수 있었다. 제홍이는 형이랑 성격이 다르다. 선홍이는 행동이 빠르고 제홍이는 느리다. 컴퓨터 게임을 하고 있을 때도 "선홍아, 두부 한 모만 사다줄래?" 하면 말이 떨어지기 무섭게 옷을 갈아입고 두부를 사다주고 집에 들어와 다시 옷을 갈아입는다. 몇 번을 시켜도 잽싸게 움직인다. 게임을 하다 보면 짜증을 낼 만한데도 동작이 얼마나 빠른지 모른다.

우리 제홍이 심부름시키면 기다리다 지쳐서 내가 가고 만다. 제홍이가 느린 것이 아니라 정상이고, 선홍이가 너무 빠른 것이다. 급하게 하는 선홍이는 실수가 있을 수 있지만, 제홍이는 느린 반면에 얼마나 꼼꼼한지, 노트 필기한 것 보면 책에서 복사한 것으로 착각할 정도이다. 나는 아이들에게 늘 하는 말이지만, 선홍이와 제홍이가 둘이 '합체'한다면 정말 완벽해질 것이다. 서로의 부족한 부분들을 서로가 가지고 있는데, 정말 둘이 합친다면 이보다 완벽할 수 없을 것이다.

중학교에서부터 뛰어난 성적을 보이던 제홍이는 교감선생님께서 따라다니며 잔소리를 했다. "제홍아, 조금만 더 노력해봐. 넌 더 잘할 수 있는데 왜 안 하니? 조금만 더해봐."

고등학교에서도 교감선생님께서 성적관리를 하며 열심히 하라고 관심을 가져주셨다. 학교 대회란 대회는 모두 다 나가고, 하루에 상장을 많이 받아서 반 친구들이 야유를 보낼 정도였다. 중학교 때는 영재 교육원에도 뽑혀 가서 공부도 하고, 고등학교 때는 서울대에 뽑혀서 수업을 받기도 했다. 서울대에 갔다 온 제홍이는 "엄마 안암동 로터리가 서울대 안에 있어요. 서울대 안에 버스가 다녀요." 하며 고려대학교와는 학교 크기 자체가 다르다고 했다.

그런데 이렇게 공부 잘하는 것보다 더 중요한 것은 마음이 너무 따뜻하다는 것이다. 엄마가 다리가 아프다고 하면 주물주물, 어디 아프다고 말만 하면 얼마나 야무지게 주물러주는지 모른다. "이것 드셔 보세요, 저것 드셔 보세요." 하며 정성이 하늘을 찌른다.

초등학교 1학년인 7살 때의 일이다. 아침에 등교시간에 "엄마 700원만 주세요." 한다.

"왜?"

"파스 사려고요."

"파스는 뭐하게? 집에 있는데."

"선생님이 허리 아프시대요."

"선생님 허리 아픈 것 제홍이가 어떻게 알아?"

"어제 앉았다 일어날 때 아이고 허리야, 했어요. 그래서 파스 사서 갖다 드리려고요."

"알았어." 하고 나는 700원을 주었다. 제홍이는 학교 앞 약국에서 파스를 사서 선생님께 갖다드렸다. 그런데 선생님은 자신이 "아이고, 허리야." 한 것을 기억도 못하시고 제홍이가 왜 뜬금없이 파스를 사왔는지도 모르셨다. 이것처럼 누구도 흉내 낼 수 없는 자상함이 제홍이에게는 있다.

또 엄마가 출근할 때 장아찌를 담기 위해 양파를 10kg 주문을 해놓았다. 늦게 퇴근해서 집에 왔는데, 문을 열어주는 제홍이가 울고 있었다. 깜짝 놀라서 "왜 울어?" 했는데, 세상에나, 배달되어온 양파 10kg을 다 까서 씻어 싱크대 위에 올리고 있는 중이었다. "양파를 왜 깠어? 엄마가 하면 되는데."

"엄마 늦게 와서 피곤하잖아요."

하면서 양파를 마저 건져 올려놓는다. 엄마 오기 전에 양파를 다 까놓으려는 마음 때문에 울어가면서도 양파를 까고 있었던 것이다.

이런 아들이 있는데 0.1초라도 딸이 있었으면 하는 생각을 할 수가 있을까? 어떤 딸이 이렇게 해줄 수 있을까?

선홍이가 한국에 있을 때, 엄마가 늦게 오면 선홍이가 밥을 했다. 어느 날은 한번도 사본 적이 없는 유부를 사서 밥을 양념해서 유부초밥을 만들어놓은 적이 있었다. 그 후로 자주 해주는 선홍이의 메뉴였다. 선홍이가 일본에 간 후 나도 그것을 사서 만들어보았다. 원래는 생 유부를 사서 간장에 조려서 직접 만들었었는데, 선홍이처럼 유부를 사서 하니 편하고 좋았다. 유부초밥을 같이 먹는 제홍이는,

"이야, 엄마가 해주니까 예쁜 유부를 먹네요." 했다.

"왜? 형도 예쁘게 만들었던데, 엄마랑 똑같은데." 하니,

"형이 예쁜 것만 엄마 준다고 남겨놓고 우리는 터진 것만 먹었어요."

하는 것이다. 나는 선홍이가 가고 없는 한참 후에야 알았다. 모두 다 예쁘게 만든 줄 알았는데, 터진 것은 자기들이 먹고 예쁜 것은 엄마 것으로 남겨놓았다는 것을.

이런 아들을 두고 0.1초라도 딸이 있었으면 하는 생각이 날 리가 없었다.

"정말이지 이런 아들 있으면 나와보라 그래."

선홍이가 유학을 가고 난 후 우리 집에 어려움이 생겼다. 그래서 엄마가 제홍이까지 유학을 보낼 수 없다고 말했다. 장학금을 받는 방법밖에는 없었다. 수능 전국 1%에 든 과목도 있었지만, 제홍이도 한국학교에 진학하지 않고 모든 정보를 다 뒤져서 유학 시험을 보았다. 학교의 모든 선생님들이 그 시험은 어려워서 안 된다고 말리셨다. 지금까지 그 시험에 도전한 선배들이 많이 있었지만, 딱 한 명 합격했

고, 그냥 한국에 있는 학교로 진학하라고 했다. 하지만 제홍이는 국비 장학생 시험을 보았고 합격했다. 단짝 세 명이 같이 시험을 보았는데, 한 명은 일본으로, 한 명은 서울대학으로, 한 명은 울산과학기술대로, 각각의 길로 걸어나갔다.

한국에서 연수과정부터 일본에서의 연수과정 학비, 생활비, 기숙사비가 모두 지급되고, 왔다 갔다 하는 비행기 표 값까지 다 나오는 장학금을 받고 제홍이도 일본으로 유학을 갔다. 한국에서 연수과정을 할 때 나온 장학금으로 엄마 혼자 있으면 심심하다고 텔레비전을 한대 사주고 갔다. 대학 학자금과 생활비 모두 장학금으로 해결해서 가니 엄마의 짐을 얼마나 많이 줄여주었는지 모른다. 그 금액이 몇억이나 되는데….

제홍이도 마찬가지로 일본에 가서 하루도 빠지지 않고 엄마의 안부를 물었다. 우리 세 식구는 화상으로 그날그날 있었던 일을 얘기하며 밤늦도록 같이 있었다. 대화 내용은 이랬다. 오늘 엄마가 어떤 산모를 만났는데 무슨 이야기를 했고 어쩌고 저쩌고…. 아이들도 마찬가지였다. 어떤 수업을 들었는데 교수는 어떻고 수업 진도는 어떻고 어떤 친구와 무슨 메뉴를 먹었는지 등등, 항상 집에서 하는 대로 그대로다. 다른 집과 다르게 아들이랑 너무 친하니까 사람들은 모두 다 입을 모아 말한다. 아들들 옆에 끼고 장가도 못 보내고 붙어 살 거라고. 그런데 우리는 고등학교를 졸업하자마자 아이들을 보냈고, 각자 1인으로 스스로가 살림을 살아야 하고, 각각 생활을 하게 되었다. 주위사람들이 놀라는 것은 당연했다. 옆에 끼고 살 줄 알았는데 제일 먼저 독립시킨 것이었다. 그것도 아는 사람 한 사람 없는 다른 나라 일본으로 말이다.

아이들이 각자 처음으로 따로 엄마와 분리되어 살림을 꾸리고 살면서 똑같은 말을 했다. "엄마는 대단하다."였다. 매달 돌아오면 내야 하는 세금을 자기의 생활비에서 내야 하고, 집에서는 전혀 신경 쓰지 않고 사용하는 물건들을 일일이 구매해야 하는 일을 직접 했다. 화장지가 떨어지면 알아서 사야 하고, 치약을 다 쓰고 나면 자기의 생활비로 사야 하고, 한 달 생활비를 하루에 얼마씩 계산하고 살림을 살아도, 책도 사고 생각지도 않은 지출이 생기고, 비상금을 두어도 병원갈 일이 생기고, 매일 계산기를 두드리며 엄마가 어떻게 살림을 살았는지 몸으로 느끼고 나니, 엄마가 생활하는 데 불편함이 없도록 미리미리 알아서 준비해놓은 것들이 생각 나는 모양이었다. 두 아이 다유학을 간 후 처음 준비해 가지고 간 것 다 쓰고 새로 살 때쯤 되는한 달 반쯤 되는 때,

"엄마 정말 대단해요. 나 혼자 사는 것도 힘들고 돈이 많이 드는데."

"통장에 돈이 들어오기가 무섭게 다 나가네요."

"이렇게 힘든데 엄마는 우리들 키우며 보험까지 넣고 어떻게 다 하셨어요? 우리 엄마 정말 대단하세요." 하고 엄마를 이해하는 것이었다.

두 아이들이 어디를 간다고 보고하고 가고 허락을 맡고 간다고 해서, 엄마의 결정에 따라 움직이는 건 전혀 아니다. 아이들이 스스로 생각하고 판단하고 결정한다. 엄마의 의견과 대답은 참고사항이다. 아이들이 얼마나 성격이 강한데, 자기의 주관이 너무 확실하고 뚜렷해서 엄마가 간섭할 필요가 없다. 다 알아서 하니까. 그런데도 아이

들은 엄마에게 말한다. 자기가 아르바이트해서 게임 CD를 하나 사도 엄마에게 말하고 의견을 물어본다. 엄마가 반대하면 다시 생각보기도 하고, 엄마가 허락할 때까지 기다리기도 하고 조르기도 하면서, 엄마를 설득시킨 후 허락을 맡는다. 엄마 눈에 보이는 것도 아닌데, 일본에서 아르바이트해서 사는 것인데, 엄마에게 말하지 않고 살짝 사도 엄마는 모르는데, 그러면 엄마에게 잔소리를 듣지 않아도 되는데 꼭 말을 한다. 이렇게 주고받는 대화가 많다고 해서, 해서는 안 되는 말을 하지는 않는다.

예를 들어 지금 군복무 중인데 엄마가 무엇을 물어보았을 때 "엄마, 그건 기밀사항이라 말 못 합니다." 하면 "그래 그래, 알았어." 하고 두 번 다시 물어보지 않는다. 그렇게 아이들과 대화도 많이 하고 모든 것을 얘기하지만, 지킬 것은 지킬 수 있도록 서로 배려하는 것, 그것이 우리 집이다.

아이들이 친구들 얘기를 할 때는 아무리 들어도 누가 누군지 알 수가 없었다. 낯선 일본 이름을 들을 때마다 누구? 누구? 하며 물어본다. 한마디로 소통 불가였다. 도저히 친구들을 구분할 수가 없어서 어울리는 친구들끼리 A, B, C와 1, 2, 3으로 정하고 나니 친구들의 이야기들이 재미있어졌다. 오늘은 1, 2, 3이랑 학교 식당에서 학식을 먹었고, 도서관에서 A, B, C랑 공부를 했다는 얘기 등등, 이름을 이렇게 정하면서까지 대화를 이어나간다. 매일 매일의 이야기가 오고 가니 한국에 와도 따로 할 얘기가 없을 정도로 아들들과 소통이 된다.

이런 두 아들 덕분에 주위의 모든 사람들로부터 부러움을 받으며 어깨 힘 꽉꽉 주고 살아왔다.

'눈에 넣어도 아프지 않을 아이들.'

'보고 있으면 밥 안 먹어도 배부른 아이들.'

'아이들 입에 밥 들어가는 것만 보아도 행복해지게 하는 아이들.'

이런 심정들. 자녀를 키워본 엄마들이라면 자녀에 대한 엄마의 마음은 똑같아서 이해할 수 있지 않을까?

남자 아이들인데도 매일 화상으로 보면서도 "엄마 몸은 어떠세요?" "엄마 사랑해요." 한다. 보이스 톡으로 전화 통화를 할 때도 "엄마 몸은 어떠세요?" "엄마 사랑해요." 하며 엄마를 걱정하고 챙기고 애정 표현을 한다. 이런 아이들에게 엄마가 병에 걸렸다는 얘기를 어떻게 할 수 있겠는가.

컴퓨터 앞에 앉아 있는 걸 싫어하는 내가 진단을 받은 후 파킨슨에 대한 자료를 찾느라 컴퓨터 앞에 앉아 있는 일이 많아졌다. 일본에 있는 제홍이는 화상으로 보이는 엄마를 쳐다보며

"엄마 입 헤 벌리고 뭐하세요?"

"응, 자료 좀 찾고 있어."

"엄마가 이렇게 열심히 컴퓨터하는 것 처음 봐요."

"그래. 앞으로는 컴퓨터 많이 할 거야."

하며 컴퓨터 앞에서 제홍이를 보는데 눈물이 났다.

"제홍아, 열심히 해라. 이제는 엄마가 아무것도 해줄 수가 없어."

"엄마가 해주긴 뭘 해줘요. 이만큼 해주었으면 됐죠."

"정말 이제는 엄마 밥벌이도 못 하고 엄마 것도 못 하는데, 너희들에게 아무것도 못 해준다."

"걱정하지 마세요. 엄마는 해줄 만큼 다 해주셨어요."

"너희들에게 짐이 안 되어야 될 텐데."

"무슨 짐이 된다고 그러세요?"

"제발이지 너희들에게 짐이 안 되어야 되는데, 그게 제일 걱정이다." 하며 아이들을 볼 때마다 "이제는 엄마가 아무것도 해줄 수가 없다." "너희들에게 짐이 안 되어야 될 것인데." 하는 말들을 하고 있는 것이었다. 제홍이는,

"엄마 요즘 왜 자꾸 약한 소리만 하세요? 무슨 일 있으세요?" 하고 물었다.

"무슨 일은, 요즈음 엄마가 일을 못 하니까 그렇지." 하고 자연스럽게 넘겼는데 나도 모르게 계속 "열심히 해라. 이제는 엄마가 아무것도 해줄 수 없다."와 "제발 너희들에게 짐이 안 되어야 할 텐데." 하고 똑같은 소리를 계속 중얼중얼하고 있었다. 며칠이 지났을까. 그때서야 정신을 차리고 난 후에 중얼거리고 있음을 알았다. 화상으로만 볼 수 있는 제홍이가 눈치를 챌까 봐 조심하기로 하고 입을 다물었다.

큰
아
들
의
눈
물
。

큰아들은 현재 군복무 중이다. 일본에서 공부하다가 군복무를 위해서 한국에 들어왔다. 일본에는 휴학 자체가 없어서, 학교를 마치고 오다 보니 늦은 나이에 입대해 동생보다 훨씬 어린 선임들과 군 생활을 하고 있다. 어린 선임들이랑 힘들 텐데 선홍이 특유의 밝은 성격과 양보하고 배려하는 넉넉한 마음으로 타의 모범이 되는 군 생활을 하고 있다. 선홍이는 학교에 다닐 때도 최고의 모범생이었고, 일본에서도 마찬가지였다. 절대로 일본 아이들에게 지지 않겠다는 생각으로 공부하고 아르바이트하며 0.1초의 빈틈도 없이 열심히 생활한 것이다.

선홍이가 군 입대를 할 때 일본에서 후배들이 왔다. 선홍이가 다니던 학교 담당 교수는 새로 들어온 신입생에게 늘 선홍이 얘기를 하며, 한국에서 온 유학생인데 부지런하고 열정적이고 아르바이트까지 하며 열심히 살면서도 성적이 뛰어난 선홍이만큼만 하라고, 항상 선홍이를 기준으로 말씀하셔서 모두가 힘들다고 했다. 컴퓨터를 잘하는 선홍이가 교수의 일을 많이 도와주어서, 교수가 제자인 선홍이에게 예쁘게 포장한 고급 술도 선물하고 다른 선물들도 많이 할 정도로 예쁨을 받았다.

논산 훈련소에서 훈련받는 동안 선홍이를 볼 수 없는 것은 당연한 일이었다. 일본에 있을 때도 하루도 안 빠지고 화상으로 얼굴 보며 안부를 물었는데, 훈련소에 들어가고 나서 이렇게 오랫동안 못 본 적은 처음이었다.

우체국 택배 상자에 입고 간 옷과 신발이 담겨져 왔을 때는 선홍이를 보듯 반가웠다. 하지만 그 상자를 열어보고 울지 않은 부모가 있을까. 눈물은 나의 허락도 없이 기다리고 있었다는 듯 그냥 저절로 나온다. 속에 들어 있는 편지를 읽고 또 읽고 하며 눈물을 얼마나 많이 흘렸던지, 글씨가 제대로 안 보여 눈물을 닦고 또 닦고, 눈물에 콧물에 옆에는 화장지가 수북이 쌓여갔다. 이것은 아들을 사랑하는 나 혼자만의 감정이 아니라, 대한민국의 군대 보낸 엄마라면, 아니 근엄한 아빠들도 아들 군대 가면 눈물 흘리며 운다고 하는데, 군대 보낸 부모들은 그때의 나와 똑같은 심정이 아닐까 싶다.

처음에는 종이 나누어주는 것 두 장으로 편지가 상자에 담겨왔다. 하지만 그 다음부터는 일주일에 한 번씩 편지를 보낼 수 있다고 했다. 그 후 일주일에 한 번씩 두툼한 편지봉투가 배달되어 왔다. 화상을 보며 얘기하던 것처럼 일기 형식으로 매일매일 적은 편지에 1, 2, 3 숫자를 적어 표시를 해서, 엄마의 건강을 제일 먼저 걱정하고, 그날 받은 훈련을 적어놓았다. 바쁜 날은 날아가는 글씨로 "엄마 몸은 어떠세요?" "오늘은 불을 꺼서 그냥 잡니다." 하며 하루도 빠지지 않고 엄마의 건강을 걱정했다. 선홍이는 훈련이 끝날 때까지 훈련을 중계방송하듯 매일매일 글로 적어 일주일 분을 모아 보내왔다. 엄마는 인터넷 편지를 하루도 빠지지 않고 매일매일 써 보내며, 서로 '잘 있으니 걱정하지 말라'는 내용을 주고받았고, "엄마 사랑해요." "선홍아, 사랑해."하는 말로 마음을 전했던 것이다.

논산 훈련소에서 훈련을 마치고 자대 배치를 받은 선홍이는 부대에서 "엄마 면회 올 수 있냐?"는 질문에 "엄마는 몸이 불편해서 면회 못 오십니다." 하고 미리 말을 해놓아서, 엄마의 부담을 한결 덜어주었다. 선홍이가 입대할 때는 병명을 진단받기 전이었는데, 단지 엄마의 몸이 여러 이상 증세를 보여 다리도 절뚝절뚝하고 팔에 힘도 없고 하는 것을 보고 군 입대를 했다. 눈으로 보기에도 엄마의 한쪽으로 찌그러진 모습 때문에 "엄마의 건강이 안 좋아서 면회 못 오십니다." 하고 아예 못을 박아놓은 거였다.

아들을 군대 보낸 엄마들의 말을 들으면, 아들이 자대 배치를 받아오면 면회를 가는데, 같이 생활하는 내무반 선임들과 같이 먹을 음식을 준비한다고 했다. 어느 부대는 집에서 음식을 만들고 준비해서 바리바리 싸들고 가야 하는 곳도 있고, 어느 부대는 돈만 가져가면 그곳에서 시켜 먹으면 되는 곳도 있다고 했다. 그래도 돈이 많이 들긴 해도 돈만 가지고 가서 배달하면 되는 곳은 정말 좋다고들 했다.

준비해 가는 음식은 삼겹살이 제일 인기가 있어서, 삼겹살, 마늘, 쌈장, 상추, 고추 등을 일일이 준비해서 가져가야 하고, 돈만 가져가서 배달되는 곳은 피자와 치킨이 제일 인기라고 했다. 하도 말을 많이 들어서 나도 면회를 가야 되나 하고 마음의 준비를 하고 있었다. 그런데 선홍이는 "우리 엄마는 면회 못 오십니다." 하고 깔끔하게 정리를 해주었다.

자대 배치를 받고 저녁 식사 후 자유 시간에는 꼭 전화를 한다. 첫 마디가

"엄마 몸은 좀 어때요?"

"응, 괜찮아."

"다리는요? 팔은요?"

토씨 하나 안 틀리고 똑같은 소리를 매일 물어보는 선홍이. 외출이나 외박을 나올 때는 엄마 선물이라며 PX에서 과자를 사온다. 처음 먹어보는 것이라고 사오고, 새로 나온 맛있는 것이라고 사오고, 월급 140,000원 받아서 70,000원 저금하고 나머지로 필요한 것들을 사는데, 절대로 빈손으로 오는 일이 없고, 선물이라며 꼭 먹을 것을 사들고 온다.

한번은 내가 심한 몸살로 입맛을 잃어 며칠째 음식을 거의 못 먹고 약 먹을 정도만 겨우 먹고 있을 때였다. 새벽 두 시쯤 화상으로 일본에 있는 제홍이를 보고 있을 때 TV에서 탕수육과 떡볶이가 나왔다. 그 순간 "아, TV에 탕수육과 떡볶이가 나왔는데 먹고 싶다. 며칠째 음식이 먹기 싫어서 고생했는데, 웬일로 탕수육과 떡볶이가 먹고 싶다야." 했다. 그런데 제홍이는 컴퓨터로 어딘지 모르지만 글을 남겼고, 선홍이는 외출 나오는 날 5만 원을 은행 봉투에 담아서 내밀었다.

"이게 뭐야?"

"탕수육하고 떡볶이 사서 드세요."

"엄마가 탕수육하고 떡볶이 먹고 싶은 것 어떻게 알았어?"

"제홍이가 글 남겼더라고요."

오는 길에 시장에 떡볶이를 사러 갔는데, 아침 일찍이라 떡볶이집이 문을 안 열었고, 탕수육 집은 전화번호를 적어왔다며 돈 봉투와 같이 내밀었다.

"이모랑 같이 가서 드세요."

"야, 아까워서 이 돈으로 어떻게 사먹어?"

"이모랑 같이 가서 드시고 먹었나 안 먹었나 영수증 검사할 겁니다." 하며 꼭 안아주며 "사랑해요." 하는 것이다.

"월급 14만 원 받아서 적금 7만 원 들어가고, 엄마 5만 원 주고, 교통카드 충전해야 하는데, 너는 어떻게 생활하려고 그래?"

"PX 안 가면 되지요." 한다.

어디 이런 아들 또 있을까요.

9월에 처음 진단받은 이후 의사 선생님은 혼자서는 못 견딘다며 가족들에게 말하고 같이 오라고 한다. 그러나 매일같이 이렇게 엄마를 걱정하는 아들에게 엄마가 병이 들었다고, 그것도 불치병이라고 말할 수가 없었다.

"선홍아, 이제는 엄마가 너희들에게 아무것도 해줄 수가 없어."

"엄마는 지금까지 해줄 것 다 해주었어요."

"엄마가 너희들에게 짐이 되면 어떡하냐?"

"엄마, 왜 짐이 된다고 생각하세요?"

"그럴 수도 있잖아."

"엄마가 지금부터 할 일은 건강만 챙기면 되는 거예요."

"건강을 챙겨도 내가 어찌할 수 없는 것도 있잖아."

"그래도 엄마 운동도 하고 똥 싸는 기계 되지 않게 항상 새로운 것에 도전하며 머리를 자꾸 써야 하는 거예요."

"그러게. 그래도 똥 싸는 기계는 표현이 좀 그렇다."

하고 대답하며 선홍이의 머리를 쓰다듬는데 눈물이 나왔다. 소리 없이 가만히 흘러내리는 눈물. 그냥 가슴이 아팠다. 선홍이는 놀라서,

"엄마, 왜 그러세요. 어디 아파요? 무슨 일 있으시죠?"

"아니, 옛날에 우리 고생했던 것이 생각나서, 제홍이를 끔찍이도 챙겼었는데 제홍이는 형을 엄청나게 챙기고, 너희들은 합치면 진짜 완벽해지는데, 엄마가 똑똑한 너희들을 밀어줘야 되는데, 이제는 아무것도 못 도와주고, 앞으로도 아무것도 못 해주어서 어떡하냐."

"엄마, 걱정하지 마세요. 제홍이 박사과정 공부할 동안 내가 도와줄게요."

"너도 박사까지 공부한다면서 언제 동생 도와주냐?"

"내가 제홍이보다 앞에 가면 제홍이를 끌고 갈 거고요. 내가 뒤에 가면 제홍이를 밀고 갈 거예요. 걱정하지 마세요."

"우리 선홍이 너무 착하다. 그런데 돈 벌어서 장가도 가야 하잖아."

"결혼은 천천히 해도 돼요."

언제나처럼 동생을 위해서는 자기 공부를 포기할 수 있다고 말하던 선홍이는 지금도 옛 생각 그대로였다.

언젠가 외출 나온 선홍이는 '엄마 모시고 꼭 가고 싶은 곳'이라며 인터넷에서 이탈리아와 스페인을 보여주었다. 엄마랑 제홍이랑 우리 세

식구가 꼭 같이 여행하고 싶은 곳이라며 마음까지 붕 뜬 채 약간의 흥분된 목소리로 이유를 설명했다. 이탈리아와 스페인에 가서 엄마에게 꼭 보여주고 싶은 것이 있는데 정말 감동이라면서 설명을 했다.

산마르코 대성당에 가서 2층에 올라가면, 산마르코 대성당을 장식한 모자이크 제작 과정을 볼 수 있어서 꼭 보아야 하고, 두칼레 궁전, 산조르지오 마조레 성당, 곤돌라 풍경, 400년 된 리알토 다리, 산타마리아 델라 살루테 성당, 메즈키타의 이슬람 양식과 비슷한 검은 대리석의 산타마리아노벨라 성당 등의 건물, 회화, 조각 등 직접 보면 감동할 만한 것들이 너무 많다며…, 왜 보아야 되는지를 설명했다. 선홍이의 말을 들으면서 속으로는 '내가 이런 여행을 어떻게 가겠어. 그때가 되면 걸어 다닐 수는 있을까? 아니 살아 있을 수는 있을까?' 하는 생각이 들었다. 선홍이에게 내색은 못 하고 마음만 아파왔다.

"엄마가 어떻게 너희들이랑 같이 가겠니. 너희들은 여행을 하며 빠르게 다녀야 하고 엄마는 쉬엄쉬엄 휴양지를 가야 하는데. 안 돼."

"엄마, 걱정하지 마세요. 엄마에게 맞추어서 천천히 즐기며 사진도 찍고 맛있는 것도 먹고 하며 엄마 맞춤형으로 갈 거니까요."

"선홍아, 너는 말을 해도 어쩜 이리 예쁘게 말을 하니? 선홍이랑 지금 하는 이런 말들을 책으로 남기고 싶다 야."

하고 말하는데 속으로는 앞으로 닥쳐올 일들이 그려지는 듯했다. 그때쯤이면 내가 걸을 수는 있을까. 아이들이랑 여행을 다니며 좋은 추억들을 만들 수 있을까. 주책없이 눈물이 또 뺨을 타고 흘러내렸다.

외박을 나왔을 때 선홍이에게 질문했다.

"만약에 엄마가 병들어서 혼자 생활하기 힘들어지면 어떻게 할 거야?"

선홍이는 0.1초의 망설임도 없이 대답했다.

"나는 돈을 벌기 위해서 직장을 다녀야 하니 간병인을 곁에 두어야지요. 내 성격에 무조건 엄마를 맡기진 않을 것이고, 집에 CCTV도 달아놓고 엄마에게 소홀하지 않게 확인을 해야지요. 또 요양병원도 엄마에게 진실로 대하는 곳을 알아보아야죠."

"엄마 때문에 일본을 못 가면 어떡하니?"

"지금 못 가는 것이지만, 나중에는 갈 거예요. 내 목표가 조금 늦어질 뿐이에요." 이렇게 선홍이는 그냥 간단하게 대답했다.

어릴 때부터 책을 많이 읽어서인지 또래 아이들과는 전혀 다른 애늙은이처럼, 생각하는 것도 말하는 것도 남달랐던 선홍이가 초등학교 1학년 때의 일이다. 우리나라 납골당 화장 문화가 처음 생기고 인식이 별로 안 좋은 20년 전의 일이었다. 나도 화장하는 게 좋은지 무덤을 만드는 게 좋은지 결정을 못 할 때였다. 솔직히 화장하는 것을 받아들이고 있지 않은 상태였다. 그때 8살인 선홍이에게

"선홍아, 나중에 엄마가 죽으면 무덤을 만들 거야 화장할 거야?"

물어볼 질문에 답이라도 미리 준비하고 있었던 것처럼 0.0001초도 안 되어 바로 대답했다.

"화장해야지요."

"어떻게 너는 고민도 안 해보고 대답하냐? 화장하면 뜨거워서 죽은 사람이 벌떡 일어났다가 다시 죽는대."

"한번 뜨거운 것이 나아요, 아니면 캄캄하고 축축한 땅속에 누워서

온갖 벌레들이 왔다 갔다 하며 천천히 썩는 게 나아요?"

"한 번 뜨거운 것."

둘 중에 답을 고를 필요도 없었다. 어린아이처럼 한번 뜨거운 것이라고 대답을 했다.

"우리나라 땅도 좁은데 무덤만 만들어놓으면 어떡해요. 지금도 좋은 자리는 전부 묘지가 자리 잡고 있잖아요."

화장에 대한 인식이 안 좋았던 나의 생각을 깔끔하게 한방으로 정리해주는 선홍이는 판단력이 굉장히 빠른 아이였다. 그래서 만약에 엄마가 아프다면? 하는 질문을 해본 것이다.

12월에 병원을 갔다. 검사 결과가 나오는 날이다.

'제발 파킨슨이 아니길' 바라며 병원 갔다가 '제발 파킨슨이길' 바라며 왔는데, 그 결과가 나오는 날이다. 의사 선생님은 결과부터 보자며 정상인 사진과 나의 사진을 비교해 보여주었다.

PET 검사에서 선조체 도파민 신경 말단의 상태를 파악할 수 있는데, 도파민성 신경세포가 손상된 것이 한쪽 눈을 감고 보아도 될 정도로 표시가 확 났다. 다행히 파킨슨이었다. 파킨슨 증후군이 아니라서 다행이라고 했다.

"아들에게 얘기했나요?"

"아니요."

"빨리 얘기해야죠. 왜 얘기 안 합니까? 얘기하고 같이 오세요."

"군대 있는데 어떻게 얘기를 합니까?"

"약 먹고 어떻던가요?"

"사람이 덜 삐뚤어진 것 같아 좋아진 것 같습니다."

"약효를 받아서 다행입니다. 약을 더 올리겠습니다."

하며 간단하게 진료가 끝났다. 이날까지는 아이들에게 말하고 싶은 마음이 전혀 없었는데, 이날 이후 말할 기회를 찾고 있었다. 동생들도 아이들에게 말을 해야 앞으로 계획도 세우니, 하루라도 일찍 말해주는 것이 아이들을 위해서라도 더 좋다고 했다. 선홍이에게 말은 해야 하는데 어떻게 말을 하나, 엄마가 병들었다는 얘기를, 그래서 너희들에게 짐이 될 거라는 것을 아들에게 말해야 된다는 것 자체가 너무 힘들고, 힘들게 살아온 아들에게 죄를 짓는 것 같았다.

선홍이가 12월에 휴가를 나왔다. 며칠 고민했다. 책상에 앉아 있는 선홍이의 뒷모습만 보며 이틀이 지났다. 3일째 되는 날 선홍이를 불렀다.

"선홍아, 엄마랑 얘기 좀 하자."

선홍이가 엄마 옆에 와서 앉았다. 입이 안 떨어졌다.

"말씀하세요."

하며 선홍이는 기다렸다. 입이 안 떨어지는 건 마찬가지였다. 선홍이의 눈치.

"엄마 뭐 숨기는 것 있죠? 말씀해보세요. 빨리요."

한참을 망설이다가

"사실은 엄마가 좀 아프대."

"어디가요?"

"…"

말없이 손가락으로 내 머리를 가리켰다. 눈이 동그래지는 선홍이가 놀라며 눈으로 묻고 있었다.

"도파민이 부족하대."

선홍이는 아무 말도 안 하고 핸드폰으로 네이버 검색을 빠르게 했다.

"파킨슨이네요."

"응."

엄마와 눈을 마주치지도 않고 파킨슨에 대해서 굉장히 빠르게 검색했다. 짧은 시간 동안 사샤샤샤 검색을 하는데, 아들은 울고 있었다. 고개를 푹 숙이고 소리 없이 눈물을 흘리며 검색을 계속하고 있었다. 닭똥 같은 눈물이 뚝뚝 떨어졌다. 말없이 화장지를 내밀었다. 화장지를 받아드는 아들은 얼굴까지 빨갛게 되어 눈물을 계속 흘리며 소리 없이 울고 있었다. 눈물 흘리는 아들을 보며 마음이 메어왔다. 나도 울었다. 소리 없이 울고 있는 아들 앞에서 아무 말도 못 하고 숨죽이며 울었다. 눈물은 끝없이, 하염없이 흘러내렸다.

어느 엄마가 자녀가 우는 모습을 보고 싶겠는가. 그것도 장성한 아들의 눈물을 보고 싶겠는가. 장성한 아들의 눈물을 보고 있다는 건, 정말이지 독립군들이 감옥에서 죽을 때까지 심한 고문을 당하는 고통이 이런 것이 아닐까. 그것도 엄마 때문에 울고 있는 아들의 모습을 당사자인 그 엄마가 보고 있으려니 천 갈래 만 갈래 찢어지는 듯 마음이 아파왔다. 말을 안 할 걸 그랬나. 괜히 말했다는 후회가 들었다. 한참 후 선홍이는 입을 열었다.

"언제 아셨어요?"

"추석 전날."

"어떻게 알았어요?"

지금까지 병원 다니고 검사하고 약 먹고 한 이야기들을 모두 해주었다.

"왜 진작 말씀해주지 않으셨어요?"

"군대서 힘들게 훈련받고 있는데 어떻게 얘기해?"

"그래도 엄마가 어떤 상태인지 알아야 그 상황에 따라 대책을 세우지요. 아무 말도 안 하면 눈감고 코끼리 다리 끌어안고 이게 뭔가 더 듣고 있는 꼴이잖아요. 자세하게 말을 해야 코끼리를 꼬리를 만지는지 코끼리 다리를 만지는지 알 수 있으니, 앞으로는 무슨 일이 생기면 바로 말씀하세요."

"알았어."

"제홍이는 혼자 일본에 있는데, 이런 말 들으면 아마 미쳐버릴 거예요. 지금 시험 기간이니까 한국에 오면 얘기하고 지금은 말하지 말고 그냥 있는 게 좋겠어요."

"알았어."

"지금 드시고 있는 약이랑 처방전 보여주세요."

"알았어."

무언가를 잘못해서 엄마에게 혼나고 있는 아이처럼 나는 아기가 되고, 판단력이 빠른 선홍이가 나의 보호자가 되는 순간이었다. 네이버에서 잠깐 찾아보았는데도 지금까지 몇 달을 알아본 나보다 더 많은 것을 알아냈다. 파킨슨으로 죽는 사람은 없다. 하지만 대부분 파킨슨 약 복용 후 약의 부작용으로 사망한다고 한다. 그래서 선홍이는 약의 부작용을 제일 먼저 알기 위해서 엄마가 먹는 약의 처방전을 보여달라고 하는 것이었다. 파킨슨에 대한 설명을 덧붙이며 주의해야 할 것을 설명해주었다.

엄마의 병명을 들은 선홍이는 이틀 동안 컴퓨터도 안 하고 게임도 안 하고 조용히 있다가 엄마를 꼭 안아주며, "엄마 사랑해요." 하는 부대로 복귀했다. 부대에 복귀한 날 밤에 전화가 왔다. 선홍이는 울고 있었다. 깜짝 놀란 나는 물었다.

"선홍아 왜 그래. 왜 울어."

"엄마를 혼자 두고 온 것이 마음에 걸렸어요."

"야아, 엄마 괜찮아. 지금까지도 씩씩하게 잘 있었잖아. 엄마 걱정하지 마."

"엄마가 무언가 숨기고 있다는 것을 알았는데, 이렇게 큰일일 줄은 몰랐어요."

"엄마 걱정하지 마."

하며 씩씩하게 아무렇지도 않은 듯 선홍이를 달랬다. 엄마 앞에서는 소리도 내지 않고 얼굴도 보여주지 않고 고개 숙인 채 눈물만 흘리고 있던 선홍이가 한밤중에 공중전화 박스에 서서 소리 내어 울고 있었다. 뼛속까지 찬바람이 들어오는 추운 겨울밤. 어둡고 깜깜한 겨울밤에 아무도 없는 공중전화 박스에 서서 소리 내어 혼자 그렇게 울고 있었다.

똥
싸
는

기
계
。

부대로 들어간 선홍이는 특별한 일이 없는 한 전과 똑같이 매일 전화를 했다. 첫마디가

"엄마 몸은 어떠세요. 다리는요. 팔은요. 약은 드셨어요?"

이제 "약은 드셨어요?"가 하나 더 붙었다.

"그럼, 엄마는 괜찮아. 엄마 걱정하지 마셔."

매일 첫마디는 토씨 하나 안 틀리고 똑같은 안부를 물어본다. 그런데 선홍이가 위가 아파 고생하기 시작했다. 군 병원에서 약을 지어먹는데도 계속 토하며 위의 통증이 선홍이를 괴롭혔다. 엄마 때문에 신경을 써서 스트레스를 받은 것이다. 고3때도 집안에 큰일이 생겼을때 스트레스를 많이 받아 피까지 토하며 병원에 실려간 적이 있었다. 그래서 위가 아프면 또 얼마나 고생을 할지 알기에 걱정에 걱정이 더해진다.

선홍이는 근무하며 쉬는 시간이 있을 때마다 일본, 미국, 러시아, 한

국 이렇게 파킨슨에 대한 증세에 관한 자료와 치료방법, 신약은 어디까지 개발되었는지 하는 것과 약의 부작용 등을 알아가고 있었다. 일본이 국가에서 지원해주며 환자들을 관리해주는 것이 제일 잘되어 있다며, 새로운 정보를 알아낼 때는 기분이 좋아서 전화가 온다. 일본에서 자료를 찾았는데 의학용어를 알 수가 없어서 의학용어 사전까지 준비해놓고 의학 공부를 해가며 일일이 자료들을 준비하고 있었다.

외출을 나오는 날 영어, 러시아어, 일본어, 한국어로 된 자료들을 각각 프린트해서 책으로 만들어 왔다. 각 나라마다 설명이 다른 점들도 이야기해 주었다. 그리고 그때부터 선홍이의 잔소리 교육이 시작되었다.

"엄마, 여기 앉아보세요."

"왜?"

책을 일일이 펴 보이며 설명을 했다. 앞으로 엄마의 병이 어떻게 진행되어 갈지 4개국으로 된 책자를 넘기며 설명에 또 설명을 했다.

앞으로 얼굴표정이 굳어갈 거고, 혀도 굳어져서 물을 먹을 때도 옆으로 흘리고 먹게 되고, 식도도 위도 모든 근육들이 굳어갈 거라고 했다. 나중에는 음식도 먹기 힘들어 부드러운 것만 먹어야 하는 경우가 생기고, 오른쪽 한쪽에서 시작된 증세는 양쪽으로 다 증세가 나타날 것이고, 지금 변비 있는 것보다 나중에는 더 심해질 것이고, 소변 보는 것도 힘들어질 것이고, 혼자서는 생활할 수가 없을 것이고, 단추나 지퍼 있는 옷도 못 입을 것이라서 찍찍이 옷으로 바꾸어야 하고, 바지는 고무줄 바지로 입어야 하고, 바닥에 문지방도 있으면 안 되고, 벽에다 손잡이도 달아야 하고 등등….

그러고도 10년을 산다면 대부분 누워서 사는 경우가 더 많다면서, 나중에 파킨슨 지매도 올 수 있고, 아무것도 못 하고 누워서 생활할 때 그때는 이미 늦은 것이라고 했다. 그러면서 "지금 이 순간이 엄마가 살아 있는 날 중에서 제일 건강하고 좋은 날입니다." 하며, 지금 이 순간이 엄마에게 얼마나 중요한지. 나중에 같이 지내자는 소리는 엄마가 똥 싸는 기계가 된 후라면서, 똥 싸는 기계가 된 후에 엄마랑 같이 있는 건 아무 의미가 없다며, 지금 같이 할 수 있는 것들에 대해서 얘기를 했다.

선홍이는 사람도 못 알아보고 의식 없이 누워 있으면 똥 싸는 기계라고 표현한다.

"그래도 똥 싸는 기계는 너무하다. 듣기가 영 그래." 하고 말하면 의식 없이 밥 먹고 똥 싸는 것 외에 무얼 할 수 있냐며, 똥 싸는 기계랑 똑같은 것 아니냐고 하는데 맞는 말이었다. 그 모습이 앞으로 나의 모습이 될 수도 있는 것이다. 좋건 싫건 나도 똥 싸는 기계로 갈 수 있는 확률이 그전에 죽지 않는 다음에야 정해진 기정사실이나 다름이 없었다.

지금은 약을 먹고 있으니 멀쩡하니 이상 없이 움직이고 있는데, 선홍이가 설명한 것처럼 된다는 사실이 와 닿지가 않았다. 남의 이야기 같았다. 약 먹고 있으니 나는 괜찮을 것 같은 생각마저 들었다. 세계적으로 치유 불가능한 이 병은 머리로는 어떻게 진행될 것이고 어떤 결과가 될 것이라고는 알고 있지만, 마음으로는 받아들이지 않는 것인지, 긍정적인 마인드로 이미 받아들인 것인지 모르겠지만, 그냥 아무렇지 않게 태연한 것이 선홍이가 보기에는 소귀에 경 읽기쯤으로 보였나 보다.

"엄마 몸에 이상이 나타나면 바로 얘기해야 합니다."

"응, 알았어."

"그런데 문제는 이상이 나타나도 자기 스스로가 잘 모르고, 한참 진행된 후에 알게 됩니다. 옆에 누군가 있어서 관찰하고 봐주어야 하는데, 엄마 혼자 있는 것이 마음에 걸립니다."

"사람이 없는데 어쩌겠어. 조금이라도 이상 있으면 말할게. 걱정하지 마."

선홍이의 두 번째 잔소리 교육이 시작되었다.

일본어로 된 책을 펴놓고 그림 보고 따라 하라며 운동을 가르쳐 준다.

"병원에서 운동 방법 배워왔어."

"이것은 없네요."

하며 얼굴이 굳어 무표정이 될 것을 방지하기 위해서 하는 얼굴 운동을 따라 하라며 시범을 보였다.

"이런 동작들이야 내가 할게."

하는데도 끝까지 시범을 보이며 엄마가 직접 따라서 운동을 하게 만들었다. 또 선홍이는 엄마가 똥 싸는 기계가 되기 전에 엄마랑 제홍이랑 우리 세 식구가 같이할 수 있는 것이 뭐가 있을까, 어떻게 하면 엄마랑 같이 시간을 보낼 수 있을까 하고 생각했다. 또 다른 나라에서 치료약이 개발 중에 있는데 우리나라에는 언제 들어오는지, 또 엄마가 복용하는 약의 부작용은 어떻게 나타나는지를 얼마나 상세하게 보고 또 보고 했는지, 신경과 의사보다 더 많이 아는 게 아닐까 싶을 정도였다. 얼마 전에는 정말 좋은 책을 찾았다며 들뜬 목소리로 전화가 왔다. 일본 의학서적인데, 의사들에게 참고서 같은 것으로서, 일본 신경학회 치료 가이드라인이 되는 책이라고 했다. 우리나라 의사들도 이 책을 보면서 참고한다고 했다. 이 책을 보면 의사가 어느 약을 처방했을 때, 왜 이 약을 처방했는지도 알 수 있으며, 일본 정부에서 이렇게 하면 좋다는 요양 가이드라인을 정해놓은 책도 찾았다고 들뜬 목소리로 말했다.

파킨슨 박사학위라도 받을 것처럼 파킨슨에 대해서 4개국 자료를 찾아 공부하는 선홍이는 얼마나 신경을 썼으면 머리카락이 빠지기 시작했다. M자형 이마인데 한쪽만 빠지기 시작한 머리카락은 보는 사람들에게 웃음을 주는 짝짝이 이마로 변해가고 있었다. 내 목숨을 주어도 아깝지 않을 아들이 엄마 때문에 위가 아파 고생하고 머리카락이 빠져서 짝짝이 이마가 된 모습을 보니 마음 아프고 또 미안한 마음으로 가득했다.

선홍이는 군복무 중이고, 제홍이는 공부 중인 데다 3월에 입대도 해야 하니, 지금까지처럼 아직은 내가 우리 집 가장으로 일을 해야 하는데, 몇 달을 일도 못 하고 있으니 생활이 어려운 건 당연했다. 지금은 내가 아프다는 것보다 더 중요한 것이 내가 일을 해야 된다는 것이었다. 군복무 중인 선홍이는 아무것도 할 수 없는 자신이 더 괴로운 것 같았다. "내 장기라도 떼어 팔아서 엄마에게 주고 싶다."고 할 정도로.

제홍이에게는 아직 말하지 않은 상태인데 3월에 군대 가기 위해서 한국에 들어오면 그때 말하기로 했었다. 그런데 훈련받을 때 힘들어서 안 된다고, 논산에서 훈련받고 나면 말하기로 의견을 모았다. 나중에 엄마가 병들었다는 사실을 알게 되었을 때 마음 약한 제홍이가 어떨지, 선홍이와 둘이서 미리부터 걱정되었다. 또한 자상한 제홍이는 시간만 있으면 굳어가는 엄마의 다리를 끝없이 주물러주고 또 주물러주고 할 것이다. 그게 안 봐도 다 알 수 있는 제홍이의 스타일이었다.

1월에 병원 가는 날 선홍이가 나왔다. 부대에서 엄마 보호자로 병원에 다녀올 수 있도록 외출을 보내준 것이었다. 사실은 시간 맞추어 약도 잘 먹고 있는데도 얼마 전부터 이상증세가 새로 생기고 있었다. 가만히 있어도 걸어갈 때 오른쪽 다섯 발가락으로 주먹을 꽉 쥐듯 오므렸다. 선홍이 말처럼 처음에는 본인도 모른다고 하더니 한참을 지나서야 "어, 왜 이러지. 왜 발가락으로 주먹을 쥐고 있지?" 했다. 힘을 빼고 주먹을 쥐지 않으려고 신경을 쓰고 있어도, 또다시 다섯 발가락은 주먹을 아주 꽉 쥐고 있었다. 운전할 때도 마찬가지였다. 액셀을 밟고 있을 때도 여전히 발가락은 꽉 쥔 상태였다. 걸을 때도 신발 속의 내 발은 주먹을 꽉 쥐고, 발바닥 가운데를 아치를 높이 만들며 이상하게 걸었고, 이상한 발모양과 걸음걸이 때문에 무릎에 통증 오기 시작했다. 파킨슨 때문에 근육이 굳어져서 제대로 움직일 수 없다는 것은 알고 있었지만, 약을 먹고 있는데도 이렇게 빨리 모래사장에 물이 스며들 듯 서서히 근육이 굳어지고 변해갈 것이라고는 생각지 못했었다. 이렇게 굳어가며 병이 진행되는 것을 느끼는 것은 기분이 엄청나게 안 좋은 경험이었다.

선홍이와 병원을 갔더니 동생이 기다리고 있었다. 부대에 있어야 할 선홍이가 병원에까지 따라가니, "요즘 군대도 좋아졌다."면서 반가워했다. 동생은,

"이곳에 온 사람 모두 다 나이 많은 노인들인데, 언니 혼자만 젊은 사람이야. 보호자도 우리만 젊은 사람이고, 우리가 다른 환자들 보호자보다도 더 젊어."

하고 말했다. "그러게." 하며 모두 같이 웃으며 진료실로 들어갔다. 바쁘게 양쪽으로 왔다 갔다 하며 진료를 보는 의사 선생님은 옆방에서 와서 의자에 앉음과 동시에 물었다.

"변비는 어떠세요?"

"약 먹고도 가끔 힘들 때도 있지만 약으로 조절하고 있으니, 이 약 더 먹어도 될 것 같습니다."

"그래요. 이 약으로 더 먹어봅시다. 소변은 어때요?"

"너무 자주 갑니다."라고 대답을 하는데 기분이 이상했다. 그래서 다시 물었다.

"그런데 소변은 왜요?"

"앞으로 소변도 안 나오게 될 겁니다."

깜짝 놀라며,

"예? 그럼 어떡해요?"

"배를 꾹꾹 누르면서 나오게 해야지요."

"헐!!"

순간적으로 놀라서 아찔했는데 틈도 주지 않고

"자, 한번 걸어봅시다. 눈감고 숫자 세어보세요. 자, 손가락 이렇게

해보세요."

의사 선생님이 시키는 대로 감정 없는 로봇처럼 잘 따라 했다.

"이상한 것은 없나요?"

"이상한 걸 어디까지 얘기해야 하는 건가요?"

"모두 다요."

"얼마 전부터 발가락이 주먹을 쥐고 있습니다. 가만히 있을 때도 다섯 발가락이 힘을 꽉 주고 주먹을 쥐고 힘이 안 빠집니다. 또 다리가 한 번씩 움직이기 시작하면 잠을 잘 수가 없습니다. 아들이 휴가 나왔을 때 보았는데, 잠잘 때도 다리가 혼자서 움직인다고 합니다."

또 이번에 위가 아파서 내시경 검사를 했는데, 위염이 너무 심해서 궤양으로 갈 정도의 염증이라며 조직검사도 했습니다.

"약 추가로 더 넣어서 처방하겠습니다. 아침 식후에 하나, 밤 자기 전에 하나 추가되었습니다."

"무슨 약인데요?"

"아침은 발가락 힘주는 것이고, 잠자기 전 건 다리 움직이는 것입니다."

"그런데 왜 그런 건가요?"

"전형적인 파킨슨 증세입니다."

"참, 위약은요?"

"여긴 전문의가 아니니 내과에 가서 처방받으세요."

하며 처방전을 남기고 옆방으로 이동하며 진료는 끝났다.

진료가 끝난 후 동생과 아들 앞에서 태연한 척했지만 속마음은 놀라고 심란하고 걱정이 안 될 수가 없었다. 지금도 변비 때문에 약을 먹고 있는데도 죽도록 힘들 때가 있는데, 앞으로 소변도 잘 안 나온다면 그때는 어떻게 하지? 지금처럼 발가락이 주먹을 쥐고 있듯이 근육이 이렇게 굳어가는 거구나 하고 직접 체험을 하고 나니, 인터넷으로 보고 선홍이에게 교육받고 해도 피부에 와 닿지 않았던 것들이 약을 먹어도 이런 증세가 나타나고 있다는 걸 실감하고 나서야 걱정되기 시작했다. 동생과 아들 앞에서 태연하게 겉으로는 아무렇지 않은 듯 웃고 있었지만, 속마음은 앞으로 닥칠 일들이 걱정되어 시커멓게 타들어가기 시작했다.

선홍이는 의사 선생님을 다시 만나겠다며 모든 진료가 끝날 때까지 기다렸다. 얼마를 기다린 후 마지막 진료가 끝나고 진료실로 들어가기에 나도 따라 들어갔다. 의사 선생님은

"왜 무슨 일로…?" 했다.

"저희 어머니가 진행 속도가 빠른 편입니까?"

"그렇지는 않습니다."

하며 약간 얼버무리듯 대답했다.

"어머니 검사했던 것 PAT 영상 좀 보여주실 수 있습니까?"

"그건 왜요?"

하며 컴퓨터에서 찾더니

"컴퓨터가 느려서 너무 오래 걸립니다. 다음에 미리 말하고 그때 보세요."

하며 일어서서 나가려고 출입구 쪽으로 걸어나갔다. 의사 선생님은 지금까지 파킨슨이 어떤 병이고 어떻게 진행되고 어떻게 될 거라고 한마디도 한 적이 없다. 그냥 파킨슨입니다 하면 우리가 인터넷으로

여기저기 찾아보고 공부하고 알아야 한다. 인터넷 네이버 박사가 참 친절해서 다행이긴 하지만, 그래도 병원에서 이건 이런 거다 하고 설명해 준다면, 또 먹는 약에 대해서 부작용도 설명해주고 하면 얼마나 좋을까. 특히나 파킨슨 환자들은 약의 부작용으로 대부분 사망하니, 더더욱 설명해 줘야 되는 게 아닐까 싶다. 대학병원이라 바쁘다고 하지만, 그래도 좀 그랬다.

처방전 뽑는 기계에 약국을 지정해놓고 병원 앞에 대기하고 있는 약국 봉고차를 타고 약국으로 갔다. 처방전을 미리 넣어 예약까지 하고 갔는데도 병원보다 더 오래 기다렸다. 기다림 끝에 쇼핑백으로 한 보따리 선물 아닌 선물을 받아왔다.

이렇게 해서 지금 먹는 약은 식전 1시간 전에 1번, 식전 30분 전에 1번, 식후 30분 후에 1번으로, 아침 점심 저녁 하면 9번, 잠자기 전에 1번, 이렇게 하루에 10번이나 약을 시간 맞추어 먹어야 한다. 이렇게 약을 먹고 차도가 있고 낫는다면 얼마나 좋을까. 약을 먹어도 낫지 않고, 일상생활도 못 하게 되고, 누군가의 손을 빌리고 도움받아야 되고, 그러다 휠체어에 의지하게 되고, 그 후는 똥 싸는 기계로 있다가 이별하는 것이다. 10번의 약도 처음이라 양이 적은 거란다. 앞으로는 1회에 먹는 약의 수도 갈수록 많아질 것이라는데, 이렇게 위가 아파 죽을 먹어도 토하는 지금은 약 먹을 일도 걱정이 되었다.

선홍이는 처음으로 병원과 약국을 같이 다녀본 후 일본 병원과 한국 병원을 비교해서 말했다. 일본은 약을 처방해줄 때 의사가 약에 대한 부작용을 직접 설명해주고, 약국에 가면 약사가 약의 부작용에 대해서 또 한 번 설명해주는데, 한국에는 의사도 약사도 전혀 부작용

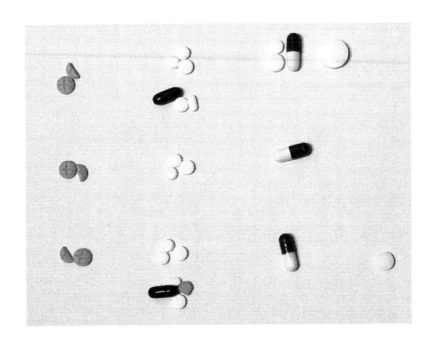

에 대해서 설명해 주는 사람이 없다며 깜짝 놀란다. 또 일본에서는 파킨슨 환자들은 집에서 관리할 수가 없으므로 국가 차원에서 지원 해주는 파킨슨 병원도 있다며, 일본이 훨씬 나으니 일본에서의 치료 를 알아보아야겠다고 했다. 그러나 일본이 아무리 좋으면 뭐하겠는 가? 말도 안 통하는 그곳은 감옥이나 마찬가지일 텐데.

만병통치약.

진해에 계시는 엄마가 생각났다. 80을 바라보는 나이인데도 자식에게 부담 주기 싫고 신세 지기 싫다는 자존감이 대단하신 분이다. 앉았다 일어나면 절로 나오는 '아이고, 아이고' 하는 소리도 입을 꼭 다물고 한 번도 입 밖으로 낸 적이 없으시다. 너무 부지런해서 고생을 사서 하는 스타일. 잠시도 가만히 계시질 못하고 지금도 "어디 일할 데가 없나" 하며 일하고 싶어 하신다. 고생이라는 고생은 다 해봤다. 누가 우리 엄마처럼 고생하고 살았을까? 나에게 엄마처럼 살라고 했다면, 단 한 순간도 못 살았을 것이다.

어느 가수의 '인생'이라는 노래의 한 부분인 '다시 가라 하면 나는 못 가네. 마디마디 서러워서 나는 못 가네.' 하는 가사처럼 다시 가고 싶지 않은 엄마의 고생길. 혹자는 말한다. "그 시절 고생 안 하고 산 사람 어디 있느냐?"고. 하지만 천만의 말씀. 고생도 고생 나름이란 게 있지 않겠는가.

우리 엄마는 42살에 가장이 되셨다. 아버지의 갑작스런 사고로 병원 생활만 6년. 그 후 31년을 아버지의 손과 발이 되어 수발하셨으니 합이 37년. 그것도 가만히 앉아서 병수발만 한 것이 아니라, 한 가정의 가장으로서 모든 짐을 그 가냘픈 어깨에 홀로 지고 사신 것이다.

아버지 사고 당시 초등학생, 중학생, 고등학생 둘, 이렇게 네 명의 아이들을 책임지며 병원과 집을 오가는 생활. 그 시절 어떻게 사셨을까? 아이들은 학교 보내야 하고, 생활비도 있어야 되고, 사람도 알아보지 못하는 식물인간 아버지 옆에서 제발 눈만 뜨게 해달라고, 제발 사람만 알아보게 해달라고, 제발 대소변만 가리게 해달라고, 제발 일어나 앉을 수 있게 해달라고 간절히 간절히 바라면서 살았다. 잠시도 보호자가 없으면 안 되는 상황이었다. 지금처럼 간병인이 있는 것도 아니고, 누가 도와주는 것도 아니고, 책임져야 하는 미성년자만 4명. 지금 다시 생각해도 그 시절 그 상황들을 엄마는 어떻게 견뎌냈을까.

여자의 인생을 과감하게 포기하고 한 가정의 가장으로서, 네 아이에 엄마로서 원더우먼의 초능력을 발휘하며, 1분 1초의 쉬는 시간도 없이 거의 40년 가까이 자유가 없이 아버지의 손발이 되셨으니, 이제 80을 바라보는 엄마는 인생의 절반을 아버지의 병수발로 세월을 보내신 것이다. 혼자의 힘으로 네 자녀들을 출가시켰고, 아버지를 돌보아야 하기에 평생 집을 비울 수 없었던 엄마의 생활은 한마디로 창살 없는 감옥에서 자유를 저당 잡히고 사는 죄수와 같은 생활이었다.

매년 돌아오는 그 흔한 단풍놀이도 한 번 못 가고 사셨다. 그래서인지 떡도 먹어본 놈이 먹는다고, 놀아보지 못한 엄마는 놀 줄도 모르고, 지금도 가만히 있으면 이상하다며 무슨 일을 하든지 일을 만들어서 하신다. 너무 바쁘게 살아서인지, 가만히 TV 보는 여유조차도 없으시다. 고생을 많이 해서 여기저기 아파 침 맞고 병원을 다녀도, 자식들 신경 쓴다고 어디 어디 아프다고 말씀도 안 하신다. 요즈음 우리 엄마가 가장 힘든 것은 잠이 안 온다는 것이다. 조금만 신경을 써도 꼬박 날밤을 새고 며칠 동안 잠을 못 자니, 그 다음에는 꼭 몸이 아파서 병이 난다.

이렇게 잠 못 자고 예민한 엄마에게 우리 형제들은 무슨 안 좋은 얘기를 할 수가 없다. 혼자서 걱정을 있는 대로 하시고 잠 못 자고 아프고…. 그래서 나도 아프다는 사실을 엄마에게 말할 수가 없다. 나에게 엄마를 다른 한마디로 표현하라고 하면, 나는 '만병통치약'이라고 표현하고 싶다. 엄마가 옆에만 있어도, 엄마 이름만 불러도 좋은 것을, 엄마 목소리만 들어도 좋은 것을. 엄마에게 위로받으면 제일 좋은 것인데, 나는 엄마에게 병들었다는 사실을 숨겨야만 한다.

지난번 내가 진단을 받기 전에 내 몸이 이상하게 변해갈 때, 엄마의 걱정이 대단했었다. 진단받은 후 약을 먹고 나서는 옆에서 보기에 별 이상한 점이 보이지 않으니 엄마의 걱정도 줄어들었다. 그런데도 엄마는 네 자녀들 중에서 항상 내 걱정을 제일 많이 하신다. 모두가 다 잘 살고 있는데 나 혼자 고생한다고, 고생하던 엄마의 젊은 시절을 보는 것 같다고 제일 마음 아파하신다. 그런 엄마에게 아프다고 병들었다는 말을 어떻게 할 수 있겠는가. 엄마를 걱정시키는 것 자체가 불효인데. 엄마는 항상 말씀하신다. "너랑 나랑은 옆에서 챙겨줄 사람이 없고 혼자 있으니 아프면 안 된다. 아프지 않게 건강 잘 챙기고 밥도 잘 먹고 해라." 하며 자나 깨나 걱정하신다. 그런데 내가 병들어서 환자라고 말하면 엄마의 걱정은 이만저만하지 않을 것이다. 아무것도 해줄 수 없는 엄마의 애간장만 태울 뿐이다. 그래서 엄마가 모르게 하는 것이 엄마를 위하는 일이기에 엄마에게는 비밀에 붙이기로 했다.

그래서 나중에 약 부작용으로 몸에 이상 증상들이 나타나면 엄마를 보러 갈 수 없기에, 지금처럼 약을 먹고 내 몸에 이상이 보이지 않을 때 진해에 계시는 엄마에게 자주 다녀야 한다. 이런 상황은 50이 넘은 나이에도 엄마에 대한 마음이 더 그리워지게 하는 것 같다.

약은 대부분 2년은 잘 듣고 4~5년 정도 지나면 부작용이 나타난다고 한다. 약이 잘 받아서 부작용이 하루라도 더 늦게 나타나길 간절히 바란다. 요즈음에는 약이 좋아져서 10년 이상 혼자 일상생활을 할 수 있는 사람들도 있다고 하니, 나도 그 속에 포함되어 가벼운 마음으로 엄마를 보러 갈 수 있도록 희망을 가져본다.

우리 집에 좋은 소식이 있으면 엄마에게 제일 먼저 알린다. 엄마는 "그래, 우리 딸 장하다."라고 해주신다. 난생 처음 강사로서 강의를 한 날도 엄마에게 전화를 했다. 엄마는 너무 좋아하셨다. 사람들 앞에서 자신감 있게 얘기했다는 자체만으로도 "우리 딸 대견하다."며 기뻐하는 우리 엄마. 자녀들이 무슨 선물을 하면 "나는 해준 것도 없는데 이런 것을 해주냐?"며 엄마의 고생하신 것들은 전혀 내보이지도 않으신다. "그때 고생 안 한 사람 어디 있냐?"며 별로 대수롭지 않은 듯 넘겨버리신다. 그 어렵던 시절을 못 견디고 움직이지 못하는 아버지와 학교 다니는 어린아이들 두고 집이라도 나가셨다면, 우리 가족은 어떻게 되었을까? 생각만 해도 끔찍하다. 모든 힘든 상황들을 견디며 이겨내신 엄마에게 고맙고 감사함을 마음으로만 전할 뿐 나는 아무것도 할 수가 없다.

나는 항상 엄마에게 불효자다. 엄마 마음의 근심 덩어리다. 다른 형제들처럼 잘살아서 걱정을 안 끼쳐야 되는데, 항상 어렵게 힘들게…, 그래서 늘 엄마에게 걱정을 끼치고 살고 있는 엄마의 아픈 손가락이다. 그래서 죄송스러운데 병까지 들고 말았으니….

이렇게 쓰고 있는 글이 책으로 출판되어 나오면 엄마에게 제일 먼저 보여드리고 싶은데, 우리 딸이 쓴 책이라고 얼마나 좋아하실지 미리 보는 듯 눈에 훤한데, 엄마에게는 완성된 책을 보여드릴 수가 없다는 것이 안타깝기만 하다. 책 내용을 보면 우리 엄마 충격받아서 잠도 못 주무시고 혼자 걱정을 얼마나 하실지. 안 봐도 비디오인 것이다.

이제는 엄마에게 의지할 수 없다는 것을 알고 있는데도 엄마가 생각난다. 나이 50이 넘은 지금도 몸이 아프면 엄마가 생각난다. 엄마가 해주는 찰밥도 먹고 싶고, 엄마가 해주는 된장찌개도 먹고 싶다. 조미료 넣지 않고 그냥 조물조물해도 맛있는 엄마의 손맛. "영순이 왔나? 멀리서 오느라 고생했다 어서 들어가자." 하고 반겨주는 엄마. 그냥 엄마랑 같이 있고 싶다. 아무것도 하지 않아도 그냥 같이 있기만 해도 좋은 엄마. 이 세상에 조건 없는 사랑은 부모가 자녀에게 향하는 사랑이다. 아무리 아름다운 사랑이라도 부모가 자식에게 향하는 사랑만큼 하겠는가.

나는 엄마랑 하고 싶은 게 참 많다. 창살 없는 감옥에서 아버지의 손과 발이 되어 병수발로 평생을 살아오신 엄마랑 여유롭게 전국 일주를 하고 싶다. 전국 방방곡곡 산 좋고 물 맑은 곳을 돌아 시골 5일장 7일장 서는 곳을 구경하고, 각 지역의 특산물도 먹어보고, 세월아

네월아 하며 시간과 날짜를 무시하고 한가롭게 여행 다니고 싶다, 평생을 숨 가쁘게 살아오신 것과는 정반대로, 천천히 여유로운 시골여행을 하고 싶은 것이다. 이 여행길에 많은 고생으로 등이 아프신 엄마랑 숯가마 불가마도 가보고, 해수 찜질하는 곳도 가보고 싶다.

시골여행을 하며 그곳 마을회관에서 동네 어르신들 모아놓고 웃음 치료로 한바탕 웃고, 놀고, 동네 어르신들과 밥도 같이 먹고, 그 동네에서 민박하고, 또 다른 동네로 여행 가서 그곳 마을회관에 동네 주민들과 어르신들 모아놓고, 이렇게 웃음 치료로 한바탕 웃고 떠들며 즐겁게 시간을 보내며, 내가 무슨 강의를 하든지 엄마랑 친구처럼 같이 다니고 싶다. 내가 강의하는 것도 앞에 앉아서 같이 듣고, 박장대소도 같이 하며 그렇게 전국 일주를 하며 사람 구경, 세상 구경을 시켜드리고 싶다. 이렇게 항상 마음은 굴뚝같은데, 실제로는 너무 멀리 산다는 것은 핑계일 뿐, 경제적인 여유와 시간적인 여유가 발목을 잡고 있으니 도전도 못 하고 늘 생각만 한다. 지금까지는 아이들 뒷바라지하고 일하느라 바빠서 못 했다고 핑계를 댔지만, 앞으로는 그렇게 하고 살아야 하는데 내가 그렇게 할 수 있을까 싶다. 몸이 정상이라면, 아니 더 아파지기 전에 꼭 그렇게 엄마랑 여행을 해보고 싶다.

내 나이가 50이 넘어도 이렇게 엄마 생각이 나는데, 우리 아이들은 지금 20대. 앞으로 혼자서는 세수도 못 하고 칫솔질도 못 하고 밥도 혼자서 못 먹는다는데, 내가 혼자서 정상적으로 생활할 수 있는 것이 몇 년이나 될지 모르지만, 제발 아이들에게 짐이 되지 않고, 나에게 엄마가 '만병통치약'인 것처럼 내 아이들에게도 든든한 '만병통치약'이 되고 싶다.

作은아들의
눈물。

일본에 있던 작은아들 제홍이가 돌아왔다. 군대를 가기 위해 학교 시험을 끝내고, 짐정리를 하고, 2년을 휴학하고 한국으로 돌아온 것이다. 일본은 병역 휴학이 없었는데, 일부 대학에서 한국인을 대상으로 2년간의 병역 휴학을 인정해주게 된 것이 2년 전. 마침 제홍이가 다니던 대학에서도 병역 휴학을 인정해주어 휴학을 하게 되었다.

휴학 기간이 딱 2년이기 때문에, 군대 가는 날짜가 맞지 않으면 학기에 맞추어 복학도 못 하고, 경우에 따라서는 국비 장학금도 못 받게 된다. 그래서 군대 문제로 머리털이 빠질 정도로 신경 쓰고 여러 곳으로 전화를 하고 날짜를 맞추었다. 군대를 안 가겠다는 것도 아니고 군대를 간다고 하는데도 그렇게 힘들 수가 없었다. 그도 그럴 것이, 공익근무 딱 24개월, 학교 휴학이 24개월로 날짜가 똑같아서 날짜 맞추기가 힘들었던 것이다.

제홍이는 초등학교 6학년 때 교통사고를 당하고 다리 수술을 했다.

그런데 그 이후부터 거짓말같이 일 년에 한 번씩 다친 다리를 다치고 또 다쳐서, 일 년에 한 번씩은 꼭 깁스를 했다. 결국 군대 가기 전인 지금까지 총 세 번의 발목과 무릎 수술을 했고 총 7번의 깁스를 했다. 그래서 우리 집에는 일 년에 한 번씩 방에서 짚는 목발과 밖에서 짚는 목발, 이렇게 두 조의 목발이 항상 대기하고 있어야 했다. 이렇게 다리 때문에 뛰지도 못하는 제홍이는 공익 판정을 받았고, 4주간의 훈련도 걱정하지 않을 수가 없었던 것이다.

일본에서 짐정리하고 한국으로 돌아온 후 쉬지도 못하고 훈련소에 입소해야 하는데, 입소하기 전에 선홍이는 제홍이에게 엄마가 아프다는 말을 해야 한다고 했다. 원래는 군대 가서 훈련받고 오면 얘기하려 했는데, 선홍이는 군대 가기 전에 얘기해야겠다는 것이다. 선홍이 자신도 엄마가 아프다는 것을 늦게 안 것이 제일 싫었다면서 하루라도 먼저 알아야 한다고 했다.

선홍이는 엄마 때문에 혼자 신경도 많이 쓰고 걱정을 많이 해서 스트레스를 받아, 20대에 탈모와 글이 안 보이는 노안 증세, 또 극심한 불면증에 위장병까지 심해졌다. 그래서 국군수도병원에 다녀야 할 정도로 심각한 상태가 되었다.

아픈 엄마는 집에 혼자 있는데 군부대 안에서 마음대로 나올 수가 없으니, 엄마 옆에서 엄마를 관찰하고 엄마랑 같이 있을 제홍이가 빨리 알아야 선홍이가 마음 놓고 엄마에 대해서 말할 수 있으니 빨리 말을 하자는 것 같았다. 그렇게 제홍이에게도 말을 해야 하는데 차마 내 입으로 말을 못 하겠고, 그렇다고 선홍이는 군부대 안에 있는데 전화해서 사실은 엄마가 이러쿵 저러쿵 하고 말할 수는 없었다. 계속

하루라도 빨리 제홍이가 알아야 한다고 다그치는 선홍이의 재촉에 할 수 없이 말하기로 했다. 며칠을 뜸을 들이면서 말을 하려고 했지만, 도저히 말이 나오지 않았다.

제홍이를 쳐다보니, 이 아이는 또 얼마나 걱정을 하고 속상해하고 슬퍼할까.

그 추운 겨울밤. 진흙같이 어두운 밤. 아무도 없는 캄캄한 밤에 공중전화 박스에서 목 놓아 울던 선홍이의 울음소리가 지금도 귓가에 맴돌고 있는데, 그 울음소리가 생각날 때마다 가슴이 메어 와 눈물이 나는데, 또 제홍이는 이걸 어떻게 받아들이나 걱정되어 도저히 입이 떨어지질 않았다. 그래도 한 번은 넘어야 할 고비라며, 병원 측이나 동생들, 나의 문제를 아는 사람들은 "작은아들에게 말했어?" "작은아들은 알아?" "작은아들에게는 언제 말할 거야?" 하는 것이 인사 대신이었다.

고민에 고민, 걱정에 걱정을 하며 제홍이에게 말을 꺼냈다. 제홍이는 책상 앞에 앉아서 일본에서 하던 수업 자료를 정리하며 공부를 하고 있었다. 제홍이가 좋아하고 재미있어하는 수업. 그 수업 시간에 기록한 노트를 보여줄 때면 나는 눈이 빙글빙글 돌아간다.

"이 어려운 수학이 재미있니? 숫자랑 기호가 정말 화려하네."

"이건 수학이 아니고 물리에요."

"그래?"

"이걸 못 하고 와서 빨리 끝내야 해요."

그렇게 말을 하는데도 오늘 말하기로 마음먹었으니 또다시 미룰 수가 없었다.

"그런데 제홍아, 엄마가 글 쓴 것 좀 봐줄래?"

"다 쓰면 보라고 했잖아요."

"아니 그냥 지금 엄마가 쓴 것만큼만 조금 봐봐."

"지금 봐야 되나요?"

"응, 지금 봐야 돼."

한국에 온 지 며칠 되지 않은데다 지금은 컴퓨터로 일본에서 다 못한 공부를 하느라고 어려운 숫자들이 이곳저곳 늘어놓인 것을 보면서도, 그것을 하다 말고 갑자기 엄마가 쓴 글을 읽으라고 하는 것도 이상한 일이었다.

"엄마, 지금 하는 것 끝나면 조금 있다가 읽어볼게요."

"아니, 지금 읽어보면 좋겠는데."

"꼭 지금 읽어야 하나요?"

응 하는 대답 대신 고개를 끄떡였다.

"알았어요. 지금 읽어볼게요."

"그래, 끝까지는 안 읽어도 되고 앞쪽 3분의 1 정도만 읽으면 되니까 금방 읽을 거야."

"알았어요. 어디 있어요?"

"응, 여기." 하며 컴퓨터 속에 있는 파일을 손가락으로 짚어주었다.

제홍이는 공부를 하다 말고 엄마가 쓴 글을 열었다. 그때 제홍이만 방에 두고 살며시 나왔다. 도저히 같이 있을 수가 없었다. 혼자서 가만히 읽게 두는 것이 좋을 것 같았다. 아니, 나의 진심은 제홍이의 반응을 볼 수가 없어서 피했다는 것이 더 맞는 말일 것이다. 그랬다. 솔직히 그 자리에서 피신한 것이었다.

밖에서 다른 일을 하면서 시간이 지나가길 기다렸다. 말이 다른 일이지, 무엇이 손에 잡히겠는가. 안절부절 앉지도 서 있지도 못하고, 그냥 왔다 갔다 서성였다. 침도 바삭바삭 마르고 속이 타는 와중에 선홍이가 생각났다. 추운 겨울, 아무도 없는 캄캄한 밤에 눈물이 나오면 꽁꽁 얼어버릴 것 같은 그 추운 날 울던 선홍이의 흐느끼는 울음소리는 칼로 내 가슴을 휘어 파듯 아프게 전해져 왔었다. 그래서인지, 아님 막내라서 아직도 내 마음에 어리게 느껴져서인지, 지금 이 시간이 정말 싫어서 빨리 지나갔으면 하는 마음뿐이었다.

솔직한 심정은 내가 죽을병에 걸렸다고 해도 죽을 때까지 나 스스로 움직이고 한다면 아이들에게는 영원히 비밀로 하고 세상을 떠나고 싶다. 엄마 때문에 우는 아이들을 본다는 것은 정말 엄마로서 못할 짓 중의 하나인 것 같았다. 얼마나 지났을까. 제홍이에게 엄마가 적어놓은 글을 보라고 하고 나왔을 때와 똑같이 방안은 조용했다. 아무도 없는 것처럼 미동도 없었다. 조용해도 너무 조용했다. 약간의 움직이는 소리도, 숨소리조차 들리지 않을 정도로 고요하게 침묵이 흐르고 있었다.

방안의 상황이 어떻게 그려지고 있는지 알 수는 없었지만, 방안으로 들어갈 수가 없었다. 정말 방으로 들어가기 겁이 났다. 문 앞에서 보초병처럼 한참을 서성이다가, 이 정도면 책을 3분의 1 정도는 읽었겠지 하는 생각을 하고(솔직히 시간이 얼마나 지났는지는 전혀 모르면서) 심호흡을 크게 한 번 하고 살며시 방안을 들여다보았다.

뒤에서 바라본 제홍이의 모습은 책상 앞에 그대로 앉아서 꼼짝도 하지 않고 고개를 푹 숙이고 있었다. 움직임도 소리도 없는데 책상

위에는 화장지가 산처럼 쌓여 있었고, 또 계속 쌓이고 있었다. 제홍이는 고개를 푹 숙인 채 울음을 속으로 심기고 왕방울만 한 눈물만 뚝뚝 떨어트리며 소리 없이 울고 있었다.

책을 많이 보는 제홍이는 보는 속도도 빠를 텐데, 책 내용을 어디까지 읽었는지 알 수는 없었다. 하지만 얼마나 많이 울었는지, 보지 않아도 책상 위의 화장지가 대신 말을 해주고 있었다. 화장지로 책상 위에 산을 이루는 동안 아무 표시도, 아무 소리도 내지 않고 속으로만 울음을 삼키는 제홍이를 보는 순간 마음이 쿵 내려앉으며 위경련이 일어나듯 아파왔다.

나는 말없이 제홍이 옆으로 다가가 제홍이를 안아주었다. 소리 없이 울고 있던 제홍이의 흐느낌이 나의 가슴으로 그대로 전해져 왔다. 제홍이는 쓰러지듯 머리를 엄마 가슴에 기대고 눈물만 흘렸다. 나 또한 소리 없이 눈물이 두 뺨을 타고 내리고 있었다. 우리 두 사람은 아무 말도 하지 않고 시간이 멈춘 듯 그렇게 애꿎은 눈물만 흘리며, 스스로 마음을 조절하며 안정시키고 있었다.

혹시나 제홍이가 알아챌까 봐 신음이나 숨소리조차 낼 수가 없었다. 제홍이도 마찬가지였다. 우리 두 사람은 수도꼭지를 잠그지 않은 듯 소리 없이 눈물을 흘렸다. 제홍이를 안고 있는 가슴은 따뜻하게 젖어가는데, 얼굴을 보지 않아도 제홍이가 얼마나 많이 울고 있는지 알 수 있었다.

나도 제홍이도 그렇게 소리 없이 계속 울었고, 시간이 멈춘 듯 그대로 그렇게 한참을 있었다. 시간이 얼마나 지났을까. 이대로 계속 울면 홍수가 날 것 같은 생각이 들어 애써 눈물을 닦으며 씩씩한 척을

하고 아무렇지도 않은 듯

"제홍아, 엄마 괜찮아. 엄마 아무렇지도 않고 잘 있는 것 봤잖아."

"누가 알아요?"

"할머니 빼고 다."

"그럼 알아야 할 사람들 중에 내가 제일 마지막에 안 거네요."

"응."

"왜 말 안 했어요?"

"일본에 혼자 있는데, 혼자서 힘든데 어떻게 말을 하겠니?"

"그래도 말을 해야지요. 어떻게 이런 일을 말도 안 하고 제일 늦게 알게 할 수가 있어요?"

선홍이랑 똑같은 말을 했다. 왜 늦게 말하느냐고 엄마가 아픈 것은 충격이고, 늦게 말한 것은 속상한 것 같았다. 제홍이는

"그때 엄마가 병원 다녀왔다고 했을 때 눈치를 챘어야 했는데, 괜찮다고 그래서 아무 일 없는 줄 알았어요. 내가 바보였어요." 하며 자신이 모르고 있었다는 것이 용서가 안 되는지 더 속상해하며 계속 울었다. 나는 제홍이의 눈물을 닦아주며 말했다.

"아니야, 엄마가 말도 안 했는데 모르는 것은 당연하지. 어떻게 그걸 알 수가 있겠어."

"우리 엄마 어떡해요?"

"괜찮아, 형이 의학서적 다 뒤지고 의사들이 보는 참고서 같은 의학서적까지, 우리나라에서는 시도하지 않는 것들, 다른 나라에서 시도하고 있는 것들까지 다 알아보고 있어. 저기 책 봐봐. 영어, 일본어, 러시아어, 우리나라 것까지 전부 다 형이 엄마 병에 대한 정보들을

알아보고 있어, 그래서 의사보다 더 자세하게 설명해주고 있어. 엄마 걱정 안 해도 돼."

그때부터 제홍이도 엄마의 병에 대해서, 앞으로 엄마가 어떻게 될지에 대해서 공부하기 시작했다. 실컷 울어서일까, 엄마랑 같이 있어서일까. 제홍이는 생각 외로 침착했다. 다행이었다.

"제홍아, 걱정 많이 했는데 제홍이가 담담하니 잘 받아들여줘서 고마워."

"엄마가 걱정하고 있는데 나까지 힘들게 하면 안 되잖아요."

"그래, 맞아."

"엄마랑 형이랑 얼마나 마음 졸이고 있었겠어요."

"그래, 정말 걱정 많이 했는데."

"엄마는 화나면 형에게 화풀이하고, 형은 화나면 나에게 화풀이하고, 나는 화풀이할 데가 없으니까 혼자서 참고 있는 게 습관이 돼서 참을 수 있어요."

그 말에 소리 내어 웃기도 했다. 이렇게 제홍이까지 알게 되었다. 그날 저녁 선홍이에게서 전화가 왔다. 선홍이는 제홍이에게 엄마의 이상 유무를 잘 관찰하라면서, 형이 만들어놓은 책을 차근차근 보라고 했다. 제홍이가 엄마의 병을 알고 난 후부터 선홍이는 제홍이에게 엄마 병에 대해서 제홍이에게 이야기해주고, 이제는 제홍이가 엄마 옆에 있어서 마음이 놓인다면서, 그렇게 심하던 불면증에서 차츰차츰 벗어날 수 있게 되었다.

제홍이 또한 형이 만들어놓은 책을 보며 엄마의 병에 대해서 알아가고, 앞으로 다가올 일에 대해서 이해하고, 엄마에게 나타나는 증상들을 관찰하기 시작했다. 약 먹는 시간이 굉장히 중요한데, 엄마가 혹시라도 약 먹는 것을 빠트리기라도 할까 봐 시간을 체크하며 제홍이 특유의 자상함으로 엄마를 챙기기 시작했다.

3장

제2의 인생

웃음 치료사.

십몇 년 전쯤에 웃음을 만나 웃음 치료를 배운 적이 있었다. 광화
문에서 무슨 행사를 할 때 가지고 온 전단지를 보고 전화 상담을 했
는데, 장소가 전라도였다. 전라도라니. 직장에 매인 몸인데 웃음 치료
를 배우러 그 먼 곳까지 갈 수는 없었다. 그래서 서울에서 교육을 할
때가 있으니 그때 만나기로 하고 상담을 마무리지었다.

얼마 후 서울에서 교육이 있으니 그곳에서 보자는 연락이 왔다. 그
때는 강서 지점에 근무할 때라 바쁘지 않아서 칼퇴근이 가능했다. 퇴
근 후 찾아간 곳은 신림동에 위치한 제법 큰 규모의 학원이었는데,
사람들이 제법 많이 모여 있었다. 전라도에서 올라온 선생님도 문자
나 전화로 얘기만 했을 뿐 초면이었기에 처음으로 인사를 나누고, 그
학원에 모여 있는 사람들과도 자기소개를 하며 인사를 나누고 웃음
치료 수업에 들어갔다.

처음 해보는 웃음 치료 첫째 날. 4시간 동안 웃고 구르고, 기차놀

이에, 박수에 땀으로 범벅되어 시간 가는 줄 몰랐다. 처음 배우는 웃음 치료는 이렇게 내 인생에 합류할 준비를 하며 선을 보이고 있었다.

웃음 치료가 처음 생겨날 즈음, 그렇게 나와 웃음 치료와의 만남은 시작되었다. 전라도에 있는 선생님은 나같이 웃음 치료에 관심 있는 사람들을 모아 서울에 학원 공간을 빌려서 수업을 하러 왔다. 어떻게 알고 왔는지는 모르지만 방송국에서는 이날 서울에서 웃음 치료 수업이 있다고 촬영을 나와 있었다. 웃음 치료가 어떤 것인지, KBS에서 수업 내용을 처음부터 끝까지 촬영했다. "왜 배우냐?"는 질문에 나는 "산모들에게 웃음을 주기 위해서 배우러 왔다."고 인터뷰도 했다.

내가 근무하는 병원도, 산후 조리원도 잘나가는 곳이라 방송을 타는 곳이었다. 그랬기에 촬영하고 인터뷰하는 것쯤이야 신기한 것도 아니었다. 그래서 그냥 인터뷰해주고 실컷 웃고 즐기며 시간을 보냈더니 그 선생님이,

"홍 실장님은 웃음 치료 안 배우셔도 되겠습니다."

"왜요?"

"실장님 자체가 웃음입니다."라고 칭찬을 아끼지 않았다.

며칠 후인가 아침에 출근하니 조리원 산모들이 난리가 났다.

"어머 실장님, 아침 방송에 나왔던데요"

"그런 건 언제 배우셨어요?"

"역시 홍 실장님 슈퍼우먼이세요."

"부지런하세요."

"대단하세요."

"웃음 치료 선생님 해도 되겠어요."

"맞아요. 웃음 치료 선생님 하세요."

"그러게. 조리원에서 강의 한 번 하세요."

잠깐이지만 웃음 치료 덕분에 하루아침에 일약 스타가 되었다.

동생 신랑도 아침에 TV에서 내가 나온 것을 보고 "아니, 처형이 왜 저기에 나와?"라고 했다고 했다.

그 후 웃음 치료사에 관심을 가지게 된 나는 웃음 치료사가 되기 위해서 이곳저곳 알아보았다. 하지만 직장 다니면서 시간을 내기란 생각처럼 쉬운 것이 아니었다. 말 그대로 그냥 생각만 할 뿐이었다. 그렇게 시간이 지나고, 내 머릿속에서 '웃음 치료사'라는 것이 희석되 어갔다.

내 몸에 이상이 생기기 시작하면서 앞으로 어떻게 살지 걱정이 되 었다.

"어머, 저 사람 왜 저러지?" 하고 누가 보아도 이상하게 변해가면서 힘이 없어졌다. 손과 팔, 다리에서 힘이 빠지고 있는데, 이상한 것은 아무 통증이 없다는 것이다. 통증은 없는데 힘도 없고 자세도 이상 하고, 그러니 내가 앞으로 무얼 해서 먹고 살아야 하나? 지금 힘이 빠 지고 있는 이 몸으로 무얼 할까? 한참 고민에 고민을 하며 찾던 중에 그동안 잊고 있던 웃음 치료사가 돌연 눈에 들어왔다. 그 이후 웃음 치료사만 생각하게 되었고, 다른 것은 이래저래 맞지 않다는 핑계만 생겨났다.

상상을 해보았다.

과연 내가 웃음 치료사가 될 수 있을까?

웃음 치료사가 되면 일자리는 있을까?

웃음 치료사가 되면 밥은 먹고 살 수 있을까?

몸이 불편한 내가 웃음 치료사가 되는 것이 가능할까?

꼬리에 꼬리를 물고 이어지는 질문들….

나는 사람들 앞에 서는 자신감이라고는 눈을 씻고 찾아봐도 없을 정도로 자신감 빵점이다. 학교 다닐 때 일어서서 교과서를 읽을 때도 덜덜 떨면서 읽었고 긴장에 발표도 제대로 못 할 정도였으니 오죽하랴. 그런 내가 웃음 치료사가 되어 사람들 앞에서 강의를 하고 싶어하다니. 말도 안 되는 '개구리 턱에 수염 나는 택도 없는 일'이었다. 한 마디로 '어림 반 푼어치도 없는 일', '귀신 하품하다 턱 빠지는 소리'였다. 그런데도 어디서 자신감이 솟아오르는 건지, 시간이 갈수록 이건 할 수 있겠다 하는 생각이 들었다.

웃음 치료사가 되면 수입이 얼마인지 알 수는 없었지만, 그래도 웃음 치료사가 되면 기쁨을 주고 기쁨을 받고, 항상 웃으며 내 몸도 더 좋아지고 일석이조라는 생각이 들었다.

"내가 웃음 치료사를 하면 어떨까?" 하고 큰동생에게 물었다.

큰동생은

"그래, 옛날부터 하고 싶어 하더니 한번 해봐." 하면서도

"참, 어떻게 그런 게 하고 싶냐? 이해가 안 간다." 하며 웃는다.

작은동생은

"그래, 언니야, 그거 언니에게 잘 맞을 것 같아. 옛날에도 했잖아." 하며

"그런데 나는 그런 거 안 맞아."라고 대답한다.

10년 전에 처음으로 웃음 치료를 배운 것을 밑바탕에 깔아놓고, 다

음날부터 본격적으로 웃음 치료사가 되기 위해 알아보기 시작했다.

그리고 (사)국제웃음치료협회 1172기로 등록을 했다.

눈물의 박장대소.

우리가 흔히 아는 '웃음'과 웃음 치료의 '웃음'은 다르다.

웃음은 그냥 웃는 것. 웃음은 역기능을 긍정적인 언어를 통해서 순기능으로 바꾸어주는 것. 웃음 치료는 웃음을 통해서 내 몸의 면역력을 증가시키고, 21가지의 호르몬이 나와서 내 몸을 건강하게 만들어주는 부작용 없는 만병통치약이다.

웃음 치료에서 제일 먼저 박장대소를 배웠다. 이틀 동안 제일 많이 할 것이라고 했다. 박장대소는 첫째로 손뼉을 치고, 둘째로 발을 구르고, 셋째로 온몸을 움직이며, 넷째로 크게 웃는 것이다. 이렇게 웃을 때는 15초 이상 웃어주어야 도파민, 엔돌핀, 엔케팔린, 옥시토신, 세로토닌, 아세티콜린, 다이돌핀, NK세포 등 21가지의 호르몬이 나온다. 그것을 경제적인 가치로 따지면 약 200만 원어치의 호르몬이 한바탕 웃을 때마다 나온다고 한다. 그리고 이렇게 한 번 웃을 때마다 수명이 이틀 더 연장되고, 가짜로 웃는 억지웃음 또한 90%의 효과가 있다고 한다.

첫날 이렇게 배운 박장대소를 얼마나 많이 했는지. 창피한 것도 없이 모두가 모여 아하하하 아하하하 하고 웃었다. 이렇게 같이 웃으면 33배의 효과가 더 있다고 했다. 하지만 힘도 들었다. 지금까지 목에서 소리를 내고 작은 소리로 약하게 웃었는데, 갑자기 배에 힘을 주고 큰소리로 웃음을 웃으려고 하니 쉽지 않았다. 이렇게 힘드니까 한 번의 박장대소가 100m를 전력 질주한 효과가 있다고 하는 것이 실감났다. 반평생을 살아오면서 이날처럼 큰소리로 많은 사람들과 같이 웃어본 적이 없었다. 그러므로 이날은 내게 특별한 날이 되었다.

하루 종일 웃고 집에 돌아와서 혼자 거울 보며 박장대소를 연습하려고 웃어보았다.

"박장대소 준비!" "아싸!" "박장대소 시작!"

아하하하하하하하 아하하하, 흑흑흑흑 흑흑흑 엉엉엉 엉엉엉.

손뼉치고 발 구르고 몸을 움직이면서 하하하하하 하고 크게 웃고 있는데, 갑자기 얼굴이 찌그러지면서 울기 시작하는 것이다. 그냥 우는 것이 아니었다. 박장대소가 엉엉엉엉 하고 울음을 터트린 대성통곡으로 바뀌어버린 것이다.

내가 왜 우는지는 모르겠는데, '박장대소'하고 웃기만 하면 울음으로 자동 연결되어 눈물이 났다. 그런데 단순히 눈물만 나는 것이 아니라, 말 그대로 대성통곡을 했다. 지금도 그 이유는 알 수 없지만, 태어나서 처음으로 제일 큰소리로 웃었는데, 얼굴이 찌그러지면서 눈물을 흘리고 통곡한 것은 왜일까? 결국은 그날 저녁에 집에 와서는 박장대소 한번 제대로 해보지 못하고 엉엉엉 울기만 했다. 큰소리로 박장대소하며 웃을 때 눈에서 눈물이 나는 것이 아니라, 가슴속에서 울음이 올라왔다. 다음날 교육을 갔을 때는 박장대소만 하면 눈물이 나오려 해서, 사람들이 볼까 봐 겨우겨우 참아야 했다. 박장대소를 가르쳐준 강사가 집에서 박장대소한 사람이 누구인지, 반응이 어땠는지 물었다. 그때 나는 아무런 대답을 하지 못했다. 박장대소를 하려고 했는데 왜 대성통곡을 하고 우는 것인지 물어보고 싶었는데, 지금까지 물어보지 못했다.

아주 오래전부터 마음속 깊숙이, 아주 깊숙이에 숨겨둔 뭔가가 건드려져 터지는 것 같은 느낌. 나의 아물지 않은 아픈 상처를 도려내는 느낌. 나의 뼛속 깊은 곳에 있는 모든 아픔들이 끓어오르는 느낌. 울었다. 그저 울 수밖에 없었다. '울다가 웃으면 궁둥이에 털 난다'고 하는데, 한참을 울다가 거울 보며 웃으려 하다가 또 울고…. 나의 첫 번째 박장대소는 제대로 한번 웃어보지도 못하고 우는 것으로 끝이 났다. 하지만 아직도 이유를 모르겠다. 왜 울었는지. 왜 눈물이 나는지. 왜 대성통곡을 하며 엉엉엉 울었는지.

그 이후로도 박장대소를 마음껏 할 수가 없었다. 웃으려고 하면 울음이 섞여 나왔다. 울음이 울컥울컥 치밀어 올라오는데, 웃지도 울지도 못하는 상황들이 한동안 계속되었다.

얼마나 시간이 지났을까. 갈수록 대성통곡에서 조금씩 줄어들어, 눈물이 나지 않을 때까지 한참 걸렸다. 그래서인지 나에게 박장대소는 어려웠다. 교육이 끝나고 재교육을 받을 때도 박장대소는 여전히 어려웠다. 웃음 치료사로서 나만의 멋진 박장대소를 만들고 싶은데,

몸 따로 마음 따로 생각처럼 되지 않았다. 그래서 다른 선생님들의 박장대소를 관찰해보기로 했다. 어느 사람은 쉽게 박장대소를 하고, 어느 사람은 힘들게 억지로 하고, 어느 사람은 우습게 하고, 어느 사람은 재미있게 하고, 또 어느 사람은 신나게 했다. 본인은 재미있는 박장대소를 하고 싶은데, 박장대소 자체가 어려우니 큰일인 것이다. 비상하듯 뛰어오르는 개구리 기법, 토끼처럼 깡충깡충 기법, 앞뒤로만 흔드는 저울추 기법, 발만 동동 구르는 기법, 양손을 흔드는 기법, 나무늘보처럼 천천히 움직이는 기법 등등, 각양각색의 박장대소들, 같은 웃음 다른 느낌의 웃음들은 보는 사람들로 하여금 저절로 웃음이 나오게 만들었다.

재교육을 받는 어느 날, 팀별로 율동을 만들어 연습한 후 앞에 나가서 한 줄로 서서 율동하는 시간이었다. 그런데 그때 갑자기 웃음이 터져버렸다. 그 자리에 주저앉을 정도로 웃음이 멈추지를 않아, 옆 사람이 부축해야 할 정도였다. 율동은 엉망이었지만, 웃음으로 쓰러진 나 덕분에 우리 팀이 점수를 많이 받는 결과를 얻었다.

그런데 그 후로도 웃음은 멈추지 않았다. 그날 하루 종일 교육받은 교육생들은 나를 보기만 하면 같이 웃었다. 계속 웃음이 나오는데 멈추지 않는 내가 더 우스웠다. 왜 그렇게도 웃음이 나던지. 얼굴이 새빨갛게 되어서도 계속 웃고, 또 웃고. 지금도 그때 터진 웃음보 덕분에 모두가 나를 기억하고, 몇 달이 지난 지금에도 웃음소리 덕분에 나를 알아보는 사람도 생겼다.

나의 기억에는 없는 사람이 그때 같이 교육받은 교육생이라며 365 행사에서 알은체를 해왔다. 그때 터진 웃음 덕분에 '홍영순'이라는 이름까지 기억하고 있었다. 웃음이란 이렇게 웃는 나 자신뿐만 아니라 주위의 모든 사람들에게 긍정적인 영향을 미쳐서, 밝고 건강한 사회를 만드는 데 많은 도움을 준다는 것을 몸소 실감할 수 있었다. 이렇게 눈물의 박장대소에서 자유롭게 웃을 수 있는 박장대소를 하기까지 몇 달이라는 많은 시간이 걸렸다.

멘
토
。

너무 재미있게 교육이 끝난 후, 국제웃음치료협회 각 지회에서 진행하는 강의를 뺑뺑이 돌며 다 듣고 다녔다. 화요일은 서울역, 수요일은 양재 시민의 숲, 목요일은 아침 8시에 서초, 오후에는 당산, 금요일은 다시 서울역. 그리고 재교육 또 재교육. 출근하면서 시간만 나면 배우려고 열심히 쫓아다녔다.

처음엔 재교육 받는다고 눈치 주면 어쩌나 하는 걱정도 했는데, 괜한 걱정이었다. 국제웃음치료협회에 한 번만 등록하면 평생 무료 재교육이라 했는데, 처음 수강하는 사람들과 정말 똑같은 대우를 받았다. 협회 사무실에서 시간 있으면 재교육 받으러 오라고 연락도 왔다.

이렇게 배우러 다니다 보니, 나도 직접 강의가 해보고 싶어졌다. 전혀 자신감은 없었지만, 이미 마음에는 불이 붙어버린 뒤였다. 시간이 지날수록 강의를 하고 싶은 마음이 커져갔다. 자신감도 같이 커지면 좋으련만, 마음과 자신감은 반비례했다. 자신감 제로, 빵점이었다. 집에 와서 둘째 동생에게 나에게도 나를 끌어줄 수 있는 멘토가 있으면 좋겠다고 했다. "처음엔 이렇게 하는 거야." "이럴 땐 이렇게 하면 돼." 하면서 코치해주고 이런저런 정보도 주며, 조금이라도 이렇게 저렇게 말해주는 사람이 옆에 있으면 좋겠다고 넋두리를 했다.

다음날 목요일 아침 8시 서초 웃음 치료 모임에 참석했다. 짧은 웃음 치료가 끝나고 다과 시간에 내가 말했다.

"봉사할 수 있는 요양원이 있었는데 7~8명 정도 된대요. 그런데 자신이 없어서 못 갔습니다."

그러자 한마디도 나누지 않은 처음 보는 선생님이,

"왜? 가서 하면 되지. 해봐요." 하는 것이다.

그때만 해도 나는 자기소개도 못 할 정도로, 아니 자기소개조차 제대로 해보지 못한 자신감 없는 상태였다. 나는 기어들어가는 목소리로

"음악도 준비해야 되고요. 아직 자신감이 없어서…." 하고 대답이 끝나기도 전에 손뼉을 치면서

"이렇게 하면 되지, 음악 따로 필요 없어요."

하며 몸소 시범을 보여주셨다.

"퐁당퐁당 돌을 던지자, 이런 것도 하면 되고, 나의 살던 고향은 꽃 피는 산골…, 이런 것도 하고, 또 주먹 쥐고 손을 펴서 손뼉 치고 주먹 쥐고…, 이런 것도 하고…. 그러면 음악도 필요 없고 어르신들이 얼마나 좋아하는데요."

하며 끊임없이 새로운 동작들을 보여주셨다.

"어머, 그래요? 그렇게 하는 건 처음 봅니다."

"음악 따로 준비 안 해도 이렇게 하면 얼마든지 할 수 있습니다. 이런 것도 있고, 이런 것도 하면 되고, 또 이런 것도 하고…."

하며 다양한 동작들을 보여주셨다. 나는 놀라지 않을 수 없었다. 신기했다. 그냥 손뼉 치고 노래하고 그게 다인데, 모두가 다른 모양, 다른 색깔이었다.

"선생님, 제가 까먹을 것 같은데 녹화를 좀 해도 될까요?"

"예, 하세요."

하며 흔쾌히 허락해주셨다. 핸드폰을 들이대며

"선생님 찍어가게 다시 한번 해주세요."

하자 기다렸다는 듯이 바로 여러 동작들을 시작하셨다. 이 선생님은 아침에 같이 웃음 치료를 한 다른 시인 선생님과 시에 대해 얘기하고 계셨고, 시 낭독을 배우려고 시인 선생님과 약속을 잡고 있는 중이었다. "나는 낯을 많이 가립니다. 연락하면 꼭 기억해야 합니다." 하고 시인 선생님께 다짐을 받고 있었다. 너무 똑 부러지듯 야무진 목소리에 어떻게 보면 냉정한 듯 보여 옆에서 말 걸기가 조금 어려운 사람이었다. 그래서인지 나는 한마디도 나누지 못했다. 나는 옆에 있는 다른 사람에게 말했다.

"이번에 봉사할 곳이 있었는데 자신감이 없어서 못 했습니다."

그러자 내 말이 끝나기가 무섭게 약속을 잡고 있던 선생님은 완전히 180도로 돌변했다. 그리고 남의 얘기에 끼어들어 간섭이라도 하는 것처럼 말했다.

"왜? 가서 하면 되지. 해봐요."

이렇게 해서 시작되었는데, 어렵게만 느껴지던 선생님은 간곳없고,

웃으며 율동도 하고 노래도 하며 가르쳐주셨다. 세상에 이럴 수가! 180도로 바뀐 선생님은 웃는 모습이 얼마나 예쁜지, 자상한 엄마 같으면서도 해맑은 아이들 같은 모습. 웃음소리는 한마디로 예술이었다. 명품 웃음 그 자체였다.

똑 부러지듯 야무진 목소리는 그대로인데, "웃음 치료란 말이지, 실전에서는 이렇게 하는 거야." 하고 가르쳐주는 지금은 와~, 한마디로 표현해서 '뽕 가게' 만들었다.

선생님의 이름도 모르고 처음 만났는데, 많은 이야기를 해주고 코치해주며 할 수 있다는 자신감을 듬뿍 담아 한 보따리 선물로 주셨다. 내가 제일 필요로 하는 자신감을 풍선에 바람을 불어넣듯 그렇게 자신감을 넣어주며, 지하철 타는 곳까지 같이 걸었다. 본인의 경험담도 들려주며 잘할 수 있을 거라고 끝까지 용기를 주었다. 그리고 다음 주에 만나기로 약속하고 헤어졌다.

일주일 동안 선생님을 생각하며 또다시 만나길 기대했다. 목요일 아침 서초에서 웃음 치료를 하면서 선생님이 오시길 눈 빠지게 기다렸다. 입구를 쳐다보고 또 보고 있는데, 전화가 왔다. 서초로 오는 도중에 직장 문제로 되돌아간다는 것이다. 서운함으로 내 마음은 꽉 찼지만, 직장에 매인 몸이라 어쩔 수 없는 상황이었다.

그 한 번을 끝으로 선생님은 오시지 않았고 만날 수도 없었다. 하지만 선생님은 서초 문혜리 선생님께 전화를 해서, 내가 잘할 수 있도록 올 때마다 한 가지씩 시켜보라고 부탁을 해놓으셨다. 나는 일주일 동안 숙제 아닌 숙제로 한 동작을 연습하고 몇 사람 안 되는 그곳에서 잠깐 진행을 해보았다. 팔도 덜덜 다리도 덜덜, 얼마나 떨었는지 옆에서 꼭 잡고 눌러줄 정도였다. 그때는 왜 그렇게 심하게 떨리는지 몰랐다. 처음이라 긴장을 많이 해서 그런 줄 알았다. 그런데 그것이 단지 긴장했기 때문만이 아니라, 이미 전부터 병이 진행되고 있었기 때문이었다. 물론 그 사실을 알게 된 것은 한참 후였다. 그렇게 나는 태어나서 처음으로 단 몇 사람 앞이지만 내 목소리를 내보았다.

선생님은 그 후에도 내가 잘하고 있는지 서초로 전화해서 확인과 관심을 놓치지 않으셨다. 이분이 바로 이관희 간호사 선생님이시다. 웃음 치료를 하며 웃음 치료 논문으로 박사학위를 받았을 정도였다. 내가 자신이 없어서 못 한다고 했을 때 손뼉을 치며 '이렇게 하면 되지' 하고 0.1초도 안 걸리고 바로바로 자연스럽게 나오는 베테랑 중에 베테랑이셨다. 이관희 선생님은 웃음 치료로 박사학위를 받았던 자료를 참고하라며 메일로 보내주셨다.

프로그램을 어떻게 짜는지 전혀 알 길이 없었던 나에게는 크나큰 선물이었다. 그 자료를 토대로 '아하, 이렇게 하면 되는구나.' 하고 알게 되었다. 병원에서 환자들에게 진행한 프로그램이기에 똑같이 사용할 수는 없지만, 프로그램 짜는 방법을 알게 하는 참고서가 되어주었다. 그렇게 이관희 선생님은 한 번의 만남이지만 나의 소중한 멘토가 되어주셨다. 그리고 지금도 아주 가끔 연락을 주고받으며 근황을 알려주는 관계를 지속하고 있다. 선생님의 말씀 한 마디 한 마디가 나를 변화시키고 있음을, 또 변화되고 있음을…

목요일 아침은 서초 메르시 카페 문혜리 선생님께서 자리를 내어주신다. 이관희 선생님의 부탁이 있은 후로, 갈 때마다 한 동작씩 사람들 앞에서 연습할 수 있도록 배려해주었다. 다음 달에 첫 강의가 있다고 하니 프로그램을 짜 와서 선생님이 보는 앞에서 연습하라고 했다. 문혜리 선생님은 인사하는 것부터 한번 해보라며 코치해주셨다. 카페 손님 때문에 옥상까지 올라가서 옥상 문을 닫고, 인사하는 것부터 연습했다. 그러다 옥상으로 담배 피우러 올라온 건물 내 직원들 때문에 자리를 피해 다시 카페로 내려가야 하는 번거로움까지 감수하며, 아침의 바쁜 시간을 내어주며 코치해주고 힘을 실어주셨다.

맨
땅
에

헤
딩
。

나의 성격 탓일까. 한 가지를 배우면 뿌리를 뽑을 때까지 파고들어 배우는 습관 때문에, 웃음 치료를 배우기 시작한 후로는 배움에 목말라 있었다. 10년 전에 배울 때는 배울 곳이 많이 있지 않은데다 직장에서 시간을 낼 수가 없어서 웃음 치료를 계속하지 못했다. 지금은 많은 곳에서 웃음 치료를 하는데, 마음만 먹으면 얼마나 배울 곳이 많은지 모른다.

서울 시내 웃음 치료 하는 곳은 다 찾아다니면서 배우고, 심지어 용인까지 가서 실버 레크리에이션, 노인 운동 지도자 과정과 마술 등 참 많은 것을 배우고 다녔다. 머릿속은 배운 것 생각하고, 입은 혼잣말로 중얼중얼. 차를 타고 갈 때도, 길을 걸을 때도, 주위 사람들의 시선은 아랑곳없이 중얼중얼. 손가락은 엄지 검지, 검지 엄지 하고 연습하며 손뼉 치며 동작 외우고, 레크리에이션 연습하며 완전 푹 빠져, 그렇게, 그렇게 제2의 인생을 준비하고 있었다.

재교육을 받으며 인연이 된 김영자 선생님. 목요일 난타에서 다시 만나면서 서로 친해졌다. 서울시 웃음 치료는 다 찾아다니며 배우고 웃음 교실에 참석하던 나는 당연히 정보가 많았다. 그 중에서 더 좋은 정보가 있으면 김영자 선생님께 전해주었고, 웃음 교실에 같이 참석하며 배우고 경험을 쌓아갔다.

그러던 중 김영자 선생님은 같이 교육받은 동기 중에 사회 복지사가 있었는데, 그 사회 복지사에게 용인까지 가서 자격증도 따고 마술도 배우고 열심히 하는 홍영순이라는 사람이 있으니 자리를 한번 만들어달라고 했다.(우리가 열심히 배우고 다니니 강의를 할 수 있게 자리를 만들어달라고 한 것이다.) 그러자 그 사회 복지사는 인천 양로원에 자리를 마련해주었다.

난생 처음으로 강의한다고 날을 잡고 나니 마음이 이상했다. '내가 할 수 있을까?' '어떻게 하지?' 이런 걱정은 하지 않았다. 그냥 프로그램을 짜고 강의 준비를 한다는 것이 신기하고 재미있었다. 하지만 실감은 나지 않았다. 양로원도 요양원도 머리털 나고 들어가본 적이 없는데, 요양원 프로그램 짠 것도 태어난 후 본 적 없는데, 실전에서 1시간을 어떻게 진행할지. 머릿속에서는 영사기가 돌아가듯 계속 빙빙 돌고 있었다.

나는 나의 멘토 이관희 선생님께서 박사학위 받을 때 사용한 자료를 참고삼아 프로그램을 만들었다. 거울을 보며 연습에 또 연습을 하며, 한 시간짜리 분량을 만들어 시간을 재어가며 연습했다. 혹시 변수가 생길 것을 생각해서 30분은 추가로 더 넉넉하게 프로그램 준비를 했다. 김영자 선생님은 박장대소할 때만 같이 웃어주기로 했다.

동생은 첫 강의를 후일 모니터링할 수 있도록 촬영을 지원하기 위해서, 한 팀으로 팀을 이루어 인천으로 향했다. 박진숙 사회 복지사와 인사를 나눈 후, 양로원과 요양원과 요양병원의 차이점을 물어보는 것으로 시작해서, 9월 16일 처음으로 '웃음 치료 강사'로 소개받고 어르신들께 인사를 했다.

자신 있게 큰 목소리로 인사하고 시작했다. 하지만 처음엔 목소리가 약간 떨리는 것을 나 스스로 느낄 수 있었다. 시간이 지나면서 차츰 안정되어가긴 했는데, 어느 행동을 할 때 손이 많이 떨려 나는 너무 긴장해서 떠는 줄 알았다. 그래서 그런 동작을 할 때는 소극적으로 바뀌는, 어쩔 수 없이 작은 행동을 해야만 했다. 목소리가 큰 김영자 선생님은 박장대소를 할 때 큰 목소리로 같이 웃어주었고, 내가 준비해 간 프로그램을 옆에서 서포트해 주고 눈치껏 따라 하며 옆에서 잘 도와주었고, 어르신들도 내가 하라는 대로 잘 따라 했다.

준비한 음악은 블루투스가 작동하지 않는 바람에, 핸드폰의 가장 큰 볼륨으로 틀었는데도 넓은 강의장에서는 역부족이었다. 작은 소리로 들려서 뒤쪽에 자리한 어르신들은 잘 안 들릴 것 같았다. 밤에 집에 와서 알게 된 사실인데, 블루투스가 작동하지 않은 것이 아니라 내가 작동을 잘못한 것이었다. 첫 강의에 처음 사용하는 기기들. 기계 다루는 것이 익숙하지 못해서 실수했지만, 강의는 알차게 잘 꾸며서 잘한 것 같았다. 그렇게 박장대소도 하고, 손뼉도 치고, 율동도 하고, 노래도 부르며 한 시간이 흘러갔고 끝이 났다.

박진숙 사회 복지사는 수고한 웃음 치료 강사님들께 답례도 하고 우리의 저력을 보여주자며 퐁당퐁당 노래를 불러주었다. 그때 알았다. 내 목소리가 얼마나 작은지. 사회 복지사의 목소리가 쩌렁쩌렁한 것을 보며, 이렇게 큰 목소리로 해야 어르신들도 힘 있게 더 잘 따라 한다는 것을 알게 되었다.

사무실로 갔다. 박진숙 사회 복지사는,

"처음이라면서 어떻게 준비하신 거예요? 프로그램 준비를 너무 잘해 왔어요. 처음인데 너무 잘했어요. 정말 잘했어요" 하며 칭찬을 아끼지 않았다. "조금만 하시면 금방 돈 받고 나가겠어요." 하며 힘을 실어주었다.

난생 처음 많은 사람들 앞에서 강사라는 이름으로 웃음 치료 강의를 했다. 이렇게 내 나이 50대 초반에 제2의 인생을 시작하기 위해 맨땅에 헤딩을 하고 있었다.

집에 오는 길에 나는 아무 말을 안 했다. 아니 못 했다. 힘이 빠져나간 나는 등이 굽으면서 피곤이 바가지로 물을 확 붓듯 쏟아져 내렸다. 연료가 떨어져 멈춰 서버린 자동차처럼, 하늘을 날던 풍선이 바람이 빠지면서 피피피픽 소리 내며 땅으로 떨어지는 것처럼, 무표정에 힘 빠진 나의 모습이 동생은 몹시 보기 싫었나 보다. 김 선생은 큰 목소리에 빠른 말투로 동생에게 얘기하느라 쉴 틈이 없었는데 말이다. 저녁 먹고 가자던 동생이 얼마나 잔소리를 하는지.

"김 선생은 팔팔한데 언니는 이게 뭐냐?"

엄청 속상한 말투였다.

"다 죽어가는 표정을 해가지고, 어깨 펴고!"

힘이 들어간 짜증 섞인 듯한 말투. "힘 좀 내!" 걱정하면서도 속상한 말투. 그렇게 잔소리 플러스 잔소리를 밥 안 먹어도 배부를 정도로 먹었다. 나는 얼마나 속상하던지 눈물이 났다. 동생에게 내가 일부러 찌그러져 있는 것도 아니라고, 나름 나는 웃으려고 하고 힘내고 있는 것이라고 반박할 수도 없었다. 피곤이 몰려오니 땅바닥에라도 누워서 자고 싶은 생각밖에 없었다. 그땐 몰랐다. 동생이 이렇게까지 잔소리를 할 정도로 내가 찌그러져 있는 줄. '예전엔 미처 몰랐어요'였다. 나중에 병원에서 진단을 받고 난 후, 이렇게 피곤이 몰려오는 것이 병 때문이라는 것을 알았다. 그리고 그때 지금 들은 잔소리가 제일 억울하다는 생각이 들었다.

동생은 밥을 먹으면서 오늘 강의한 것에 대한 느낀 점을 말해주었다.

"언니가 웃음 치료사가 된다고 다니는데, 도대체 무엇을 하고 다니는지 모르겠더라."

"그런데 오늘 보면서 알았어."

"잘했다."

"잘했어."

"잘하더라."

"앞으로 잘해봐."

"블루투스가 작동을 안 해서 뒤쪽에 음악소리가 잘 안 들렸고, 마이크가 없으니 언니 목소리가 너무 작았어. 또 딱 학교 도덕 선생님이었어." 하며 지적도 해주었다.

이렇게 난생 처음으로 내가 가장 취약한 부분인, 많은 사람들 앞에서는 새로운 일에 도전하며 맨땅에 헤딩을 하고, 제2의 인생에 첫발을 내딛었다.

모
니
터
링
。

　동생이 촬영해준 비디오로 나의 첫 강의를 보게 되었다. 방학이라
한국에 잠깐 들어와 있던 작은아들 제홍이는 엄마가 첫 강의를 간다
고 축하한다며, 장학금 받은 돈으로 옷을 한 벌 사주었다. 허벅지까
지 오는 길이의 밝은 쑥색 가디건이 있는 세트인데, 색깔도 예쁘고 점
잖고 딱 제홍이 스타일이었다. 그런데 그 점잖은 옷을 입고 작고 약
하고 차분한 목소리…. 동생 말대로 딱 도덕 선생님이었다. 어르신들
에게 무엇을 가르쳐주고 싶어 열심히 설명하는 진지한 모습. 학교에
서 도덕 선생님이라면 딱인데 요양원 어르신들에게는 어울리지 않는
차림이었다.

　용인에서 실버 레크리에이션, 노인 운동 지도자 과정을 배울 때 선
생님들이 몇 번이고 하던 말이 생각났다. 요양원에 갈 때는 화려하게
입고 가야 한다고 했다. 화려한 액세서리를 해야 어르신들이 집중한
다는 거였다. 고로 나는 더 활발한 모습과 씩씩하고 큰 목소리가 필

요하다는 것을 알았다. 그런데 옷을 화려하게 입는 것은 익숙해지기 힘들 것 같이 많은 노력이 필요했다.

앞으로는 어디를 가든 마이크를 꼭 사용해야 된다는 것을 알았고, 내가 배운 것들은 일반사람들과 같이 배운 것이라 그대로 하면 어르신들이 따라하기에 동작이 빠른 것 같았다. 어르신들에게는 두 박자를 세 박자로 만들어 그에 맞추어 바꾸어야겠다는 것을 알았다. 그래서 마이크와 스피커도 사고, 블루투스도 완벽하게 준비하며 다음 강의를 위해 준비해놓았다.

홀
로
서
기
1
탄
。

한참 배우러 다닐 때, 서초에서 만난 선생님이 있었다. 추석 때 안부 문자를 보냈는데 잊고 있었다면서 연락이 왔다.

"우리 사무실에 와서 웃음 치료 한번 해줄 수 있나요?"

"어떤 사무실인데요. 제가 초보인데 초보자도 괜찮다면 가겠습니다."

"보험회사 사무실인데, 아침 조회 시간에 잠깐 30분 정도 해주시면 좋겠습니다."

"몇 명이나 되는지요?"

"한 열다섯에서 열여섯 명 정도 됩니다."

"예, 알겠습니다. 언제 갈까요?"

"10월 12일 월요일 아침에 오시면 됩니다."

"예, 알겠습니다. 그날 뵙겠습니다."

하고 전화를 끊었다. 야호! 강의를 간다고 하니 신이 났다. 날짜가 빨리 왔으면 좋겠다는 생각까지 들었다. 초보자라고 말은 해놓았지만, 초보자 티는 내고 싶지 않았다. 처음으로 가는 곳이 일반 사무실이니, 거기에 맞는 프로그램을 준비하고 연습하며 프로처럼 완벽하게 준비하고 있었다. 그렇게 해서 요양원에서 어르신들에게 하던 내용이 아니라 보험회사 직장인에게 맞는 내용으로, 간단하면서도 힘을 줄 수 있는 프로그램을 만들었다.

맨땅에 헤딩한 후 혼자 가는 첫 번째 강의. 정식으로 초대받아서 가는 나의 첫 번째 강의인 것이다. 마이크와 음악을 챙기고 제홍이가 사준 옷을 입고, 아침 일찍 출발해서인지 너무 빨리 갔다. 거기다 조회 시간에 맞추어 오라고 한 것이 아니라, 직원들 청소하기 전 출근 시간에 나를 불렀으니, 얼마나 이른 시간에 도착하고 기다렸겠는가. 직원들 모두 청소를 하며 분주히 움직이고 있었다.

양로원에서는 "웃음 치료 시간입니다, 모이세요." 하고 방송을 하니 한 분 한 분 천천히 오셔서 앉았는데, 보험회사 사무실은 달랐다. 모두가 젊은 사람들이라 생동감 있고 일사불란하게 빨리 움직였다. 특히나 월요일은 바쁜 날 아닌가? 다시 밖으로 나왔다. 청소가 끝나고 정리될 때까지 밖에서 서성이다가 다시 들어갔다. 넓은 사무실에 책상들이 팀별로 나누어져 있는데, 앞자리는 팀장들의 자리인 것 같았다. 제일 앞에는 커다란 지점장 책상이 있었다. 아, 보험회사 사무실이 이렇게 생겼구나. 내가 언제 보험회사 사무실을 구경하고 지점장 자리에 서보겠는가?

강의 준비를 하기 위해서 외투를 벗어 옆에 놓고, 마이크를 켜서 입에 고정시키고, 스피커를 조절하고, 블루투스를 켜서 음악을 틀 준비를 했다. 처음이라 떨리고 긴장도 해야 하는데, 나라면 덜덜 떨리고 있어야 하는데, 이상하게 담담했다. 처음 기다리는 동안 다리가 약간 떨리기는 했지만, 심호흡을 한 번 하며 "영순아, 잘할 수 있어. 연습한 대로만 하면 되잖아." 하고 나 스스로에게 용기를 주었다. 그리고 한 번 더 심호흡을 한 후 준비를 했다. 그런데 너무 담담했다. 떨지도 않고 긴장도 안 하고 있는 나 자신. 내가 생각해도 신기할 정도였다. 드디어 조회 시간, 그 선생님은 내가 어떻게 오게 되었는지 소개를 했다. 나는 제일 앞자리에 섰다.

"안녕하십니까. 국제웃음치료협회 웃음과 행복을 드리는 이~~따마한 복덩어리 홍영순 강사입니다. 반갑습니다."

이렇게 인사한 후 강의를 시작했다.

직장인에게 꼭 필요한, 잘된다는 긍정적인 생각을 심어주고, 한바탕 웃고, 신나는 음악으로 율동도 하고, 30분 정도의 강의를 마쳤다. 내가 생각해도 완벽하게 잘한 것 같았다. 내가 준비해 간 대로 100점 만점에 100점이었다. 떨리지도 않았고, 마이크를 사용하니 큰 목소리를 내기 위해 일부러 큰소리를 지르지 않아도 되어 딱 좋았다. 인천에서 맨땅에 헤딩한 후 내 목소리가 작은 것을 알고 마이크를 준비했는데, 이 마이크를 오늘 처음 사용하는 것이었다. 처음엔 사무실에서 마이크를 사용해야 하나 말아야 하나 고민했는데, 마이크를 사용하길 잘한 것이었다. 짧은 강의였지만, 내가 생각해도 성공이었다.

내 강의가 끝나자마자 지점장의 조회가 바로 시작되었다. 지점장도 마이크를 사용했는데, 앞으로 어디서 강의를 하든 꼭 마이크가 필수라는 걸 새삼 깨닫게 되었다. 마이크는 작은 소리로 부드럽게 얘기해도 제일 뒷좌석에 앉아 있는 나에게까지 들리니, 그 조용한 소리도 먼 곳까지 전달되어 사람들을 집중시킬 수 있다는 것을 몸소 체험을 통해 배우게 되었다. 뒷좌석에 앉아 있을 때 소리가 잘 안 들리면 딴 짓을 할 수밖에 없다는 것을 실감했다. 마이크와 스피커를 가방에 챙겨놓고도, 조회가 진행 중이라 흐름을 깨트릴 수 없어서 문을 열고 나오지도 못하고 뒤쪽 테이블에 앉아 있었다. 그런데 상조 회사에서는 장례식만 담당하는 줄 알았더니, 결혼식, 크루즈 여행, 돌잔치까지 여러 분야에서 활약한다는 것을 이 날 조회사를 들으면서 알게 되었다. 조회가 끝난 후 지점장은 내가 한 구호가 생각이 안 난다면서,

"선생님, 다시 한 번 더 나와서 해주실 수 있으십니까?" 하고 부탁했다.

"예, 당연히 되지요."

다시 나가 지점장 자리에 서서 지점장이 주는 마이크를 받았다. 기분이 너무 좋았다. 내가 꼭 무언가 된 사람처럼, 아주 중요한 자리에 꼭 필요한 사람이 된 것 같은 기분이 들었다. 직원 모두를 한자리에 모아 큰 원을 만들고, 손에 손을 맞잡고 잘나가는 사람의 기를 전해 받으며 잘된다는 긍정적인 구호를 다시 한 번 더 진행했는데, 지점장은 앞으로 사무실에서 조회 시간마다 이 구호를 사용해야 되겠다고, 또 사용할 것이라고 했다. 조회가 끝나고 지점장과 직원들은 박수를 쳐주며

"너무 좋았습니다."

"경험이 많으신가 봅니다."

"정말 좋았습니다."

"다음에 또 오세요."

모두 한마디씩 했다. 초보자라고 말했는데도 아무도 믿지를 않고, 그냥 예의상 초보자라고 하는 것으로 생각하는 것 같았다. 오늘의 첫 강의는 내가 보아도 참 잘했다. 성공이었다.

'홍영순이 장하다. 잘했어. 정말 잘했어.'

이렇게 강의를 한 번 하고 나니 역시나 강사가 나에게 딱이라고 느껴졌다.

열심히 준비를 해놓았는데 어디 가서 강의할 곳이 없었다. 핸드폰 '카톡'으로 매일 무엇을 배워라, 어디에 참석해서 배우라, 하는 광고만 올라왔다. 그런데 한국강사은행 '단톡' 방에 한광일 박사님이 인천 요양원에서 재능 기부로 봉사할 강사를 구한다는 글을 올렸다. 바로 인천 요양원으로 전화를 했다. 연결이 얼마나 안 되던지, 내가 하면 그쪽이 통화 중이고 그쪽에서 하면 내가 통화 중이었다. 그래서 늦었구나 하고 포기하려는데, 전화가 왔다.

"무슨 자격증이 있으세요?"

웃음 치료사, 레크리에이션, 실버 레크리에이션, 노인 운동 지도사, 노인 심리 상담사 등 14개의 자격증이 있다고 말해주었다.

"무엇을 해줄 수 있으세요?"

"웃음 치료를 할 것입니다."

그러자 자격증을 모두 가지고 11월 19일 목요일에 오라고 했다. 목요일 아침 넉넉히 시간을 두고 프로그램을 짠 종이와 마이크, 블루투스 스피커를 챙겨 들고 출발했다. 버스 타고 지하철 두 번 타고 또 버스 타고 네 번이나 차를 갈아탔는데, 이렇게 환승할 수 있으니 얼마나 다행인지. 만약에 환승이 안 된다면 교통비가 부담스러워 봉사도 못 할 것 같았다.

인천까지 초행길이라서 그런지 세 시간이나 걸렸다. 그런데도 너무 일찍 도착해서 내가 어르신들을 기다려야 했다. 요양원인데 주간 보호센터가 겸해져 있는지, 아침에 '출근하는' 어르신들이 도착한 후에야 프로그램을 진행했다.

요양 보호사들이 옆에서 어르신들을 관리하고 있었다. 테이블을 옮기고 긴 소파를 앞쪽으로 향해 ㄷ자 모양으로 만들고 어르신들을 한 분씩 옮겨 앉혔다. 헝클어진 머리를 빗질해주고, 추울까 봐 조끼도 가져다 입히고, 단정한 모습으로 수업에 참여할 수 있도록 준비를 해주었다.

요양원에서 어르신들을 보면서 앞으로의 내 모습이라고 생각하니 마음이 찡한 게 어르신들이 더 예쁘게 보였다. 처음에 인천 양로원에서 맨땅에 헤딩할 때는 몰랐지만, 이번에 병원에서 진단받은 후 이 자리에 서고 보니, 나이 들고 몸이 불편할 때 요양원에 들어와 케어를 받고 있는데, 나는 어떻게 될까? 저분들은 나이라도 들어서 이곳에 와 계시지만, 나는 누구 하나 옆에 있을 사람도 없으니, 젊은 나이에 이런 곳에 들어와서 있을 것을 생각하니 가슴이 찡해왔다.

여기 계신 분들은 혼자서 밥도 먹을 수 있는데 나는 혼자서 밥도 먹을 수 없고, 세수도 못 하고 일상생활을 할 수 없어지면, 저렇게도 못 하고 있을 테고 이런 수업도 참여할 수 없으리라는 생각을 하니,

얼굴은 방긋 웃고 있는데 마음은 아려왔다. 그래서 지금 할 수 있을 때 어르신들을 더 예뻐 해주고, 진심으로 이분들을 대하고, 귀여운 손녀처럼, 막내딸처럼 어리광도 부리며, 같이 놀아드리고 기쁨을 줄 수 있도록 최선을 다하기로 했다.

진해에 혼자 계시는 우리 엄마도 생각났다. 혼자서 심심하실 텐데…. 80을 바라보는 우리 엄마는 너무 부지런해서 잠시도 가만히 계시는 법이 없다. 봄에는 쑥 캐러 가시고 낮에는 운동 가시고, 요즈음에는 무슨 치료기에 다니신다. 항상 일하고 싶어 하시는 엄마는 집에서 일을 만들어 하신다. 아직도 청춘이시다. 다음에 엄마랑도 같이 웃음 치료를 하며 기쁨과 웃음을 드리도록 해야겠다는 생각이 들었다.

앞에 앉은 분들과 저 뒤쪽에 앉은 분들이 20여 명 되었다. 프로그램에 참석하지 않는 분들은 힐끗힐끗 쳐다보며 지나다녔다. 프로그램은 순조롭게 진행되었다. 처음 한 번 맨땅에 헤딩한 후로 어르신들에게 맞는 프로그램을 다시 만들었고, 박자도 어르신들에 맞추어 조절했다. 어르신들이 따라하는 것을 보면서 조절도 하는, 프로 중의 프로가 다 된 것 같았다. 모니터링은 하지 않았지만 한 시간 동안 잘했다는 생각이 들었다. 어르신들도 잘 따라 하고 반응도 좋았다. 끝난 후 사회 복지사가 나와서 "잘했습니다. 수고하셨습니다."라고 했다. 난 그냥 웃었다.

"저, 부탁이 있는데요."

"무슨 부탁이요?"

"자격증이 많더라고요. 그래서 웃음 치료 말고 다른 이름으로 하면 안 될까요?"

"무슨 이름으로 하실 건데요?"

"'웃음 건강운동' 이런 거로 하면 안 될까요?"

"괜찮습니다. 프로그램 속에 어르신들 운동도 같이 있으니까요."

"이렇게 흔쾌히 허락해주어서 고맙습니다."

"별말씀을요."

"매주 와주실 수 있는지요?"

"너무 멀어서 2주에 한 번씩 오겠습니다."

이렇게 요양원에서의 강의는 성공적으로 끝났다. 또 다른 선생님이 나와서 두 장의 종이를 내밀며 "여기 사인 좀 해주세요." 한다. 조그마한 글씨에 잘 보이지도 않았다.

"이게 무엇인가요?"

"오늘 강의한 것 사인 받는 것입니다."

"봉사시간 넣어주시는 건가요?"

"예."

사인을 하고 요양원을 나서는데 기분이 좋았다. 정말 좋았다. 나는 강사가 되어야 하는 사람이었다. 왜 이걸 이제야 알았을까? 강사라는 직업은 정말 많이 배우고, 학식이 뛰어나고, 박사 학위쯤은 당연히 있어야 할 수 있는 것인 줄 알았다. 그런데 정말 별 볼 일 없는 50대 아줌마인 내가 '강사님'이란 호칭으로 불리다니. 자신감이라고는 전혀 없고, 50이 넘도록 반평생을 다른 일을 하며 살았는데도, 이렇게 새로운 직업에 도전한다는 것이 전혀 불가능한 것이 아니라 가능한 것임을 알게 되었다. 힘이 났다. 앞으로 강사의 길로 가야 하고, 이 길 외에 다른 것은 할 게 없다는 생각이 들었다.

다이어트 산타클로스.

12월 초에 정미현 선생님에게서 전화가 왔다.

"선생님 요즘 바쁘신가요?"

"예, 조금 바쁩니다."

"24일에 강의 있나요?"

"밤에 교회에서 크리스마스 이브 행사에서 웃음 치료 강의하기로 했습니다."

"그럼 낮에 나 좀 도와줄 수 있을까요?"

"그럼요. 제가 도울 일이 있으면 저야 좋지요. 그런데 제가 선생님을 도울 일이 뭐가 있겠어요?"

"도울 일이 있어요. 잘하실 것 같은데요."

정미현 선생님은 내가 재교육받을 때 잠깐이지만 강의를 하러 왔었다. 1068기로 얼마 전 나처럼 이 자리에 앉아서 강의를 들은 선배인데, 지금은 이렇게 웃음 치료 강의를 다니는 강사가 되었다고 했다.

'비우자'라는 노래를 틀어놓고 율동을 한 후, "나는 나는 잘났다" 하며 자존감을 키운 후, 알록달록한 손수건만 한 천을 나누어주고 주먹 속에 꼭 쥐었다가 꽃봉오리처럼 피어오르도록 손을 펴며 마음에 꽃을 피웠다.

"이 꽃을 누구에게 주고 싶습니까?"

하고 한 사람 한 사람에게 질문을 했다. "친구에게 주고 싶다." "형제에게 주고 싶다." "부모님께 주고 싶다." 등 많은 대답들이 나왔다. 나는 마음에 꽃을 피우는데 갑자기 눈물이 나왔다. 눈물로 주먹 속에 있는 꽃을 피우는데 소리 없이 흐르는 눈물을 막을 수가 없었다. 뒷자리에 앉은 것이 천만다행이었다. 정미현 선생님은 제일 뒤에 앉아 마지막 차례인 내게 다가와서 물었다.

"이 꽃을 누구에게 주고 싶습니까?"

"나는 나에게 이 꽃을 주고 싶습니다."

목이 메어왔다.

"왜 나에게 주고 싶은지요?"

"지금까지 힘들었지만 열심히 살아온 것에 대해 상을 주고 싶습니다."

울먹이는 목소리는 가늘게 떨려서 겨우 말을 할 정도였다. 그렇게 마음에 꽃을 눈물로 피우며 정미현 선생님의 팬이 되었다.

"맞아요. 지금까지 살아온 것에 대해서 상도 주고, 누구나 가슴속에 이런 것들이 다 있는 것을 빼내야 합니다."

하며 주먹으로 가슴을 가리키며 가볍게 두드렸다. 창피할 정도로 소리 없이 계속 흐르는 나의 눈물은 멈추지를 않았다. 그나마 제일 뒤에 앉아서 선생님 외에는 내 모습을 볼 수 없다는 것이 참 다행이었다.

그 수업 이후 잠깐의 강의에 정미현 선생님의 인상이 내 머릿속에 확 박혀 남아 있었다. 지방까지 다니며 강의를 하는데, 강의가 끝나면 등산복으로 갈아입고 여행도 하는 그 선생님의 여유로움이 참 부러웠다. 나보다 얼마 앞선 선배에서 저렇게 잘나가는 강사가 되어 후배들 앞에 서고 지방까지 강의를 가는 선생님의 소식을 들을 때마다, '아, 나도 저 선생님처럼 할 수 있다면 참 좋겠다'고 생각하면서 정미현 선생님은 나의 일차 목표가 되었다. 그런데 바로 그 선생님에게서 전화가 온 것이었다. 그리고 나를 필요로 하고 있었다.

신이 났다. 나의 특기인 '왜요?' '무슨 일인데요?' 하고 묻지도 않았다. 그냥 내 도움이 필요하다고 선생님에게서 전화가 온 것이 반갑고 기분이 좋았다. 몇 군데서 강의를 하고 있다지만, 아직은 경험적으로 많이 부족할 텐데 나를 생각하고 나에게 전화를 했다는 것 자체가 얼마나 고마운지. 내가 정미현 선생님을 처음 보았을 때부터 좋아했다는 마음이 들키기라도 한 것처럼 콩닥콩닥 뛰며 사람을 참으로 기분 좋게 했다.

내가 해야 할 일은 이것이었다. 선생님은 강동보훈병원에 웃음 치료를 가는데, 그날이 하필이면 12월 24일 크리스마스 이브였다. 그 기분을 내기 위해서 선생님이 강의를 하고 있을 때 산타클로스 분장을 하고 등장해서 선물을 나누어주는 것이었다.

"야~호! 어머, 선생님. 저 그런 것 너무 하고 싶었습니다. 놀이공원 가면 커다란 인형 탈 쓰고 춤추고 까불고 하는 아르바이트 정말 해보고 싶었거든요."

나는 마음까지 붕 뜨고 있었다.

12월 24일 크리스마스이브. 그날이 왔다. 선생님과 천호동에서 만나 병원으로 이동했다. 얼마나 준비를 많이 해왔는지, 트렁크를 끌고 또 하나의 짐을 들고 왔다. 병원에 도착해서 환자들에게 나누어줄 선물로 준비한 마스크를 산타클로스의 보따리인 장화 속에 차곡차곡 담아서 산타 옷과 함께 출입문 뒤에 숨겨놓고 선생님은 강의 준비를 했다.

병원이라 모두가 휠체어를 타고 보호자랑 같이 강의장을 가득 메우고 한참 강의를 하고 있을 때, 나는 출입문 뒤에 숨겨놓은 산타 보따리를 챙겨들고 화장실로 갔다. 아무도 없는 화장실에서 보따리를 풀어놓고 산타 분장을 했다. 산타 옷은 나에게 맞춤인 양 딱 맞았는데, 콧수염 붙이는 일은 힘들었다. 산타로 분장한 나의 모습은 전혀 보이질 않았다. 변장, 변신. 딱 내가 해보고 싶은 것을 해보는 순간 '야호!' 하고 비명이라도 지르고 싶었다. 그런데 2% 부족한 것은, 너무 날씬하다는 것이다. 뭐니 뭐니 해도 산타는 배가 나와주어야 하는데, 배가 없으니 영 아니었다.

장화에 담은 선물을 어깨에 메고 화장실 밖으로 나왔다. 복도에서 만나는 환자들이나 보호자들이 다 신기한 듯 쳐다보았다. 내 모습은 전혀 안 보이고 변장한 산타만 있으니, 다른 것으로 감추어진 나의 모습이 편하다고 해야 할까. 남이 나를 볼 수 없고 나만 그 사람들을 볼 수 있다는 것이 또 다른 경험으로 나를 업데이트시키고 있었다.

문밖에서 빠끔히 강의장 안을 들여다보았다. 지금 하고 있는 율동

이 끝나기를 기다리다가, 율동이 끝날 때 문을 활짝 열고 들어갔다. 산타 할아버지 목소리로,

"호호호호 호호호호, 메리 크리스마스! 호호호호 호호호호, 메리 크리스마스!"

하며 큰 웃음소리와 함께 등장했다. 강의장이 웅성웅성했다. 환자와 보호자들, 또 그곳에 같이 있던 담당 직원까지 자리에서 벌떡 일어나며 놀라는 동시에 눈이 동그래져서는 "이게 무슨 일이지?" "이게 뭐야?" 했다. 그렇게 등장하고 "호호호호, 메리 크리스마스. 내일이 크리스마스라 어르신들 선물 나누어 주러 왔습니다. 호호호호." 하며 선물 보따리를 번쩍 들어 보여 주었다. 그런데 나의 손이 떨리고 있었다. 누가 눈치라도 챌까 봐 잽싸게 내려서 숨기기라도 하듯 다른 행동을 했다. 모두들 박수를 쳤다. 그런데 어디선가 들려왔다.

"산타가 너무 말랐어."

정미현 선생님이 센스 있게,

"요즘 산타들은 다이어트를 하나 봅니다."

"예, 요즘 눈이 안 와서 썰매를 못 타고 다니고, 걸어 다니면서 선물 배달하니 저절로 다이어트가 되었습니다. 호호호호."

그렇게 선물 보따리를 내려놓고 산타 옷을 입은 채로 강의장을 왔다 갔다 하며 강의 시간에 필요한 물품들을 나누어 주고 즐거운 시간을 보냈다.

강의가 끝나고 어르신들이 돌아갈 때 출입문 앞에 서서 산타 보따리에서 선물과 귤을 나누어 주고 "메리 크리스마스!" 하며 마무리를 지었다. 신나는 경험이었다. 산타 옷을 입고 그대로 있으면 좋겠다는

생각도 들었다.

크리스마스 선물로 준비한 마스크도 나누어주고 귤도 나누어 주고 했더니, 짐이 확 줄어서 트렁크 하나로 정리되었다. 정미현 선생님과 물건을 다 챙기고 식사를 하러 갔다. 떡볶이와 김밥을 먹으면서 정미현 선생님이 말했다.

"오늘 잘했어요. 웃음소리도 좋았고 잘 하던데요. 그런데 긴장을 많이 했나 봐요. 떨고 있더라고요."

"떨리는 걸 보셨나요?"

"그럼 보았죠. 처음이라 긴장해서 그래요. 처음엔 누구나 다 그래요. 그런데 잘했어요."

"…"

나는 아무 말도 하지 않았다. 사실은 내가 긴장한 것이 아니라, 몸이 안 좋아서 떤 것이라고 말하고 싶었다. 언니처럼 포근히 안아줄 듯 말하는 선생님에게 "사실은요." 하고 말하면 눈물이 날 것 같고, 그냥 펑펑 울 것 같았다. 그래서 입에까지 올라온 말을 차마 할 수가 없었다. 또 지금은 다른 강의를 가야 하기에 시간도 부족했다. 다음에 넉넉한 시간을 두고 말하기로 하고 아무런 말도 하지 않았다.

오늘 산타는 내 스스로 즐기면서 정말 해보고 싶었던 것을 해볼 수 있어서 너무 좋았다. 또 정미현 선생님과 같이한 시간을 통해 많은 것을 배웠다. 강사료는 얼마 안 되는데, 무슨 특별한 날에는 선물을 사가지고 간다고 했다. 오늘 같은 크리스마스를 만나면 선물하고, 어버이날을 만나면 선물하고, 명절을 만나면 선물하고…, 강사료를 떠나 봉사하는 마음이 없으면 할 수가 없다고 했다. 하긴 우리나라 사람들은 어디 갈 때 빈손으로 가는 법이 없는 정 있는 나라이니까, 내가 가도 그런 날을 만나면 그렇게 될 것 같았다. 내 평생 잊지 못할 '다이어트 산타클로스.'

"선생님, 오늘 이런 기회를 주어서 정말 고맙습니다."

"오늘 정말 수고했어요. 앞으로 이런 기회 있으면 또 봐요."

"좋아요. 언제든지 환영입니다."

이렇게 선생님이랑 헤어지고 다른 교회 성탄절 행사에 웃음 치료를 하러 갔다.

그런데 성탄절 행사를 하는 오늘 같은 날 산타 옷을 입고 등장한다면 정말 좋을 텐데. 정미현 선생님은 이미 차를 타고 떠난 뒤였고, 선생님을 다시 만나 옷을 받아올 시간적 여유가 없었다. 급한 대로 동네에서 혹시나 산타 옷을 파는 곳이 있는지 몇 군데 돌아다니다 포기하고 교회로 갔다.

유치부, 초등부, 중고등부, 성인부. 이렇게 진행될 동안 개인용 마이크와 스피커를 준비하고 무대에 섰다. 내가 50평생이 넘도록 살면서 지금 이런 자리를 상상할 수 있었던가. 몇 사람 앞에서도 말도 못 하는 내가 이런 교회에서, 그것도 어르신들만 있는 곳도 아니고 유치부부터 초중고·청년·장년·노년 골고루 있는 이곳에서, 이 모든 사람들이 함께할 수 있는 레크리에이션을 진행하고 있다는 사실이 내가 하면서도 신기할 정도였다.

나에게 주어진 시간이 짧아서 아쉬웠지만, 나름대로 힘 있게, 재미있게 진행하고 내려왔다. 중고등부 연극이 끝나고 성탄절 행사 마지막에 상품 추첨이 있었다. 나는 추첨을 통해서 선물을 뽑을 때 전혀 기대를 하지 않는다. '왜? 안 뽑히니까.' 그런데 기대하지 않으면서도 내 번호를 불러주기 바라는 마음은 누구나 가지고 있지 않을까. 커다란 선물이 등장했다. 오늘 있는 선물 상자 중에서 제일 큰 것인데 두두두둥…. 67번, 67번이다. 드디어 뽑았다.

"67번, 67번입니다."

"어마나, 세상에, 내가 67번인데, 이러면 말이 안 되는데…."

번호표를 들고 뛰어나갔다. 바쁜 척 뛰어나가는 것이 내가 다리를 절면서 간다는 것을 감출 수 있는 방법 중의 하나이다. 그 교회의 목사님이

"우리를 위해서 웃음 치료를 해주어서 하나님이 주신 것입니다."

하는 말을 덧붙였다. 정말이지 내가 추첨에서 뽑히다니, '세상에 이런 일이!'였다. 그렇게 교회의 행사를 마치고 하루를 마무리했다. 이번 겨울 이 크리스마스는 정말 이지 나를 위한 날인 것 같았다. 산타로 변신도 해보고 선물 추첨에서 당선도 되어보고. '야호, 신난다!' 하고 소리라도 지르고 싶었다.

얼마 후 교회 건물 계단에서 누군가가 아는체를 했다.

"웃음 치료 선생님, 어쩜 그렇게 잘하세요. 정말 잘하시던데요."

"아, 예, 고맙습니다."

쑥스러워서 얼굴 들 곳이 없었다. 그런데 옆에 있던 다른 분이

"예, 정말 좋았습니다."

하고 말을 했다. 나는 그 사람들을 모르는데 저 사람들은 나를 알고 있다는 것이 내가 산타 옷을 입고 변장했을 때처럼, 지금은 입장이 바뀐 듯했다. 나중에 그 교회 목사님과 사모님을 만났다.

"웃음 치료가 이런 것인 줄 몰랐습니다. 이번에는 시간이 짧아서 아쉬웠는데, 다음에 부활절 때 다시 한 번 해주십시오. 그땐 시간을 길게 잡아야 하겠습니다."

"예, 알겠습니다. 제가 필요하시다면 얼마든지 하겠습니다."

이렇게 이번 크리스마스는 생전 처음 새로운 곳에 도전하는 날이었고, 평생 처음 다이어트 산타로 분장해서 그 도전에 성공한 날이었다. 조금 아쉬운 점이 있다면 이 교회에서도 다이어트한 산타클로스 분장을 했더라면 더 좋았을걸 하는 것이다. 그래도 멋진 하루였고, 또 하나의 홀로서기를 성공한 날이기도 했다.

소통은 엄지 척!

웃음 치료를 배우고 몇 번이나 재교육을 받으러 다니던 어느 날, 재교육장에서 처음 만난 분이다. 이날은 호서대학교 학생들이 단체로 웃음 치료사 과정을 배우기 위해서 와 있었고, 이날 이 교수님이 그 학생들을 데리고 교육을 받으러 왔다. 이곳은 평생 재교육이 가능하기에 열심히 배우러 다니던 나는 우리 아들보다 더 어린 학생들과 이틀을 같이 움직이며 배웠다. 그런데 어린 학생들과 같이 배우는 것이 힘들다기보다는, 학교 동기들끼리 단체로 온 학생들 속에 나 혼자 나이 들고 나 혼자 외톨이라는 소외감을 느꼈는데, 그게 정말 힘들었다. 배우고 싶은 욕심이 없었다면 정말 함께하지 못할 정도였다.

거기에 이 교수님은 수업이 끝날 때마다 들어와서는 한마디씩 하고 가는데, 너무너무 환한 얼굴과 그 웃음소리, 그 목소리. 우~와, 정말 화통하고 통쾌할 정도로 힘이 있었다. 조용한 내가 적응하기 벅찰 정도였다. 제자들인 학생들과 함께 어우러진 소리는 나 혼자 외톨이라는 소외감으로 힘든 상황에서 적응하기가 더 힘들었다. 그때까지만 해도 처음 본 이 교수님이 누구인지도 몰랐고 매력 또한 몰랐다. 다만 목소리가 작고 가늘고 약한 나는 그 힘 있고 우렁찬 목소리가 부러울 뿐이었다. 그렇게 이틀을 보고 끝난 인연인 줄 알았다.

웃음 치료를 배우고 한국강사은행 단톡방에 초대되었지만, 단체카톡방이라는 곳에 처음 들어가는 것이라 낯설어서 단톡방에 한 번도 글을 남기지 않았고, 가끔씩 눈팅만 하고 나오는 정도였다. 단톡방에는 비슷한 이름들이 얼마나 많은지. 누가 누구인지 알 수 없었는데, 이번 재교육을 받으며 알게 된 그 교수님이 단톡방에서 모든 사람들을 반갑게 맞이해주고 있었다는 것을 나중에야 알게 되었다.

얼마나 지났을까. 조심스럽게 살짝 한번 들어가서 인사를 했다.

"안녕하세요. 처음으로 인사드리는 홍영순입니다."

"어서 오세요, 홍영순 강사님." 하고 바로 꼬리가 달렸다. 깜짝 놀라 단톡방에서 도망치듯 나와버렸다. 그도 그럴 것이, 카톡으로 산모들과 연락해도 모두가 일대일이었다. 지금처럼 누군지도 모르는 사람들과 단톡방에서 연락하는 것 또한 생전 처음 해보았다. 그렇게 얼마나 시간이 지났을까. 단톡방에 들어가서 또 눈팅만 했다.

서울역에서 웃음 치료가 있던 날, 그 교수님과 만났는데 교수님이 아는 체를 해왔다.

"저를 아세요?"

"그럼요. 홍영순 강사님이시잖아요."

하며 특유의 힘 있는 큰 목소리로 웃었다.

"어떻게 아세요?"

"지난 교육 때 보았잖아요."

"그때 한번 보았는데 어떻게 이름을 기억하고 계시는지요?"

"다 알아요."

하고 웃었다. 여전히 목소리는 크고 씩씩했다. 나는 그저 신기했다. 나는 산모들을 만나도 몇 번을 보아야 얼굴과 이름을 기억하는데, 어떻게 한 번 보고 이름을 기억하고 있을까 궁금했다. 그도 그럴 것이, 단톡방에는 몇백 명이 들어와 있는 데다, 모든 사람들을 한 사람 한 사람 직책까지 붙여서 부르는데, 어디에 써놓고 보고 있는 것처럼 정말 신기하게 다 외우고 있었다. 나는 이 교수님의 이름이 '이지영'이라는 것을 이날 알았는데 말이다. 그 후로 단톡방에 한 번씩 들어가면 얼마나 반갑게 맞이해주는지, 글씨만 보아도 웃는 얼굴의 이지영 교수님이 보이는 듯했다.

"단톡방에 들어오기가 힘드네요."

"부담 갖지 말고 처음엔 '엄지 척'부터 시작하는 거예요."

하며 엄지손가락 하나를 척, 세우는 이모티콘을 보여주었다.

'엄지 척!'을 똑같이 따라 하며 소통은 이렇게 하는 것이라는 것을 배우기 시작했다. 시간이 갈수록 단톡방에 아는 사람이 생겼고, 인사만 해도 이지영 교수님은 반갑게 맞이해주었다. 이지영 교수님은 모든 사람들을 한 명 한 명 이름 부르며 반갑게 맞이해주는 이 단톡방 안방마님 같은 분이었다. 핸드폰에 글을 쓰는 손가락 놀림이 얼마나 빠른지 정말 환상적이었다. 연예인들은 다리도 보험에 들고 예쁜 손도 보험에 들어놓는다는데, 이지영 교수님은 문자 쓰는 손가락을 보험에 들어놓아야 할 것 같았다.

덩치도 1등, 환하게 웃는 모습도 1등, 힘 있는 목소리도 1등, 사회를 볼 때 재치 있는 진행도 1등. 갈수록, 볼수록, 시간이 지날수록 이 교수님의 매력에 빠져들어갔다.

12월에 국회에서 대한민국 주부 연설대전이 있었다. '주부들의 이유 있는 외침!'이라는 대회에서 이지영 교수님이 본선에 올라갔다. 본선에 오른 10명의 후보들은 모두 하나같이 대단했다. 카톡으로 소통을 하다 보니 이런 대회가 있다는 것을 알았다. 사실은 경험은 없지만 나도 도전해보고 싶은 마음이 들기도 했었는데, 자신감 부족으로 엄두도 못 내고 시도도 못했었다. 그런데 오늘 국회에서 보니 자신감만으로 덤비다가는 큰 코 깨진다는 걸 알았다. 안 나가길 잘했다는 생각을 하며 혼자 웃었다. 실력은 없고 마음만 달려가고 있는 지금 '앞으로는 실력을 키워서 저곳도 나의 자리가 될 거야.' 하고 미리 찜해 놓았다. 앞으로 내가 하고 싶은 일들을 미리 와서 보고 눈도장을 찍어 현장 체험을 해보는 날이라고 생각했다.

한국강사은행에서도 많은 사람들이 응원을 왔다. 열전을 거친 끝에, 이지영 교수의 소통으로 많은 사람들이 와서 축하해주는 속에서 빛을 발하고 '방바닥에 숨겨둔 진실'이라는 제목으로 당당하게 대상을 받았다. 멋있었다. 우렁차고 힘 있는 목소리, 밝고 경쾌한 목소리, 어느 누구도 집중할 수밖에 없는 스피치로 대상을 받은 것이다. 나는 내가 대상을 받은 것처럼 기분 좋게 박수를 쳤다. 손가락이 부딪치면 손가락이 아파서, 손바닥을 열십자로 놓고 손바닥이 아플 정도로 박수를 치며 흥분되었다.

나에게는 전혀 없는 '힘 있는 목소리', '씩씩한 목소리', '당당한 자세'

가 정말 부러웠다. 저런 자세를 배우고 닮고 싶었다. 교수님의 저런 것들이 나에게 반이라도 있으면, 하고 선망의 대상이 되었다. 이렇게 나는 또 이지영 교수의 매력에 흠뻑 빠져들었다. 교수님은 함께한 모두에게 맛있는 밥으로 한턱을 쐈고, 함께한 모든 사람들은 기꺼이 한턱에 쏘여주며 다시 한 번 축하해주었다. 언젠가는 나도 이런 기회가 있어서 멋지게 많은 사람들에게 한턱을 쏠 수 있는 날이 오기를 희망해본다.

'소통은 엄지 척부터 시작하는 것'이라고 배우며 시작한 소통은 얼마나 많이 발전했는지. 지금은 단톡방에 들어가서 매일 인사도 하고, 한국강사은행 모든 사람들의 직책을 아직은 다 모르지만, 가끔은 한 사람씩 한 사람씩 이름을 불러보기도 하고 호명하며 인사하고 안부를 물으며 한가족이 되어 소통하고 있다.

웃음 치료를 배우기 전에는 산모들과 대화할 때도 문자만 하고 카톡은 잘 하지 않았다. 언제였는지, 대학병원 의사인 산모에게서 문자가 왔다.

"실장님, 카스 안 하세요?"

나의 대답.

"카스가 뭐에요?"

"…"

황당했는지 산모는 대답이 없었다.

"다른 산모님 만나면 물어볼게요."

이런 식이었다. 기계치인 나는 한국에 아이들이 없으니 핸드폰 기능들을 어떻게 사용하는지 몰라서 산모들을 만날 때마다 하나씩 물

어보고 배우곤 했다. 그런데 웃음 치료를 배우고 한국강사은행 단톡
방에 초대되고, 한참 후에 이지영 교수님을 만나시 '소통은 엄지 척'부
터 시작하는 것이라고 배운 다음부터 지금에 이르기까지 장족의 발
전을 하며 소통하고 있는 것이다.

4장

절망 속에서
희망을 품다

내일을 위한 준비。

지금까지 옆도 뒤도 보지 않고 앞만 보고 살아왔다. 주위를 돌아볼 여유가 없었다. 목구멍이 포도청이라고, 먹고 살기 바쁘고 아이들 키우고, 정말이지 홍영순 '나'라는 존재는 없이 그냥 누구의 엄마로만 살았다. 정말 정신없이 살았다. 나는 큰 소리로 말할 수 있다. "나보다 열심히 산 사람 있으면 나와보라고 그래." 하고 말이다. 물론 세상에는 열심히 살아온 사람이 더 많다는 것을 알고 있다. 그런데 나도 그만큼 열심히 살았다는 말이다.

꿈은 잊은 지 오래되었고, 오로지 나중에 잘살 거라는 희망 하나만 가지고 나 자신을 위한 것은 '나중에 해야지', '나중에 나이 들면 해야지', '나중에 아이들 다 키우고 나면 해야지…' 했던 것이다. 나중에, 나중에, 나중에 하고 미루어두었던 것이 마음속에서 열두 봉우리의 산을 이루고 있을 정도다. 그러나 나중이라는 것은 없다는 것을 나는 이번에 병을 진단받고 나서 알게 되었다. 나중이 아니라 지금. 지금이 가장 중요하다는 것을 알았다. 그래서 도전하기로 했다. '나중에'하고 묻어두었던 꿈도 다시 끼내놓고, '니 중에' 하고 미루어두었던 것들도 시작해보기로 했다.

평생 꿈이었던 책도 써보기로 했고, 생전 해보지 못한 강사도 되어보았다. 처음 해보는 도전에 불안하지 않았다면 거짓말이겠지만, 그저 '잘하지 못해도 괜찮아!' 하며 자신감을 가지고 도전해 보았다. 무엇보다도, 그간 해보고 싶었던 것을 해보는 것 자체만으로 너무나도 행복했다. 그렇게 처음 해보는 것들이 가능했다. '나는 못 해!' 하고 외면했던 것들이 가능하다는 것을 알았다.

그래서 꿈이 없는 사람들에게 '꿈을 찾아주는 운동'을 하기로 했다. 일을 하다 보면 산모들과 그 어머니들, 도우미 이모님들을 만나게 되는데, 대부분이 50대 중·후반에서 60대 후반 안쪽이다. 어려운 시절을 살아서일까. 꿈도 없고, 나 자신도 없고, 그냥 그렇게 가족들에게 희생만 하고 사셨던 분이 너무 많았다. 산모들도 마찬가지이다. 육아 문제로 가정에서 살림 살다 보면, 꿈이 사라지고 있다는 사실을 모른다. 직장 다니다 몇 년 아이 키우고 있는 산모들에게 물어보아도 꿈을 생각할 여유가 없다고 한다. 하지만 지금 꿈이 있어야 나중에 꿈을 이룰 것이다. 마음속에 꿈을 품고 있어야 한다는 것이다.

그래서 사람이라면 누구나 크든 작든 꿈과 희망을 가지고 있을 것이라는 생각을 가지고 있었다. 그런데 꿈도 희망도 없는 사람도 있었다.

얼마 전에 어느 산후 도우미를 만났다. 60대 초반 정도로 보이는 산후 도우미에게

"이모님은 옛날에 꿈이 무엇이었나요?"

"옛날에야 다 현모양처이지요."

"아니 그런 것 말고, 이모님이 되고 싶었던 꿈은요."

"그게 현모양처라니까요. 옛날에는 꿈이 어디 있어요. 그냥 시집 잘 가는 거지."

"그럼 지금은 꿈이 무엇인가요?"

"꿈 같은 것 없어요."

"무엇을 하고 싶은 거나 되고 싶은 것이 없나요?"

"이 나이에 되고 싶다고 되나요, 그냥 사는 거지."

"이모님 하고 싶은 것 있으면, 꿈이 있으면 이룰 수 있어요."

"에이, 어떻게 꿈을 이뤄요, 이 나이에…"

"73세에 여대생 꿈을 이룬 대구에 사는 할머니도 있는 걸요."

"아니야, 이 나이에 안 돼."

더 이상 말을 하지 않았다. 그 이모님은 딱 잘라말했다. 꿈이 없다고, 그리고 앞으로 꿈을 위해 도전할 생각도 전혀 없었다. 꿈이 없었다고 꿈을 꿀 생각조차 없는 이모님의 얘기를 들으며 마음이 아파왔다. 중요한 기회를 버리고 가는 것만 같아 안타깝기까지 했다. 나름 그냥 그렇게 열심히 하루하루에 충실하며 살아가고 있을 뿐, 꿈이 무엇인지 생각도 못 해본 것이었다. 아니, 생각을 안 해본 것이다. 앞만 보고 사느라 가슴 깊이 묻어두고 잊고 살았던 나와는 달랐다. 우리나라 옛날 어른들은 다 그렇게 사신 것일까.

어릴 때부터 시작해서 나이가 들어 세상을 떠나는 순간까지도 사람들은 꿈이나 목표, 바람 등을 가지고 살아가게 된다. 꿈을 만들어놓고 달려가는 사람과 꿈도 없이 나름 열심히 사는 사람들의 사는 방향이 같을 수는 없을 것이다.

어릴 때 만화를 보며, 또는 동화책을 보며, 또는 엄마를 보며 무엇이 되고 싶다고 꿈을 꾼다. 슈퍼맨이 되기도 하고, 백설공주가 되기도 한다. 산타클로스 할아버지가 없다는 사실을 아는 시기가 되면 조금 더 발전해서 실존하는 인물들을 꿈꾸고, 더 자라면 직업적인 인물들, 군인, 의사, 변호사, 선생님, 가수, 연예인 등을 목표로 꿈을 키운다.

여성은 대부분 결혼하면 꿈이 다 사라져 버린다. 분명 결혼이 꿈은 아니었을 텐데도, 결혼과 함께 찾아온 출산과 육아 문제는 나의 생각과 상관없이 꿈이란 걸 생각할 틈을 주지 않는다. 그나마 사회생활을 계속한 사람이라면 속해 있는 직장에서의 위치에 따라 진급이나 인정을 받기 위해 노력할 것이고, 그에 따른 대가로 평가를 받아야 되니 목표를 세우고 노력하며 소위 잘나가는 커리어 우먼이 되고 싶어한다. 전문적인 직무 수행 능력을 살려 전문적인 직업에 종사하고, 생활 의식이 강하며, 패션 감각이 뛰어나고, 구매 능력 또한 다른 사람들에 비해서 뛰어나고, 소비 생활 수준도 높은 여성. 그러한 커리어 우먼이라 불리는 사람들이 확실한 꿈을 가지고 있지 않았다면, 그렇게 자신감 있게 나아갈 수 있을까? 그러나 여성들 중에 이런 커리어 우먼이 몇 퍼센트나 될까? 이렇게 잘나가는 여성들도 결혼을 하고 집에서 24시간을 보내며 출산 후 육아 문제에 얽매인다면, 답은 완전히 달라지는 것이다.

오래전 TV 뉴스에 나온 기사이다. 어느 대형 마트에서 계산원을 모집하는데 석·박사 출신이 70%였다고 한다. 여성들도 남성들과 똑같이 공부하고 취업하고 직장을 다닌다. 그런데 결혼 후 임신과 출산, 육아 문제로 발목이 잡히면, 그때부터 아이들이 다 자라서 엄마 손이 필요하지 않을 때까지, 남편 내조와 아이들 뒷바라지로 세월 가는 줄 모르고 정신없이 살게 된다. 짧게는 1년부터 길게는 20년 가까이 아낌없이 주는 나무가 되어 자녀들에게 온갖 정성을 다한 후에야 비로소 나의 존재를 생각하고 나를 찾기 위해서 노력하게 된다. 이렇게라도 인식을 하고 나를 찾으려 하는 사람은 그래도 괜찮다. '내가 왜 이러지. 내 모습은 이게 뭐야. 나는 지금껏 뭐하고 살았는지 모르겠어.' 하는 사람들은 우울증에 빠지게 된다.

자녀들이 엄마의 희생을 '엄마 덕분에…' 하고 알아준다면 어느 정도는 보상받은 것처럼 위로가 되겠지만, 다 자란 자녀들이 밖으로 나가고 나면 할 일이 없어진 엄마들은 혼자 남는다. 그때부터가 문제가 되는 것이다. 우울증으로 잠도 잘 못 자고, 마음도 불안하고, 기분도 항상 침체되어 있다. 이유 없이 눈물이 나기도 하고, 짜증이 나기도 하고, 인생 헛살았다는 생각에 사로잡혀 자기 자신을 믿지 못하고 힘들게 하고들 있는 것이다. 이렇게 희생하며 봉사하며 사느라 본인 스스로가 언제 꿈이란 걸 가지고 있었는지 기억조차 더듬어 생각해 보아야 하는 것이다.

로댕의 작품 〈생각하는 사람〉처럼 내가 내 마음의 주인공이 되고 주인이 되면 생각이 정리 정돈된다. 근심 걱정이 사라지면서, 옛날에 가지고 있던 꿈을 찾을 수 있는 것이다.

누구나 가지고 있어야 할 꿈을, 잃어버리고 있던 꿈을, 나만의 꿈을 가지고 새로운 계획으로 인생을 설계할 수 있는 것은 아직도 꿈을 가지기에 늦지 않았다는 것이다. '나중에, 다음에'는 없다. 지금, 지금이 바로 내일을 위한 시작이고 내일을 위한 준비를 할 시간이다.

내가 몰랐던 나의 꿈,
당신의 꿈은?

누군가 '당신의 꿈은 무엇입니까?' 하고 물어본다면, 바로 대답할 수 있는 사람이 몇 사람이나 될까? 10초 이내에 바로 대답하는 사람도 있을 것이고 1~2분 후에 대답하는 사람도 있을 것이다. 또 수십 년을 살아온 사람들도 이 질문을 받게 되면, 질문받고 나서 생각하는 사람도 있을 것이다. 또는 오랫동안 생각해서 해가 저물어 날도 바뀌고 달도 바뀌었는데도 대답 못 하는 사람도 있을 것이다.

나도 그랬다. 홍 실장으로 열심히 일할 때, 내가 아픈 것을 몰랐을 때는 누군가 "꿈이 무엇이냐?"고 물어보았다면 한참 생각했을 것이다. 그리고 이렇게 대답했을 것이다. "평생 생활비 걱정 안 하고 아이들 공부 마치는 것입니다."라고. 어느 집이나 이것은 당연한 일인데, 이것이 나의 꿈인 줄 알고 착각하는 것이다. '나'라는 사람은 없고, '아이들의 엄마', '한 가정의 가장', 이것만 있는 쓸쓸한 현실인 것이다. 그만큼 먹고 살기 힘들다는 말도 될 것이다.

2002년 월드컵 때 '꿈은 이루어진다'라는 대형 카드 섹션이 멋있게 등장했다. '꿈은 이루어진다.' 보기만 해도 가슴 두근기리는 기분 좋은 문구이다. 그러나 이렇게 가슴 두근거리는 기분 좋은 문구라 할지라도, 다른 사람에게 꿈이 뭐냐고 묻기 전에, 나의 꿈이 무엇인지 자기 자신에게 먼저 물어보아야 하는 것 아닐까. 나는 꿈이 무엇이었는지, 앞으로의 꿈은 무엇인지, 나 자신에게 물어보고 한번 생각해보자.

지금까지 등 떠밀리듯 살아왔고, 특별한 생각 없이 꿈이 무엇인지 나 자신에게 물어볼 시간적 여유도 없었던 게 사실이다. 하지만 이제는 나의 꿈이 무엇인지 나 자신에게 먼저 물어보는 시간을 가져보자. 차분하게 마음을 가라앉히고 지나온 세월도 생각하며, 꿈속에 있는 현실적이지 못한 그런 꿈 말고, 실현 가능한 꿈을 만들어보자. 일단 실현 가능한 꿈을 만들어놓고, 그 다음 꿈을 이루기 위해서 노력하고 행동해야 한다.

사람들은 항상 말한다, 꿈은 이루어진다고. 하지만 10초 안에 대답도 못 하는 꿈을 어떻게 이룰 것인가. 꿈이 무엇이냐고 물었을 때 10초 안에 대답을 못 하면, 그 사람은 꿈이 없는 것이라고 한다. 있지도 않은 꿈을 하기 쉬운 말로, 듣기 좋은 말로 '꿈은 이루어진다'고 하는 것은 커다란 모순이 아닐 수 없다. 있지도 않은 꿈을 '꿈은 이루어진다.'라고 하기 전에 우선순위로 먼저 꿈을 만들어야 하는 것이다.

생각해보자. 내가 정말 좋아하는 것이 무엇인지. 내가 진정 하고 싶은 것이 무엇인지. 진짜 내가 원하는 것이 무엇인지를 생각하며 꿈을 만드는 데 집중해야 한다.

꿈을 이루기 위해서는 꿈을 만드는 것이 선결 조건이다. 이렇게 꿈을 만들어놓고 나면, 꿈을 이루기 위해서 여러 방법으로 노력할 것이고, 그 노력에 따른 대가로 꿈이 이루어진다. 이렇게 꿈을 만들어놓으면, 이루기는 쉬운 것이다. 이렇게 꿈을 만들어놓은 후 비로소 '꿈은 이루어진다'라고 말해야 한다.

지금부터 꿈을 만들어보자. 특히 대부분의 여성들은 결혼과 동시에 꿈이 어디로 갔는지 알 수 없을 정도로 봄눈 녹듯이 사라져버린다. 결혼과 함께 시작하는 출산과 육아 문제는 내가 언제 무슨 꿈을 꾸고 있었는지조차 생각 안 날 정도로, 정신없이 한 생명을 키우는 일에 모든 것을 아낌없이 주는 나무가 되어버린다. 그렇게 세월이 흘러 자녀들이 자라고 엄마의 손을 필요로 하지 않을 때가 되어서야 '나는 무엇인가' 하고 생각하게 되고, '나의 존재는 어디에 있는가' 찾기 시작한다. 그러나 나의 존재란 어디서도 찾을 수가 없다. 그 곱던 피부에는 세월의 주름살이 자리 잡고 있고, 내 몸의 모든 살들이 땅으로 향해 내려갈 때쯤에야 정신을 차린다. '아! 내가 이렇게 사는 게 맞나.' 하고 50세도 훨씬 넘어 60세를 바라볼 때쯤 되어서야 비로소 '나'라는 자신을 찾게 되는 것이다.

그래도 그때 나를 찾겠다고 해도 늦은 것은 아니다. 나도 마찬가지다. 평생 다른 일을 하다가 50이 넘은 나이에 건강하지도 않은 몸으로, 나도 몰랐던 나의 꿈을 찾아 만들었고 꿈을 이루었다. 또 이루고 있다. 앞으로 계속 진행형이다. 사실은 나중에 해야지 하고 묻어두었던 것이 너무 오래 묻어두어 깜깜하게 잊어버린 지 오래되었고, 이 꿈을 찾고 보니 내가 다시 만든 꿈과 똑같은 것이었다. 이처럼 사람들은 꿈을 가지고 있는데, 과거 속에 같이 묻어버리고 만다.

노후에 일이 없어서 공원에 모여 지나가는 사람들을 쳐다보며 '나는 늙었으니까' 하고 생각하는 사람과, 노후에 일이 없어도 무엇인가를 찾아 '나는 아직 한창이야' 하며 소소한 일거리라도 찾아 움직이고, 봉사 단체에 들어가 누군가를 위해 움직이면서 활력소를 찾는 사람들도 있다.

어느 모임 축하 장소에서 76세 할아버지와 70세 할머니가 마술 공연을 했다. 두 분은 부부이다. 할아버지는 마이크를 들고 마술하는 할머니 옆에서 설명을 하며 진행하고, 할머니는 소녀 같은 예쁜 옷을 입고 마술 공연을 했다. 얼마나 진지하게 하는지, 비록 젊은이들처럼 화려한 움직임은 아니었지만, 배운 그대로 얼마나 연습을 했는지 척척 해내고 있었다. 유치원 아이들마냥 노부부의 공연은 귀엽고, 예쁘고, 아름다웠다. 그들은 많은 사람들의 갈채를 받았다. 노부부는 노후에 마술을 배워서 맹연습을 하여, 어디든지 가서 재능 기부를 하며 즐겁게 행복하게 노후를 보내고, 새로운 사람들을 만나 소통하며 젊게 살고 계셨다.

이렇게 움직이는 사람과 움직이지 않는 사람은 분명한 차이가 있고, 늙어가는 속도 또한 차이가 난다. 마음가짐 또한 완전히 달라서, 힘없고 굳어 있는 얼굴과 달리 움직이며 활동하는 사람들은 활기차고 얼굴에 도는 빛조차도 달라진다. 늦었다고 할 때가 가장 빠를 때이다.

이처럼 노부부들도 이렇게 활력이 넘치는데, 50대 아줌마들은 어떤가. 자녀들이 다 자라 나를 필요로 하지 않아 외롭고 소외감을 느낄 때쯤, 집에서 살림만 살아서 허송세월 보냈다는 생각이 들고, 그때부터 우울해진다. 하지만 50대 아줌마들 우습게 볼 수 없다. 50대 대한 민국 아줌마들 힘은 대단하다.

어느 유머에 보면 세상에 인종이 황인종, 백인종, 흑인종, 대한민국 아줌마, 이렇게 네 종류의 인종이 있다고 한다. 아줌마를 하나의 인 종으로 분류할 정도의 저력을 가지고 있는 50대 아줌마들. 비록 커리 어 우먼으로 멋들어지고 폼나게 직장을 다닌 건 아니지만, 집에서 자 녀들 잘 키워 사회에 내보내 사회 구성원으로 진출시켰으니, 그가 바 로 애국자인 것이다.

군인들처럼 총 들고 나라를 지키지 않아도, 국가대표가 되어 나라 의 이름을 빛내지 않았어도, 출산과 육아 문제로 발목 잡혀 자신의 꿈을 접고 젊음을 투자해서 자녀들 키워 사회인으로 만들었다는 것 자체가 훌륭한 애국자인 것이다. 그러니 나 또한 두 아들 정신 건강, 마음 건강, 몸 건강하게 키워 군대에 보냈으니, 자랑스러운 애국자가 아닌가. 애국자라고 큰소리 탕탕 쳐도 누가 뭐라고 하겠는가. 이쯤이 면 대통령 표창감이라고 생각해도 벌금 내는 것도 아니고 세금 더 내 는 것도 아니다. 다만 나의 자존감이 올라가니 손해 볼 것은 하나도 없다. 그래서 나는 당당하게 말한다. "나는 애국자입니다."라고.

나는 개인적으로 '아줌마'라는 단어를 좋아한다. 얼마 전 퇴근 후 저녁에 김밥집에서 김밥 싸는 아르바이트를 한 적이 있었다. 병원에 서 진단을 받은 후였는데, 매일 울며 슬프게 지낼 수 없어서 퇴근 후 아르바이트를 했다. 손이 야무지고 빠른 편이라 일은 재미있었는데, 오는 손님들의 호칭이 익숙하지 않아 웃은 적이 있다.

"아줌마, 김밥 두 줄 주세요." "아줌마, 김치김밥 주세요." "아줌마,

땡초 김밥 주세요." 하는 소리들. 너무 오랫동안 홍 실장으로 불려왔기에 내 이름 홍영순보다 홍 실장이 익숙힌 니에게 이줌마라는 호칭은 너무 낯설고 이상했다. 이렇게 내가 아줌마가 되었구나 하는 생각이 들어 웃음이 나왔다. 홍 실장이 아닌 아줌마로서의 또 다른 나를 찾는 계기가 되었다.

이처럼 '누구누구 씨' 하고 본인의 이름을 부르면, 본인의 이름인데도 누구누구 엄마로 살아왔기 때문에 낯설다. 주부로 살아온 사람이라면 똑같은 마음일 것이다. 이제는 누구누구의 엄마가 아니라, 당당하게 '누구누구 씨' 하고 불릴 수 있도록 자신만의 스타일을 만들어보자. 100세 시대 지금까지 살아온 날만큼 살아갈 날을 생각하며, 지금까지 자녀들을 위해 자신을 희생하고 살아왔다면, 앞으로는 자신을 위해 멋들어지게 꿈을 실현하며 살 수 있도록 같이 그 꿈을 위해 앞으로의 인생을 재미있게 즐겁게 만들어보자.

누군가 '당신의 꿈은 무엇입니까' 하고 질문하면 10초 안에 바로 대답할 수 있도록 지금부터 꿈을 만들어보자. 특히 대한민국 50대 아줌마들이여, 파이팅!

도전하며 잃어버린 꿈을 찾아주다.

옛날부터 꿈이 있었던 사람도 있을 것이다. 그 사람들을 보자. 옛날부터 꿈을 가지고 있었던 사람이 몇십 년이 지난 지금도 어릴 때 꾸었던 꿈을 그대로 가지고만 있다면, 그것이 과연 꿈일까? 꿈이 있는데도 그냥 가지고만 있으면, 말 그대로 그냥 꿈일 뿐이다. 꿈이란 노력해서 이루어야 하는 것. 이루면 꿈도 현실이 된다. 우리에게는 그 꿈을 현실로 만드는 것이 중요하다.

그런데 솔직히 말해서 결혼 전 잘나가던 사람도 가정에서 주부로만 살아왔다면, 무엇인가 시작하려 할 때 두렵고 자신감이 없어진다. 그게 문제가 된다. 자신감이 없어서 무엇을 해볼 생각을 엄두도 못 내고 있는 것이다. 결혼 후 누구누구의 부인으로, 누구누구의 엄마로, 누구누구의 할머니로 살아온 세월이 길어서 '누구누구 씨' 하고 이름이 불리는 것조차 낯선데, 새로운 환경에 적응하고 새로운 일을 한다는 게 쉽지만은 않은 것도 사실이다.

주위에 간호대학을 나와 잘나가던 간호사 선생님이 있었다. 미스 때는 목에 힘주며 그보다 잘난 사람이 없을 정도로 도도하고 깐깐하고 매력 있고…, 한마디로 끝내주는 아가씨였다. 그런데 결혼 후 17~18년쯤 집에서 전업주부로 아이들만 키우고 뒷바라지하고 난 후 지금은 40대 후반인데도, 무엇을 하려 해도 자신감이 부족해서 도전을 못 한다. "이 나이에 내가 무엇을 할 수 있을까?" 전문적인 국가 자격증을 가지고 있는데도 "나이가 많아서 갈 데가 없어." "내가 이 나이에 그런 곳에 가면 할 수 있을까?" 하며, 그 많은 이유들 중에 안 되는 이유만 골고루 찾아 고민만 하고 있는 것을 보았다. 모두가 인정해주는 전문적인 국가 자격증이 있는 사람도 이런 고민을 하는데, 아무 기술도 없는 사람은 더 심각할 것이다.

이처럼 나이 들어서 새로 무언가 시작한다는 것은 결코 쉬운 일이 아니다. 그렇다고 포기하거나 주저앉아 있다면, 그녀는 대한민국 아줌마가 아니다. 그래서 자신감을 가지고 일어나야 한다. 머릿속에 생각만 하지 말고, 실제 행동으로 옮기는 작업이 꼭 필요한 것이다.

산모를 만나는 직업을 가진 나는 산모의 친정어머니들을 만난다. 친정어머니들은 대략 50대 후반에서 60대 중후반 정도의 나이인데, 모두 내가 가진 기술이 부럽다고들 한다.

"이런 기술이 있으니 얼마나 좋겠어요."

"어떻게 이런 기술을 배웠어요."

하며 엄청나게 부러워들 한다. 딸의 출산으로 지방에서 몸조리해주러 올라온 어느 어머니는 9남매의 맏이여서 동생들을 위해서 학교도 못 다녔는데, 그게 한이 되어 40대에 독학으로 공부를 했다고 했다.

그 어머니랑 이야기를 나누는 중 매일같이 일기를 쓴다고 했다. 그리고 책을 많이 읽는다고 했다.

"어머니는 꿈이 뭐예요?"

"나는요, 꿈도 무엇인지 몰라요. 꿈꾸어본 적이 없어요. 그냥 하루 종일 오늘 찌개는 무얼 넣고 끓이나, 우리 집 아저씨에게 어떤 좋은 것 해주나, 맨날 그런 생각을 해요." 하는 것이다.

"어머니, 앞으로는 그런 생각 하지 마시고, 어머니 자신을 위해서 무얼 할까 한번 생각해 보세요."

"나야 책도 보고 하는데, 나를 위해서 무얼 할 수 있겠어요."

지난 겨울 서울역 근처 복지관에 웃음 특강을 갔을 때, 한글을 모르고 80년을 넘게 살다가, 이번에 복지관에서 한글을 배우고 시를 짓고 그림을 그리고 해서 시화전을 열어 전시회를 하는 것을 보았다. 한글을 지금 배웠다고는 믿기지 않을 정도로 또박또박 쓴 글씨에 예쁘게 그림을 그리고 색칠해서 전시한 시화전 작품들. '우~와 우~와' 하고 감탄사가 계속 나올 정도로 실력들이 대단했다. 이 얘기를 어머니께 해드리며 그렇게 해보라고 했다. 그랬더니,

"나도 그렇게 하고 싶은데 어떻게 하는 줄을 몰라요."

한다. 그래서 그 산모의 어머니께 시와 시화전과 수필과 일기의 차이점을 설명해주었다. 그랬더니 시를 쓰고 싶다고 했다.

"나는 시를 쓰고 싶어요."

"그럼 해보세요."

"지금도 머릿속에 너무 많이 생각납니다."

"그래요. 그것을 밖으로 꺼내어 적으면 시가 됩니다. 한번 해보세

요."

"그런데 어떻게 하는지 나중에 한번 해볼게요."

"어머니, 제가 어머니 다음에 볼 때까지 숙제입니다. 생각나는 대로 한번 써보세요."

그렇게 말하고는 몇 개의 시를 낭독해주며 시는 이런 것이라고 알려드렸다. 일주일 후 다시 만난 어머니는 아기 보며 집안일 하느라 시를 쓰지를 못했다고 했다. 그래서 시를 적을 시간을 주고 기다렸다. 어머니는 머릿속에 너무 많은 것이 들었다고 했는데, 정말 금방 하나를 뚝딱 써가지고 보여주셨다. 마치 학생이 선생님께 숙제 검사를 맡는 것 같았다. 산모를 불러 앉히고 어머니는 낭독을 했다. 제목은 〈비둘기〉. 비둘기 발이 빨갛다는 시를 적었는데, 표현 방법이 굉장히 좋았다. 나도 비둘기 발이 빨갛다는 사실을 시를 통해 알게 되었다. 산모는

"실장님 덕분에 엄마의 시를 들어보았습니다. 고맙습니다." 하며 좋아했다.

"어머니께서 시를 100개 쓰시면 제가 어머니 시집 만들어드릴게요."

"어머니 사진도 찍어서 넣고, 책은 제본 뜨면 얼마 안 주고도 어머니 책 만들 수 있어요." 하며 어머니의 꿈을 찾아주는 데 성공했다.

나도 내가 아프기 전에는 몰랐다. 앞만 보고 일하느라 꿈은 생각조차 못 했다. 그런데 병원에서 진단을 받고 나니 한 텀(term) 쉬어가게 되고, 내가 아무리 빨리 가고 싶어도 내 마음대로 안 된다는 것을 알고 마음을 비우게 되었다. 그렇게 마음을 비우니 세상이 더 넓게 보였다.

『잭과 콩나무』라는 동화책에 보면 하늘까지 닿는 커다란 콩나무가 나온다. 만약에 잭이 콩나무를 보고 너무 크고 너무 높다고 처음부터 그 콩나무에 올라가지 않았다면 어떻게 되었을까? 가난한 잭은 어머니랑 가난하게 그냥 그렇게 살았을 것이다. 그런데 잭은 하늘까지 자란 콩나무를 오르기 시작했다. 처음엔 너무 크고 너무 높았지만, 한 발자국 두 발자국 오르고 나니, 시간이 지난 후에는 어느새 끝까지 올라가 있는 것이다.

마라톤을 달릴 때 두 시간을 넘게 달려야 하니까 힘들다고 처음부터 시작하지 않으면 그냥 그 자리이다. 그러나 한 발 두 발 앞으로 전진하다 보면 결국은 시간이 지나가고 결선 테이프를 끊을 수 있다. 어떤 꿈이 있다면 도전해서 실현 가능한 현실로 만들어야 한다. 그거야말로 자신이 가지고 있는 진정한 꿈이라고 할 수 있을 것이다.

이제 백 세 시대가 되었다. 새 개념 인생 주기를 보면 다음과 같다.

제1단계 0세부터~17세까지 미성년자
제2단계 18세부터~65세까지 청년(48년)
제3단계 66세부터~79세까지 중년(14년)
제4단계 80세부터~99세까지 노년(20년)
제5단계 100세 이후~   장수 노인

최근 통계청에서 현재 65세 청년은 평균수명이 91세라고 발표했다. 자녀들이 성장한 후 혼자 여유를 찾을 50대쯤에, 나를 찾아 나를 위해 무엇을 할 것인가 생각한다. 그리고 꿈을 만들고 꿈을 이루기 위해 노력해서 평균수명 91세까지 거의 40년 가까이를, 그냥 노인이 아니라 청년·중년·노년의 생활을 정신적·육체적으로 건강하게 산다. 무엇인가 열심히 하면서 알차고 즐겁고 행복하게 살 수 있도록 마음가짐을 바꾸고 그 자리에 머무르지 않는다면 멋진 노년을 아름답게 보낼 수 있을 것이다. 지금도 늦지 않았다.

꿈은
이
루
어
진
다
。

'꿈은 이루어진다' 하면 2002년 월드컵 때의 열기, 그 열광하던 때가 생각난다. 시청 앞과 광화문은 붉은 물결을 이루고, 지나가던 자동차들도 빠빠빠 빵빵, 하며 클랙슨을 울렸다. 종로에서 버스를 탔는데 기사도 승객들도 모두 붉은 티를 입고 있는 모습에 감동되어 눈물이 울컥하고 날 뻔했던 기억도 난다. 대한민국을 흥분의 도가니로 몰고 간 월드컵은 대한민국의 꿈을 이루어주었다.

우리가 4강에 들 거라고 생각했던 사람은 아무도 없었을 것이다. 전 세계 인구를 대상으로 투표를 했다면, '대한민국이 4강에 들어간다'에 표를 던질 사람이 과연 몇 사람이나 있었을까. 하지만 우리는 해냈다. 12번째 선수인 국민들과 함께 모두 힘을 합쳐서 멋지게 꿈을 이루었던 것이다.

가능하지 않았지만 가능하게 만들었다. 바로 이것이다. 가능하지 않을 것 같지만 해보자는 것이다. 해보지도 않고 자신감이 없다고 시도도 안 해보면 억울하지 않을까. 지금까지 없던 꿈도 만들었는데, 이제는 만들어놓은 꿈을 이루는 일만 남았는데, 힌번 해보자는 것이다. 올라가지 못할 나무 가만히 쳐다만 보고 있으면 영원히 올라갈 수 없다. 하지만 올라갈 시도를 하면, 올라갈 노력을 하면, 어떻게 올라갈지 방법을 찾으면, 올라갈 수 있고 이미 올라가 있을 것이다. 불가능한데 왜 찍느냐고 하지만, 찍다 보면 어느 날인가 찍어서 올라가 있다. 지식이나 학력이 필요한 것도 아니다. 용기와 할 수 있다는 자신감과 믿음만 있으면 가능하다.

국제웃음치료협회 최은미 교수는 웃음 박물관을 세우는 것이 꿈이라고 했다. 웃음 박물관이라는 확실한 꿈이 있기에 그 꿈을 향해 노력해 갈 것이고 그 꿈은 이루어질 것이다. 이렇게 할 수 있다는 생각으로 무에서 유를 창조하는 것. 성공한 사람들도 많이 있다. 이미 성경책이나 역사책이나 위인전을 보면, 무에서 유를 창조한 것들을 증명해놓은 것들은 많이 있다. 아무것도 하지 않으면 아무 일도 일어나지 않는다. 나같이 별 볼 일 없는 사람도 도전하고, 나같이 부족한 사람도 도전하고, 나같이 자신감 빵점인 사람도 도전하고 있다.

나같이 아픈 사람도 도전하는데, 이 병이 서서히 진행되어 10~14년 정도면 80%가 사망하거나 심각한 장애를 겪는다고 한다. 거의 대부분 누워서 생활한다고 하는데, 이런 병이 있는 50대 초반인 내가 환갑 때까지, 지금처럼 약은 먹지만 누구의 도움도 받지 않고 스스로 일상생활을 할 수 있을까. 신개념 인생 주기를 보면 65세까지가 청년인데, 나는 이 청년 때까지 살 수 있을지. 살아 있다고 해도 휠체어를 타는 신세이거나 누워서 누군가의 도움을 받으며 살아 있을지도 모르는데, 이런 나도 꿈을 실현시켜 현실이 되게 하기 위해서 노력하고 있다. 기적이 일어나듯이 실제로 꿈을 이루어 가고 있는 것이다.

10대의 학창시절에 나는 작가가 되고 싶다는 생각을 한 적이 있었다. 그 시절 작가들은 원고지에 펜을 들고 한 자 한 자 적어야 했다. 책상 앞에 앉아 머리 쥐어짜며 원고 쓰는 그 일이 왜 그렇게 하고 싶던지. 그래서 나는 작가가 되고 싶다고 꿈을 꾸었었다. 그 후로도 늘 책을 쓰고 싶다는 생각에 변함이 없었다. 하지만 생각뿐이었다. 그런데 아들과 나누는 너무 예쁜 대화들을 책으로 남기고 싶다는 간절함이 잊고 지내온 꿈, 작가가 되고 싶어 했던 10대의 그 시절을 생각나게 했다.

그리고 십몇 년 전에는 웃음 치료사가 되고 싶었던 적도 있었다. 오로지 앞만 보고 숨 쉴 틈도 없이 숨 가쁘게 달려왔기에 세상을 볼 사이가 없었다. 일하고 아이들 키우고 먹고 살기 바빠서 나의 꿈이 무엇인지 생각도 못 하고, 아니 꿈이 있었는지조차도 모르고 많은 시간들이 흘러갔다. 그런데 지금 이렇게 50대 초반인 나이에 불치병까지 걸리고 나서, 앞으로 근로 능력이 없는 장애인으로 살아가게 된다는 이런 상황에 이르러서 10대의 학창 시절에 가졌던 꿈이 생각났다. 그리고 그 꿈을 만들어놓고, 구체적으로 계획을 세우고, 이렇게 꿈을 이루기 위해 밤잠을 줄여가며 실현 가능하도록 노력하고 있는 것이다.

웃음 치료사의 꿈은 벌써 이루어졌다. 오랫동안 생각하고 오랫동안 꿈꾸며 행동하다 보니, 어느 날 이루어져 있는 것이다. '오르질 못할 나무도 오르다 보니 올라가 있다'는 말처럼, 오늘 열심히 살았으니 내일이 있는 것은 당연하다. 웃음 치료사도 배우고 연습하고 재능 기부하며 봉사하러 다니다 보니, 지금은 어디를 가나 인기 짱인 인기 강사가 되어 있는 것이다.

나같이 자신감 빵점인 내가, 친구들 앞에서 책도 한 줄 못 읽고 쿵쾅쿵쾅 가슴에 방망이질만 계속했던 내가, 어떨 때는 손이 떨려 아픈 것이 표시날까 봐 걱정할 때도 있는 내가, 사람들 앞에서 당당하게 강의하고, 꼭 다시 오라고, 언제 다시 올 건지 날짜 정하고 가라고 잡을 정도로 사랑받고 있는 것이다.

꿈이 얼마나 가슴을 뛰게 하는지, 하나의 꿈이 이루어지는 것을 한 번만 경험해보면 알 수 있을 것이다.

꿈을 이루기 위해서 먼저 어떤 꿈을 꿀 것인지 생각해보자. 내가 무엇을 좋아하는지, 내가 무엇을 원하는지, 내가 무엇을 하고 싶어 하는지 생각하고 꿈을 만들어놓는다.

다음은 어떻게 꿈을 이룰 것인가 구체적으로 계획을 세워놓는다. 크레이프를 한 장, 한 장 쌓아올려 밀 크레이프를 만들 듯이, 구체적으로 세워둔 계획을 한 장, 한 장 노력으로 쌓아가다 보면, 어느새 꿈이 이루어진 것을 자각하게 될 것이다.

중요한 것은, 꿈을 꿈으로 두지 않고 실현하도록 노력해야 한다는 것이다. 실천하지 않으면 이루어질 것도 이루어지지 않는 법이니까.

행운은 그냥 오지 않는다. 실력을 갈고 닦아 확실하게 준비하고 길목을 지키고 있다가, 기회가 오면 내 앞을 지나가는 행운을 낚아채야 한다. 꽉 잡는 것이다. 준비된 자만이 행운을 담아갈 수 있다. 게으른 사람들은 찾아온 기회를 놓치기 쉽다. 작은 경험들과 많은 연습으로 준비하고 실행할 수 있는 능력을 키워야 비로소 나를 찾아온 기회에 행운을 잡는 것이다.

희망을 꿈꾸며 도전하는
지금은 아직도 진행 중.

　사람들은 희망을 먹고 사는 존재들이다. 인간이 인간다운 것은 아무리 힘들고 어려워도 희망을 꿈꿀 수 있기 때문이라고 한다. 비록 병든 몸이지만 내가 희망을 품고 꿈을 꾸고 있다는 것이 얼마나 행복한지 말로 표현할 수 없을 정도이다.

　꿈이 있으니 희망을 품고 꿈을 이루기 위해서 한 걸음, 한 걸음 나아갈 때 변화하는 나 자신을 보게 된다. 어려운 시기에도 좌절하거나 포기하지 않고 희망을 꿈꾸었기에, 지금처럼 계속해서 어려움을 극복할 수 있는 것이다. 세상이 아무리 어려워도 내가 희망을 포기하지 않고 버리지만 않는다면, 희망을 꿈꾸는 나에게는 무한한 또 다른 인생이 열릴 것이다.

　그래서 계속 도전하고 있다. 처음엔 단순하게 웃음치료만 배우면 되는 줄 알고 시작한 것이 노인운동지도자, 실버 레크리에이션, 심리상담사, 노인심리상담사 등등 필요한 것들을 찾아다니면서 내가 배울 수 있는 것들은 모두 다 배웠다. 그러던 중 '최은미 교수의 명강사' 과정 1기를 들으면서 강사로서의 또다른 업그레이드를 시기고 명강사로서의 준비를 할 수 있게 되었다. CS강사, 인성교육, 성희롱예방, 분노조절, 스피치 등등 다양한 것을 배운 최은미 교수의 명강사 과정. 최은미 라는 이름을 걸고 야심차게 준비한만큼 '명강사 과정 죽을 때까지 같이 간다'는 의리파 최은미 교수님은 1기, 2기, 3기를 각각 다른 프로그램으로 진행시켜준 덕분에 SNS와 메직레크리에이션까지 다방면으로 일취월장 하고 있다. 그리고 스피치 교육을 받을 때는 "목소리가 작으신 분"하는 한영조 교수님의 말이 떨어지기도 전에 없는 자신감을 겨우 겨우 앞세워 용기있게 손을 번쩍 들어 "목소리가 작고 가늘고 힘이 없어서 고민입니다."라고 말을 했다. 내가 보아도 같은 수업을 듣는 강의장 안에 있는 사람들 중에 내 목소리가 제일 약하고 힘이 없는 것 같았다. 연습도 하고 단전에서 나오는 큰목소리를 끌어내기 위해서 강단 앞으로 나갔다. 한영조 교수님은 내 배를 꾸욱 누르며 아~~~아~~~ 하고 큰 소리를 내는 연습을 시켰다. 처음에는 전혀 소리가 나오지 않았지만 몇 번의 다시 하기로 아~~~~아~~~~ 갈수록 큰소리가 나왔다. 강의장에 교육생들이 동시에 박수를 쳤다. 자신감 없는 내가 사람들 앞에 서서 소리지르고 있다는 자체가 예전에는 상상도 할 수 없는 일이었다. 나는 벌써 변화되고 있었다. 꿈을 이루기 위해서 한 고비 한 고비를 넘으며 도전을 계속하고 있는 것이다.

이처럼 나는 지금 충실한 매일매일을 보내고 있다. 일주일에 3~4일은 출근하고, 2일은(하루에 2~3회씩) 웃음 치료 강의 가고, 쉬는 토, 일요일은 강의를 들으러 가거나 교육받으러 간다. 내 몸에 이상이 생긴 후 병든 몸으로 웃음치료를 시작했는데 지금까지 배우고 열심히 한 결과 28개의 자격증을 가지게 되었고 앞으로도 계속 진행중이다. 밤에는 새벽 3~4시까지 글 쓰고, 아침 6시 기상. 길어야 2~3시간 정도의 짧은 수면 시간이라 졸리기도 한데, 또 내가 가지고 있는 병이 사람을 무지 피곤하게 하고 움직이지 못하게 만드는데도 말이다. 그래서인지 잠자는 동안은 누가 와서 업어가도 모를 정도로 코를 드르렁드르렁 골면서 잠을 잔다. 제홍이가 한국에 와서 하는 말.

"엄마, 어젯밤에 탱크 몇 대 몰고 다녔어요."

또 어떤 날은

"어젯밤에 제트기 몇 대가 날아다니던데요."

하며 코를 심하게 골았다고 말을 해준다.

병원에 진료를 가면

"잠잘 때 코를 고나요?"

"잘 모르겠는데요."

"왜 몰라요?"

"잠자느라고 몰라요. 옆에서 말해주는 사람이 없으니까요."라고 했는데, 이제는 그 질문을 받으면 "탱크 몇 대가 지나갑니다."라고 하면 된다.

병원을 갈 때마다 증세가 하나씩 늘어나고 약도 늘어나지만, 처음 진단받고 몇 날 며칠 몇 달을 울고, 울고 또 울어서 눈물이 다 말랐을 것 같은데도, 그래도 눈물은 또 나오지만, 웃음 치료사가 된 후 적극적으로 변한 내 모습, 밝고 환한 얼굴에 힘이 넘쳐나고 활발한 나의 모습이 마음에 들어서, 나에게 찾아온 입으로 내뱉기도 싫은 병명을

'미스 파'라는 새로운 이름으로 바꾸기로 했다.

'미스 파'와 평생을 동고동락하며 한 몸에서 같이 살아야 하는데, 모든 마음을 비우고 '미스 파'와 사이좋게 잘 지내기로 했다. '미스 파'를 사랑하기로 했다. 아니 사랑할 수밖에 없다. '미스 파'를 사랑할 수밖에 없는 이유는 내가 살기 위해서이다. '미스 파'가 삐지기라도 하면, 그래서 빠르게 진행된다면 내가 살 수가 없지 않은가. 그러니 내가 살기 위해서 치사해도 '미스 파'의 비위를 살살 맞추어줄 수밖에 없는 것이다.

처음 '미스 파'를 만났을 때는 살아 있는 지옥이 이런 것이구나 했다. 그런데 지금의 '미스 파'는 나에게 무엇이든지 할 수 있다는 자신감과 꿈과 희망과 용기를 가져다주었다. '미스 파'가 나에게 온 이후 나는 웃음 치료사라는 강사가 되었다. 우울증을 동반하는 이 병을 웃음으로 극복하며, 나뿐만이 아닌 다른 사람들에게도 웃음을 전달하며 매일 웃으면서 신나게 살 수 있게 만들었다. 정말 열심히 했다. 내가 병든 몸이지만 한 가정에 가장으로서 누구의 신세도 지지 않고, 혼자 힘으로 악착같이 살기 위해서 정말 열심히 했다. 그 결과 너무나 밝아진 표정은 보는 이들로 하여금 기분 좋아지게 했다. 그들은 내가 아프다는 사실을 알아채지 못했다.

몸이 피곤해 오면 웃음으로 막으면서, 이를 악물고 무너지지 않으려 안간힘쓰며 내 힘으로 버티는 날들이 지금도 계속되고 있다. 내 몸에 이상이 생기고 나서 웃음 치료사가 되었고, 병든 환자인 내가 다른 건강한 사람들에게 웃음을 나누어주러 다니며 힘과 용기를 주고 있다.

50이 넘은 나이에 병든 몸으로 웃음 치료사가 된 후 많은 것이 달라졌다. 1,380기수에 7만명의 지도자를 양성한 국제웃음치료협회에서 91번째로 서울소망지회장으로 위촉되었다.

- 사) 국제웃음치료협회 서울소망지회 지회장
- 사) 국제서비스협회 전임교수
- 한국강사은행 부총재
- 한국강사은행 정교수

라는 프로필이 생겼고, 지회장님, 교수님, 강사님이라는 낯선 호칭으로도 불리고 있다.

처음 가보는 국회에서는 '2016년 대한민국 성공인 대상'도 수상하고, 유명한 사람들과 공저로 쓴 책도 나왔다. 또 어제는 출판사에서 작가님이라는 호칭으로 불렸는데, 낯설지만 개인적으로 작가라는 호칭이 제일 마음에 든다. 이렇게 나는 길지 않을 제2의 인생을 알차게 준비하면서 새로운 나의 이력을 만들어가고 있다.

'홍영순의 희망충전연구소'라는 이름으로 사람들이 모이고 여기에서 산모나 산모 친정어머니들에게 꿈을 찾아주는 일을 하고 있다. 그런데 그 반응이 내가 상상했던 것 이상으로 뜨거웠다. 또 강북경찰서에서 가정폭력예방에 일부분인 노인학대를 뿌리뽑기 위한 일에 동참을 해서 96개의 경로당과 복지관, 무료급식소를 돌며 웃음치료를 하고 있는데 대문앞에 걸어놓으라며 주는 '재능기부'라는 글씨가 적힌 액자를 받아오기도 했다.

'내가 병들어서 힘든데 얼마나 산다고 새로운 것에 도전하겠어?' '아이 귀찮아. 그냥 혼자 있게 해주세요.'하고 우울모드로 들어갔다면, 또 아무것도 도전하지 않았다면, 그냥 그대로 있었다면, 지금의 나도 아무것도 없는 것이다. 그냥 불치병 환자로 있었을 것이다. 지금도 앞으로 몇 년후에 무얼하고 있겠냐는 질문을 받으면 금방 눈물이 고인다. '5년 후에도 지금처럼 남들이 보기에 멀쩡할까?' '10년 후에도 혼자서 일상생활을 할 수 있을까?' '나혼자 칫솔질도 하고 화장실도 다닐 수 있을까?' '혼자서 이 길을 걸을 수 있을까?' '누구의 도움 없이도 지금처럼 살 수 있을까?'하는 의문점들이 나의 마음 속에서 줄을 선다. 조금씩 뻣뻣해져 가는 다리는 어제도 갑자기 이상증세를 느껴 눈물이 나도록 소리를 질렀다. 그래도 나는 씩씩하게 아무렇지도 않은 듯 오늘에 충실하며 최선을 다해서 살고 있다.

홍 실장으로 불리며 일하고 돈벌고 아이들 공부시키고 지금까지 먹고 살았다. 나의 눈물겨운 청춘이 다 녹아 있는 홍 실장은 참으로 고마운 호칭인 것이다. 이제는 이 홍 실장이라는 호칭을 깨끗이 닦아서 앨범 속의 추억 속으로 넣어두어야 할 때가 왔다. 그리고 이제부터는 '미스 파'와 같이 또 다른 세계에서 지회장님, 교수님, 작가님, 강사님으로 불리게 될 호칭들. 앞으로 이런 호칭과 친해지려면 또다시 그에 걸맞은 노력을 해야 할 것이다.

얼마나 많은 공부를 하고 얼마나 많은 노력을 해야 할까. '미스 파'까지 동행해야 하는 지금 홍 실장으로 인정받던 유명한 그때 그 시절처럼 그 위치에 설 수 있을까. 문득 문득 걱정되기도 하지만, 앞으로는 작가와 강사라는 호칭으로, 내 인생의 마지막 직업으로 또 다른 제2의 인생의 주인공이 되고자 절망 속에서도 포기하지 않고 용기를 내어 희망을 품어본다.

5장

나의 든든한
조력자

날개 없는 천사.

봉사를 할 때 봉사단체에 가면 세 부류의 사람이 있다. 진실로 수고하고 일만 하는 사람, 준비하고 일 다 하고 나면 나타나 앞치마 두르고 일하는 척 사진을 찍으며 남에게 보이기 위해서 나서는 사람, 그 단체를 통해서 물건을 팔거나 또는 어떤 목적을 가지고 이익을 챙기기 위해서 봉사하는 척하는 사람.

십 몇 년 전쯤에 인연이 되어 지금까지 변함없이 그 연을 이어가고 있는 '전미라'라는 언니가 있다. 조그마한 덩치에 커다란 스타렉스 봉고차를 끌고 다니며 드러나지 않는 봉사를 하는 사람이다. 내가 아는 사람들 중에 남자 여자를 모두 포함해도 이 언니처럼 운전도 잘하고 주차도 잘하는 사람은 본 적이 없다. 어떤 날은 앞을 못 보는 분, 어떤 날은 걷지 못하는 분, 어떤 날은 몸이 불편하신 분, 어떤 날은 너무 연로하신 분 등, 힘들고 어려운 분들의 손과 발이 되어 병원에도 실어다 주고 필요한 목적지까지 실어다 주며, 이동이 불편하신 분들을 실어 나른다. 휠체어도 싣고, 짐도 실어다 주고, 어려운 어르신을 만나면 따뜻한 칼국수도 사주고, 용돈도 살며시 넣어주고, 반찬도 만들어다 주고, 조그마한 덩치에 일을 얼마나 잘하는지. 한마디로 '일당백'이다.

어떤 행사를 진행할 때도 모든 일은 혼자 다 하고, 다른 사람은 미라 언니가 다 해놓은 곳에 숟가락만 걸치는 얄미운 짓을 해도 웃고 넘어가는 후덕하고 배려심 많은 사람. 봉사는 봉사대로 하고 돈은 돈대로 쓰는, 자비 들여 봉사하는 그런 사람! 진정한 봉사정신을 가지고 있는 사람이다.

언젠가 몽골에서 온 아이들이 있었다. 어느 청소년 단체에서 이들을 만난 언니는 바다를 한 번도 본 적이 없다는 몽골 청소년들을 자기 차에 태우고 강원도 어느 바닷가에 데리고 갔다. 거기서 모래사장도 거닐어보며 난생 처음 보는 바다를 통째로 그 아이들의 가슴에 가득 담아주었다. 평생 잊지 못할 추억과 함께 꿈도 담아 가득 채워준 것이다. 집에서 음식도 풍족하게 준비해서 차에 싣고, 그곳에서의 외식 값에 차 기름값에, 운전하고 수고하는 모든 것들을 자비로 해결한다. 누구에게 잘 보이려고 하는 것도 아닌, 그 언니 전미라 자체의 모습인 것이다.

청소년들을 위해 봉사할 때도, 어려운 주민들을 위해 봉사할 때도 미라 언니는 한결같은 마음이다. 언니는 시골에서 농사지어 온 무공해 양념들, 시골에서 직접 짠 참기름, 들기름, 태양 볕에 말린 진짜 태양초 고춧가루와 그 고추로 담은 고추장까지, 얼마나 좋은 양념들을 사용하는지. 600명의 청소년들을 위해서 봉사할 때도 600인분의 떡볶이 양념장을 언니 집에서 만들었는데, 자기네 집의 양념을 다 털어서 만들었다. 육수 하나를 만들어도 정말 좋은 재료를 꽉꽉 넣어서 얼마나 정성스럽게 만드는지. 내 눈으로 보면서도 믿어지지가 않아서 "우~와" 하는 감탄사가 절로 나온다. 늘 고생을 사서 하는 미라 언니에게 어떨 땐

"언니 미쳤어요?" 하고 말할 때도 있을 정도인데, 그럴 때마다 미라 언니는

"그러게 말이야." 하면서 웃어버린다.

일할 때는 얼마나 손이 빠른지 척척척 일당백의 에너자이저 건전지를 달고 있는 것 같다. 음식 솜씨가 좋은 언니는 뚝딱뚝딱 반찬을 만든다. 어느 날 미라 언니에게서 전화가 왔다.

"영순아, 언제 퇴근하니, 언제 끝나?"

"오늘 늦게 끝날 거예요."

"응, 그래. 늦어도 좋으니 끝나고 우리 집에 왔다 가라."

"왜요?"

"오늘 우리 집에 손님 와서 삼계탕 끓였는데, 너희 것도 두 마리 같이 해서. 가지고 가서 아들이랑 한 마리씩 먹어. 늦어도 괜찮으니까 꼭 와라."

이렇게 바쁘다고, 혼자 애들 키우며 애쓴다고 항상 신경 쓰고 챙겨주는 언니는 "아들이랑 같이 먹어." 하며 반찬도 담아주고 과일도 담아주고, 무엇이라도 하나 더 주려고 냉장고를 뒤지는 그런 사람이다.

달랑무를 사서 다듬어 김치를 담으면 언니 집에서 먹는 것보다 나가는 게 더 많다. 이 집도 주고 저 집도 주고. 솔직히 달랑무 김치 담

으려면 일이 얼마나 많은데. 조그마한 무를 하나하나 다듬어서 절이고 씻고 헹구고…. 하여튼 고생을 사서 하는 언니는 늘 이런 식으로 음식도 나누어주곤 해서, 친정에서 음식을 싸들고 오듯 미라 언니 집에 가면 항상 쇼핑백을 들고 나온다. 그 고마움을 갚을 길이 없었다. 그럴 때마다 언니는

"야아, 조금만 더 고생해라. 너는야, 아들들이 착하니까 공부만 끝나고 나면 끄떡없잖아."

하며 힘내라고 용기도 같이 주었다.

두 아들이 일본 가고 나 혼자 있을 때 집에서 많이 아팠었다. 1년에 10년씩 팍팍 늙어가는 기분으로 2년 동안 20년 늙었을 때, 그냥 갱년기라서 그렇다고 생각하고 있을 때, 혼자서 일어나지도 못하고 밤새 끙끙 앓으며 뒹군 적이 있다. 다음날 동생이 죽을 사들고 쫓아와서 죽 먹이고 할 때쯤 미라 언니에게서 전화가 왔다.

"언니, 어젯밤에 많이 아팠어요."

"왜?"

"모르겠어요. 그냥 감기몸살도 아닌데 밤새 끙끙 앓고 일어나지도 못했어요."

"야아, 그럴 땐 전화를 하지 그랬냐?"

"너무 늦은 시간인데, 한밤중인데 어떻게 전화를 해요?"

"야아, 아무도 없는데 혼자 그렇게 아프면 어떡하려고 그래. 밤에 차도 안 막히고, 차 있으니까 금방 가지. 다음에는 밤에 혼자 그러지 말고 전화해라야."

한밤중이든 언제든 상관없이 시간을 떠나서 달려올 언니!

한두 달 전 일이었다. 언니를 만나 교회를 같이 가기로 약속했다. 외출 준비가 끝나고 집을 나서기 진 화장실 다녀와서 신발만 신으면 출발인데, 그만 화장실에서 발목을 잡혀버리고 말았다. 화장실에서 두 시간 넘게 '똥과의 전쟁'이 시작된 것이다. 변비가 심해지고 나서는 한번 아래서 막히면 일어서지도 앉지도 못한다. 거기에 소변까지 막히면, 식은땀으로 온몸을 목욕하고, 옷을 하나하나 벗어던지고, 출산이 임박한 산모처럼 배는 터질 듯 빵빵하고, 너무너무 힘들어 눈물이 저절로 타고 내린다.

핸드폰의 119라는 숫자를 수없이 눌렀다 말고 또 눌렀다 말고 하며, '구급차를 부를까 말까 부를까 말까, 아니야 조금만 더 참아보고.' 하며 비틀고 뒤틀고 진짜 별짓을 다 했다. 이렇게 아래가 너무 꽉 막혀 관장약도 들어갈 틈이 없어서, 엉덩이와 항문 주위를 꾹꾹 눌러 마사지를 하며 정말 쥐어짜고 파내야 했다. 말이 좋아 마사지이지, 온몸을 비틀면서 손가락이 부러져라 찌르고 누르고 한 덩이를 떨어트리기 위해 '똥과의 전쟁'을 해야만 했다. 그 전쟁의 승리로 나온 한 덩이의 크기는 새끼손가락 손톱만 한 것. 고만고만한 것들이 한꺼번에 몰려 사람을 죽일 둥 말 둥했다. 똥과의 전쟁은 삶과 죽음의 기로에 서 있는 것 같다.

'오, 신이시여! 오, 신이시여!'를 수없이 부르며 죽을 고비를 넘기고 나서, 완전히 기진맥진해서 약속도 못 지키고 취소하고 뻗어버렸다. 꼼짝도 못할 정도로 말이다. '6·25 때 난리는 난리도 아니야.' 했던 것처럼, 똥과의 전쟁은 6·25 때 난리는 난리도 아니었다.

미라 언니에게 다 죽어가는 목소리로 전화를 했다.

"언니, 저 오늘 교회에 못 갑니다. 기다리지 말고 혼자 가세요."

"왜 무슨 일 있니? 목소리가 왜 그래?"

"지금까지 두 시간을 넘게 화장실에 있었어요. 변비 때문에 똥꼬가 막혀 소변도 안 나오고 죽다 살았어요."

"야아, 그럴 땐 전화하지 그랬냐?"

"언니는, 똥 안 나온다고 전화해요? 어떻게 그런 것 가지고 전화를 해?"

"야아, 그렇게 안 나오면 파내야 돼. 이번에 우리 엄마도 파주고 왔어. 비닐장갑 끼고 기름 조금 발라서 손가락으로 다 파내야지, 그렇지 않으면 안 나와."

"…."

"다음에 또 그러면 전화해라."

"…."

"수고했다야, 쉬어라야."

"…."

할 말이 없었다. 놀랐다. 아무런 거리낌 없이 똥꼬를 파주겠다고, 다음에 또 그러면 전화하라는 말에 아무 말도 못 했다. 나는 생각해 보았다. 입장이 바뀌었다면 나는 저렇게 말할 수 있을까. 빈말이라도 '손가락으로 똥꼬 파준다'는 말을 저렇게 쉽게 아무렇지 않게 말할 수 있을까? 아니었다. 대답은 NO였다. 원래도 '빈말'이나 '립서비스' 하는 성격이 아니지만, 정말 하기 힘든 말이었다.

소리 없이 봉사하고 자기 돈 써가면서 봉사하는 미라 언니는 항상 어깨가 아프다고 한다. 원래 날개가 있는 천사였는데, 무엇 때문인지 모르지만 날개가 떨어져서 그 떨어진 날개 자국 때문에 어깨가 아픈 건 아닐까 하는 유머러스한 생각을 조심스럽게 헤본다. 우스운 애기지만, 천사로 있지 못하고 날개 없이 쫓겨나 있는 것이 혹시나 물개 때문은 아닐까? '물개'라는 강아지가 있는데 얼마나 어리광을 받아주는지, 휴가 갈 때는 물개 전용 날개 없는 선풍기까지 싣고 간다. 그러면 어떻게 아는지 물개는 전용 선풍기 앞에 자리를 깐다. 또 먹을 것 줄 때만 조용하고, 먹을 것 다 먹고 나면 완전히 변신. 언제 봤냐는 식으로 꼼짝도 못 하게 사람 코 바로 밑에서 지키고 서서 짖어댄다. 발자국을 한 발 떼어 움직이면 짖어대는데, 정말 이런 물개를 예쁘다고 감싸주다 날개를 잃고 천사도 못 하게 쫓겨난 것 같다는 우스운 나의 상상.

앞으로 언니의 꿈과 계획은 집을 지어서 몸이 불편하고 힘든 사람들과 건강하고 젊은 사람들을 한 공간에 두고, 서로 도우며 어우러져 살 수 있게 하는 거라고 했다.

좋은 사람은 좋은 사람과 만나고 좋은 사람과 어울린다고 했듯이 미라 언니 옆에는 미국이 집인데 희귀병으로 비행기를 탈 수 없어 가족들이 있는 미국으로 가지 못하는 분이 있다. 그 분과는 한가족처럼 두 집안이 형제들까지도 왕래하며 친하게 지낸다. 그 분 또한 많은 봉사활동을 해 오신 분으로 미라 언니와 같이 청소년 상담을 통해 청소년들을 정서안정과 마음치유로 앞으로 나아갈 길에 대한 길잡이가 되어주는 일을 하는 등 늘 봉사활동에 같이 앞장을 선다. 언니는 나중에 집을 지으면 그분에게도 원룸을 하나 주고 나에게도 원룸을 하나씩 주어, 같이 모여서 살자는 것이다. 그리고 다른 곳은 학생들에게 세를 놓는다고 했다.

"옥상에다 아픈 사람들 일광욕 즐길 수 있도록 만들어서…"

하며 이러쿵저러쿵 계획들을 이야기를 하는데,

"아픈 사람들만 모아두고 어떻게 살 거예요?"

하는 질문에,

"다 살 수가 있어."

한다. 지금의 내 모습이 이렇게 멀쩡히 움직이고 있지만, 앞으로 혼자서 일상생활을 못 한다는 것을 누구보다 잘 아는 언니인데 모여서 같이 살자고 하다니. 일반 사람들과는 확실히 다른 천사의 마음이 있는 것이 분명한 것 같다.

"나이 들고 병들고 제대로 움직일 수 없으면 젊은 학생들에게 서로 도와줄 수 있게 하면 돼."

"요즘 젊은 사람들이 누가 장애를 가진 사람과 같이 살면서 도와주려고 해요?"

"다 방법이 있지."

"어떤 방법이 있는데요?"

"나이 들고 병들고 장애가 있는 사람들 도와주며 같이 사는 학생들에게는 월세를 조금 받거나 안 받으면 돼. 그럼 같이 도우며 살 사람들 많아."

현재의 계획은 5년 후쯤 집을 새로 지을 생각인데, 그땐 짐 다 버리고 옷만 가지고 들어오란다. '복권 되면 내가 집 한 채 사줄게.' 하는 식으로 일어나지도 않을 일에 큰소리치는 게 사람이라지만, 원룸을 하나씩 준다며 모여 살자고 하는 미라 언니는 실제로 그런 예쁜 마음을 가지고 있다. 날개는 없어졌어도 마음은 여전히 천사라는 것을 말 한마디에서부터 모든 행동으로 보여주며 늘 귀감이 되고 있다.

조그마한 체구에 저렇게 큰 생각을 가지고 있는 사람이 어디에 또 있을까. 항상 모이면 혼자서 음식하고, 챙기고, 치우고 일에 일을 곱으로 하면서도, 궁시렁궁시렁 한번 하지 않고, 그 많은 학생들 조금이라도 더 챙겨 먹이려고, 조금이라도 더 주려는 마음. 이런 마음을 가진 미라 언니는 진정한 봉사자이고 진정한 천사 같은 마음의 소유자였다.

웃음
친구
。

서초 카페에서 목요일 아침마다 웃음 치료를 할 때 만난 선생님이 있다. 이관희 선생님께서 가르쳐준 것을 숙제로 연습해 와서 처음으로 내가 진행하는 날, 아침 8시에 이 김정숙 선생님이 웃음 치료 하는 곳이냐고 물으며 카페 문을 열고 들어왔다. 처음 보는 사람인데도 반갑게 맞이하고 웃음으로 하나가 되었다. 만약 웃음 치료라는 게 없었다면 이런 만남은 있을 수도 없었다. 김정숙 선생님은 웃음 치료사 자격 과정을 배우지는 않았지만, 서울역 국제웃음치료협회에서 진행하는 무료 웃음 치료를 다녔다. 그런데 서초역에도 있다는 소리를 듣고 반포 집에서 가까운 서초로 처음 나온 것이었다.

몇 분의 선생님들뿐이었지만 내가 처음으로 그 선생님들 앞에 서서 진행하는 것이다. 물론 프로그램을 짜서 하는 것이 아니라, 두 주 전에 이관희 선생님께 배운 내용을 한 가지 하는 것이었다. 이관희 선생님께서 문혜리 선생님께 내가 하나씩 해볼 수 있도록 시켜보라는 부탁을 한 후 처음 하는 것이었다. 이 한 가지 동작도 얼마나 연습을 많이 했는지.

"주먹 쥐고 손을 펴서 손뼉 치고 주먹 쥐고…" 하며 노래와 율동을 같이 하는 것인데 끝난 후, "나를 위해 열심히 뛰어준 심장과 나 자신에게 고맙다고 사랑한다고 고백하는 시간을 가져볼 것입니다."로 끝맺음을 했는데, 완전 대박이었다. 물론 이런 동작을 할 때 손과 팔다리가 덜덜덜 너무 심하게 떨려서 옆에서 붙잡아줄 정도였다. 그때는 처음이라 긴장해서 그렇게 떨리는 줄 알고 있었다.

김 선생님은 열심히 잘 따라 하다가, 나를 위해 열심히 뛰어준 심장과 나 자신에게 고맙다고 사랑한다고 고백하는 시간에 눈물을 흘리며 펑펑 울었다. 문혜리 선생님은 화장지를 갖다주며 눈물을 닦아주고 달래주고, 순간 분위기가 싸늘해졌다. 나도 연습할 때마다 이 대목에서는 항상 목이 메고 눈물이 날 것 같았다. 이 대목은 사람의 마음을 어루만지는 것이기 때문에, 김 선생님의 감정을 건드린 것이다.

김 선생님은 어디가 아픈지, 꼭 사형선고라도 받은 사람처럼 행동했다. 나중에 안 얘기이지만, 건강검진을 했는데 좀 안 좋다고 검사를 다시 해야 된다고 했단다. 그런데 그 김 선생님은 죽을병에 걸린 것으로 착각하고 감정이 복받쳐 울고 있었던 것이다. 나중에 검사 결과는 아무것도 아닌 정상으로 나와서 헤프닝으로 끝났다. 지금도 가끔 그 일로 선생님을 놀리기도 하고 웃을 거리가 생겼는데, 선생님 마음의 감정을 만져서일까. 그때부터 김 선생님은 나의 1호 팬이 되어주었다.

김 선생님의 눈물이 정리되고 난 후 분위기는 다시 살아났다. 지금 내가 한 동작이랑 끝의 멘트가 너무 좋다고 한 번 더 하라는 앙코르를 받았다. 그래서 처음부터 다시 한 번 더 다같이 했는데, 모두 주말에 교회에서 야유회 갈 때 써먹어야겠다고 했다. 촬영해 가서 연습한다며, 다시 한 번 '앙코르!' 하며 폰으로 촬영을 했다. 나중에 들었는데, 교회 야유회 때 가서 진행했는데 모두 다 좋아했다고, 덕분에 잘 써먹었다고 말했다. 또 다른 분은 한참 후에 들었는데, 직장 사무실에서 똑같이 진행했는데 너무 좋았다고, 고마웠다고 말했다. 그럴 때 '야~, 나도 하면 되는구나.' 하는 생각이 들었다. 기분이 하하하.

50대 후반인 김 선생님은 많이 왜소한 체형에 항상 멋쟁이 모자를 쓰고 다닌다. 웃을 때는 아기처럼 얼마나 밝고 귀여운지. 박장대소를 할 때는 깡충깡충 팔딱팔딱 뛰면서 하하하 하며 웃는데, 쳐다보기만 해도 너무 귀여워서 저절로 웃음이 나온다. 또 반대의 모습도 있다. 얼굴에 뾰두라지가 나도 다른 장기와 연결을 짓고, 나는 간이 안 좋아, 나는 십이지장이 안 좋아, 나는 위가 안 좋아 하며 하루에 한 번도 안 좋다는 소리를 하지 않는 적이 없다. 또, 여러 가지 민간요법을 동원하는 김 선생님을 보고, 선생님이 건강해질 수 있도록 안 좋다는 소리 하지 않고 "좋다, 좋다."라고 말하는 긍정적인 선생님으로 변화시키고 싶었다. 웃을 때 너무나 밝고 귀엽고 예쁜 얼굴처럼, 선생님의 우울한 속마음도 밝게 바꾸어줘야겠다고 생각했다. 김 선생님은 불치병이 걸린 나에게는 "웃으면 모든 병이 다 낫는다."며, "나을 수 있다."고 말했다. 그러면서 선생님은 보건소에서 기초대사 검사를 했는데, 앞으로 관리 대상이라고 했다고, 무슨 죽을병 걸린 것 아니냐며 밤에 잠 한숨 못 자고 울었다고 했다. 그 소리를 듣고 선생님을 놀리며 웃었다.

"선생님, 나같이 병들었다고 하면 이떡하실래요?"

"나는 그럼 벌써 죽었지."

"그러게요. 선생님이 불치병에 걸렸다면 기절해서 진작 죽었을 거예요."

하며 웃기도 했다,

사람은 누구나 그런가 보다. 남의 큰일도 냉정하게 보고 판단하고 괜찮게 여기는 여유로움을 가지고 있으면서도, 본인 당사자의 일에 있어서는 조그만 일도 판단하기 어려워지나 보다. 고통스럽게 임종을 맞이하는 사람보다 가시에 찔린 자신의 손가락이 더 아픈 것이 당연한 일인지 모른다. 이렇게 두 가지 면을 가지고 있는 선생님을 내가 챙겨주고 보호해주어야 한다는 생각이 드는 것이 실례일지 모르지만, 선생님이 애기 같고 예쁘고 귀여워서 챙겨주고 보호해주어야 한다는 마음이 자리를 잡았다. 단 운전할 때와 봉사할 때만 빼고.

큰 차를 운전하는데, 운전대를 잡는 순간부터 돌변해서 터프해진다. 운전할 때는 깡패가 된다고 놀리면서 또 한 번 웃게 된다. 또 요양 보호사를 하며 해야 될 일보다 더 많은 일로 어려운 사람들을 도와준다. 어려운 사람을 도와주는 것도 좋고 봉사도 좋지만 조그마한 체구에 힘든 일을 할 때에는 속상하기까지 하다. 요양 병원으로 봉사를 다니는데, 저렇게 작은 몸속에 얼마나 큰 거대한 사람이 들어 있는지. 대장부 같은 따뜻한 마음의 온도계가 '쭈욱' 올라가 있는 선생님이다.

그 후로 직장 출근 문제로 서초 카페에 갈 수가 없었다. 내가 가면 김 선생님도 나가고, 내가 안 나가면 김 선생님도 안 나가고, 항상 어디가 아프다고 하고 웃고 싶은데 웃을 곳이 없다고 했다. 그래서 내가 매일 저녁마다 웃음 친구가 되어주기로 하고 전화를 했다. 하루 일과가 끝나고 밤 시간에만 시간이 나는 두 사람은 내가 전화를 해서 "웃음 친구!" 하면 무조건 웃는다. 웃을 상황이 못 되면 웃을 수 없다고 말하면 된다. 그렇게 밤마다 전화를 해서 "웃음 친구!" 하면 박장대소로 "하하하하하 하하하하하하하." 웃었다.

한 번 웃을 때마다 세 번씩 웃고 전화를 끊으면 된다. 처음에는 한 번씩 웃을 때 15초간 세 번씩 웃었는데, 시간이 지난 후 15초라고 하고는 30초를 웃었다. 못 한다고 하더니 연습하니 30초는 그냥 웃어진다. 또 어느 정도의 날짜가 지난 후 1분 웃자고 하자 절대로 못 한다고 하더니, 30초라고 하며 '더더더' 했더니 1분도 웃게 되었다. 1분씩 세 번을 웃으면 힘들어서 한참 동안 수다를 떨며 쉬다가 또 웃는다.

웃음 치료 웃음은 15초만 웃어도 효과가 있다. 그런데 운동이 꼭 필요한데도 운동을 하지 않으니, 운동 대신으로 웃음 운동을 길게 웃었다. 1분씩 웃다가 15초를 웃으려고 하니 식은 죽 먹기가 되어버린 것이다. 이래서 연습을 하면 몸에 익숙해지고 연습을 하면 실력이 올라간다는 것을 웃음으로도 알 수가 있었다. 요즈음은 가끔 한 번 웃을 때 2분을 웃으라고 시키는데 힘들어 죽겠다고 한다.

"아이고, 힘들어. 아이고, 힘들어." 하며 큰 숨을 몰아쉬면서도 잘 웃는다. 일찍 잠자리에 들었다가도 전화하면 일어나서 팔짝팔짝 뛰며 웃고 다시 잠을 자기도 하고, 길거리에서 전화를 받으면 걸으면서 웃기도 한다. 웃음 친구는 정말 재미있는 친구이다. 갈수록 전화는 길어지고 하루 종일 있었던 얘기를 주고받으며 정도 같이 들어가서, 지금은 전화하면 "헤헤헤." 하고 전화를 받는다.

내가 병원에서 진단받고 온 날도 하루 종일 울었는데, 밤에는 전화를 해서 웃음 친구를 했다. 그 김 선생님께,

"선생님, 저 아프대요."

"어디가요?"

"말하고 싶지 않은데, 입에 담고 싶지도 않은데, 많이 아프다고 하네요."

"치료하면 되지."

"불치병이래요."

"그래도 약 먹고 많이 웃으면 되겠지요."

"지금까지 전 세계적으로 나은 사람이 한 명도 없어요."

"암이에요?"

"암은 수술도 하고 완치도 될 수 있잖아요."

"그럼 파킨슨만 아니면 돼요."

"파킨슨은 왜요?"

속으로 깜짝 놀라면서 물었다.

"주위에 파킨슨인 사람이 있는데, 계속 흔들고 못 보겠더라고요."

"그래요?"

"파킨슨만 아니면 되니까, 웃으면 병 다 고칠 수 있어요." 하는 것이다.(며칠 후 어느 선생님께 "선생님 내가 좀 아프다고 하네요." 했더니 머리에 이상이 생긴 나에게 "머리만 이상 없으면 돼요." 하던 말이 생각난다.)

그 후로 지치고 힘들어서 웃을 힘이 없을 때도, 아파서 누워 있을

때도 전화해서 김 선생님이 웃을 수 있도록 시간만 맞추어서,

"박장대소 준비!"

"앗싸아!"

"박장대소 시작!"

"하하하하하하하 하하하하하하 하하하하하하하하하." 하고 웃는다. 이렇게 영혼 없는 목소리만으로 "하. 하. 하. 하." 아무 감정 없이 책 읽듯 "하. 하. 하. 하." 해주어도 "선생님, 이러는 것이 더 우습다."고 하면서 김 선생님 혼자서 막 웃는다. 이렇게 일 년을 하루같이 웃음 친구를 하며, 지금도 계속 진행 중이다.

김 선생님은 홍삼이 좋다고 홍삼을 직접 달여서 주며, 잘 챙겨 먹고 빨리 나으라고 응원해주기도 했다. 날마다 살이 빠질까 봐 걱정하며 항상 여기저기 몸이 안 좋다고 입버릇처럼 말하는 김 선생님은 가끔씩 우울해서 울기도 한단다. 이런 김 선생님을 웃음 치료사 자격증을 따게 해서 웃음 치료 전문 강사로 즐겁게 살아가라고 권했다. 웃음을 배운 후 내가 가지고 다니는 것과 똑같은 마이크, 스피크, 블루투스를 사서 선물하며 사용 방법까지 알려주고, 내가 강의 가는 곳으로 같이 가서 어떻게 하는지 모든 것을 보여주며 선생님을 완전 무장시켰다.

그리고 다음 다음날 바로 선생님이 아는 경로당으로 웃음 치료 강의를 나갔다. 처음으로 웃음치료사 김정숙 강사로 소개받고 웃음치료 강의를 얼마나 잘했는지 재미있다고 반응이 좋았다고 너무나 좋아하는 김 선생님을 보며 나도 보람을 느꼈다. 나는 처음 시작할 때 한 번도 본 적 없이 내가 프로그램을 짜고 맨땅에 헤딩하며 혼자 터

득하느라 정말 힘들었다. 그런데 그렇게 배운 것들을 김 선생님께 그대로 몽땅 다 주었다. 김 선생님의 행복해하는 모습을 보면서 나도 나의 멘토 이관희 선생님과 나의 롤 모델 유연숙 선생님이 생각났다. 앞으로 웃음치료 강사로 웃음을 통해 김정숙 선생님이 아픈 곳 없이 건강하길 또, 선생님 소원처럼 살도 찌길 바라면서 선생님이 활동한 첫 번째 강의 사진을 모아 영상으로 만들어주며 기념으로 남겼다.

지금은 웃음 친구로 일 년이 지났지만, 지금도 하루도 빠지지 않고 웃음 친구의 목소리를 들으며 사랑이 깊어가고 있다.

선생님을 처음 만날 때 겨우겨우 웃게 해서 찍은 사진이랑 지금 웃음치료를 계속하고 웃음친구를 계속하면서 웃음치료 강사가 된 지금의 사진을 비교해 보면 180° 달라진 자신의 모습은 정말이지 웃는 모습이 해맑은 애기 같이 너무너무 귀엽다 이렇게 귀엽고 예쁠 수가 없다. 이렇게 밝고 예쁘게 웃는 모습처럼 앞으로 건강을 위해서 웃음치료 강의와 웃음치료를 계속해야만 하는 이유이다. 웃음 전의 사진과 웃음 이후의 사진만 보여주어도 웃음치료 강의 끝이다. 나도 이렇게 비교할 수 있는 사진이 있다면 웃음치료 강의를 할 때 요긴하게 사용될 것인데 이관희 선생님이 보여준 두 장의사진이 생각났다.

우리가 무슨 일을 할 때 이것처럼 전과 후의 확실한 사진이 있다면 참 좋을 것 같다는 생각이 들었다. 항상 준비할 수 있다면.

창
시
자
。

한광일 박사님은 '웃음 치료사'를 처음 창시한 창시자이다. 세월호 참사 때 진도 어민들이 제일 먼저 구조 활동을 했고 첫날 구한 승객이 70명이나 된다며, 진도가 고향인 것을 자랑스러워하시는 박사님. 그 박사님은 고등학교를 퇴학당하는 '유명한 무명 건달'이었다. 하지만 아버지의 말 한마디에 새롭게 시작하여 연세대 석사, 서울대 박사를 거쳐 최연소 석좌교수가 되셨다. 또한 남들은 평생에 한 권도 내기 힘든 책을 28권이나 출간하셨다.

10여 년쯤 전에 어느 대학교 전임교수로 재직할 당시 월급이 300만 원이었는데, 그 월급과 명예를 포기하고 뛰어나와 전 재산을 다 투자해서 웃음 치료사를 창시하고, 웃음을 시작했다고 했다. 하루는 서울역 광장에서 웃고, 하루는 남대문에서 웃고, 하루는 남산에서 웃고, 비가 오나 눈이 오나 매일같이 나가서 웃었다고 한다. 처음에는 이상한 눈으로 바라보던 사람들이 하나둘 모여들기 시작했는데 하나같이 모자를 쓰고 있었다고 한다. 처음엔 왜 모자를 쓰고 왔는지 알 수가 없있다. 그런데 어느 날 바람이 불면서 모지가 날아갔고, 그때 머리카락이 하나도 없다는 사실을 알았다. 그 이유인즉 함암 치료 중에 있는 암 환자들이었던 것이다. 그렇게 아픈 사람들이 모여들고 날마다 웃음으로 인해 좋은 호르몬이 나와 건강을 되찾는 기적적인 일들이 일어났다. 그때부터 지금까지 서울역 맞은편에 있는 국제웃음치료협회 강당에서 무료 웃음 치료 재능 기부를 11년째 하고 계신다.

지난 12월에는 무료 웃음 치료 800회라는 어마어마한 기록을 세웠다. 매회마다 모이는 사람들이 70~80명이 되는데, 좌석이 부족해서 옆에, 뒤에 서 있는 사람들도 있고 문밖에 서 있는 사람들도 있다. 지금도 우울증부터 암 환자, 갱년기, 만성두통, 류머티즘, 고질병, 불면증, 불치병 등, 저마다 질병을 가지고 있는 사람들이 모여들곤 한다. 한 시간 동안 배꼽이 빠져 도망갈 정도로 웃고 또 웃으며, 박장대소의 그 열기가 너무 뜨거워 땀으로 샤워를 하고 끝이 난다. 많이 웃어서 도망간 각자의 배꼽을 찾아서 돌아가는 사람들은 하나같이 입을 귀에 걸고 나가면서 한마디씩 한다.

"정말 많이 웃었다." "속이 시원하다." "밤에 잠을 푹 잘 수 있겠다." "스트레스가 확 풀린다." "많이 웃어서 눈물이 난다." "몸이 가벼워졌다." 등등. 모든 사람들은 웃으면서 행복해하는데, 대학 전임교수를 버리고 나와 전 재산을 투자하고 목숨 걸고 웃음을 전파했다는 말을 듣고, 처음에 얼마나 힘들었을지 보지 않아도 미루어 짐작할 수 있었다.

무료 웃음 치료 외에도 웃음을 전파할 제자들을 교육시켰다. 11년이 지난 지금까지 명강사, 스타 강사, 인기 강사 등 회원 수 7만 명이 넘는 대한민국 최대 규모의 강사 단체인 사단법인 국제웃음치료협회와 한국강사은행 79개 지회에서 1300기를 배출, 대한민국 전국 방방곡곡에 웃음 치료사들로 웃음을 보내고 있다. 나도 그 중의 한 명인 1,172기로 박사님의 제자인 것이다.

어느 날부터인가 나는 몸에 이상이 생겼다. 이상이 생긴 이 몸으로 일은 계속해야 하는데, '앞으로 무엇을 할까?' '무얼 하고 살지?' 날마다 고심에 고심을 했다. 그러던 중 웃음 치료사를 알게 되었다. 10년 전쯤 웃음 치료를 배우기는 했지만, 지금까지 잊고 살았기에 다시 웃음을 배워 새로운 직업도 만들고 웃음으로 내 몸도 좋아지면 '일석이조'라는 생각으로 새롭게 시작하게 되었다. 그런데 내가 생각한 웃음 치료사보다 더 많은 효과와 매력에 놀라지 않을 수 없었다. 변화를 싫어하고, 한번 앉으면 그 자리, 도전정신 빵점인 내가 웃음 치료에 빠져서 재교육에 재교육을 받았고, 서울 시내를 다 돌아다니며 강의를 듣고 배우고 참석하고, 필요한 자격증 과정을 배우기 위해 용인까지 가서 배우고 오는 열정까지 보였다. 50세가 넘어서 새로운 것에 도전했는데, 정말 재미있고 신이 났다. 그렇다고 내 열정만큼 잘하는 것은 아니었다. "왜?" '몸 따로 마음 따로'인 것을 그땐 몰랐다. 마음은 신나게 달려가는데 몸은 영 따라오지를 못했다. 박수를 치면 힘 있게 치라는 지적을 계속 받았는데, 나는 정말 힘 있게 팡팡 치고 있는데 옆에서는 계속 힘 있게, 힘 있게, 힘 있게 박수를 치라고들 하는 것이었다.

웃음 치료 강사라는 이름으로 소개를 받고 봉사로 시작한 첫 강의는 '아~ 어떻게 잊을 수 있을까?' 그때 그 기분! 나는 강사가 되어야 하는 사람이었다. 얼마나 기분이 좋은지, 맛으로 평한다면 한마디로 꿀! 꿀! 꿀맛이었다. 진짜 강사가 되고 싶었다.

나중에 병원에서 진단을 받은 후에야 내가 왜 박수 칠 때 힘이 없는지, 왜 마음속 열정은 가득한데 몸은 안 따라오는지, 왜 몸 따로 마음 따로인지 알 수 있었다. 약을 먹기 시작했는데도 나의 동작은 작아지고, 약해지고, 정말이지 자신감 전혀 없는 내가 사람들 앞에서 크게 웃고 말한다는 것 자체가 말이 안 되는 소리. '메뚜기 뜀뛰기 하다가 발뒤꿈치 미끄러지는 소리', '개구리 턱에 수염 나는 소리'인데, 나는 이것이 너무 하고 싶어진 것이다. 진단을 받은 후에는 더 그랬다. 앞으로 내가 할 수 있는 것은 강사뿐이라는 생각이 들었다. 하지만 레크리에이션이나 율동은 힘들 것 같았다.

한광일 박사님을 만나고 싶었다. 그러나 한 시간에 200만 원의 강의료를 받는 월 1억짜리 스타 강사이며, 하루에 300㎞ 이동하며 강연을 하고, 회원 수 7만 명에 날고 기는 제자들이 얼마나 많은데, 나 같은 조무래기는 명함도 못 내미는 소심한 일인이었다.

진단을 받은 후에도 가장으로서 생활비 걱정도 해야 되고, 해피엔딩이 없는 병으로 우울증에 빠져 있을 내가 박사님이 창시한 웃음 치료 덕분에 오늘도 나는 웃고 있다. 날마다 강사로서의 꿈을 꾸며 음악을 들으며 율동을 연습하고, 이번 주에 갈 곳의 어르신들에게 맞는 율동을 만들어내고 연습하고 웃고 하면서 생각했다. 만약에 박사님이 웃음 치료를 만들지 않았다면, 지금 내가 웃음 치료를 몰랐다면 무얼 하고 있을까? 아마도 배드엔딩만이 남아 희망이 없는 나는 우울증이 심각해졌을 것이고, 방에 틀어박혀 '두문불출'했을 것이다. 지금도 말만 하면 눈물이 나는데, 우울증이 심해졌다면 닭똥 같은 눈물을 매일같이 뚝뚝 흘리고 있지 않았을까. 전임교수를 박차고 나와 전 재산을 투자해서 목숨 걸고 만들었다는 웃음 치료사 덕분에 별 볼 일 없는, 정말 아무 존재감 없고 소심한 별 볼 일 없는 50대 아줌마가 꿈을 꾸고 있으니, 박사님께 고마운 것은 당연한 일이었다. 웃음 치료를 창시할 당시 박사님은 아셨을까? 아무것도 내세울 것 없는 50대의 소심한 아줌마가 꿈을 꾸고 따라가리란 것을….

지난 12월에 800회 무료 웃음 치료를 하던 날, 지방에서 많은 강사들이 축하 겸 송년회를 하기 위해서 모였다. 지방에서 올라오는 강사들. 차비까지 들여 올라오는데, 잠자는 것도 마땅치 않아 강사들 부담 간다고, 웃음 치료가 생긴 이후 11년 동안 한 번도 송년회를 하지 않았다고 했다. 그런데 이번에는 박사님이 직접 웃음 콘서트를 열어주며, 2015년 마무리로 마음껏 웃을 수 있는 축제장을 만들어준 것이다. 지방에서 올라온 회원들의 부담을 덜어주기 위해서 회비는 무료이며, 참석한 모든 강사들에게 저녁식사까지 거하게 한턱 쏘셨다.

소통을 강조하는 박사님은 한국강사은행에 '단톡방'을 운영하는데, 단톡방에서만 인사를 하던 강사들을 만나 정보를 주고받으며 선배로서 자기만의 노하우도 가르쳐주고, 강의 때 일어난 에피소드도 들려주며, 앞으로 대처해야 할 방법도 알려주고 훈훈한 시간을 보냈다. 그런데 이 또한 그냥 아줌마로 남아 있었다면 체험할 수 없는 일이었다.

지금까지 홍 실장으로 산모들과 소통하며 살아온 나도 내 자리에서 홍 실장, 하면 유명하고 인기 있고 알아주는, 목에 힘깨나 주고 있어도 되는 사람이었다. 그런데도 웃음 치료를 배움으로써 소통도 배우고, 불치병에 걸린 지금도 우울증에 빠져 있지 않고 웃으면서, 이렇게 오랫동안 알고 지내온 사이처럼 모두가 반갑게 인사하고 소통한다. 정말 홍 실장으로 있을 때와는 차원이 다른, 정말 한국강사은행 단톡방은 한 가족이다.

이번 송년회를 계기로 알게 된 사실이 또 있었다. 많은 강사들이 똑같이 몰랐던 사실인데, 박사님은 국제웃음치료협회를 11년째 운영하면서 한 번도 월급을 가져간 적이 없었다는 것, 그리고 지금도 어렵게 협회 운영하며 무료 웃음 치료를 계속 이어나가는 한결같은 사랑, 나눔, 봉사의 따뜻한 마음, 7만 명의 회원이 있는 협회의 CEO인데도 사무실에 가면 박사님 책상도 의자도 없다는 것이다. 그렇게 권위적인 지위는 내려놓고 재능 기부로 무료 웃음 치료를 800회나 해왔고 지금도 계속 진행 중이다. 이렇게 박사님이 만든 웃음 치료는 내게 많은 변화를 주고 있었는데, 존경심이 저절로 우러나왔다.

언젠가 한광일 박사님이 무료 웃음 치료를 한 후 '한강은 단톡방'에 적어놓은 글이다.

참으로 감사한 날이다. 오늘도 30분 특강에 땀으로 속옷이 흠뻑 젖었다. 단체로 무료 웃음 치료 콘서트를 하다 보면 각양각색의 표정의 사람들을 만난다. 대부분 아픈 사연을 가진 분들인데, 그 중에서 특히 웃고 싶어도 웃지 못하는 분들이 간혹 보인다. 그런 분들이 더 사랑스러워 더 미치고 싶다. 무료 웃음 치료를 계속해야 하는 이유다. 웃음 치료를 하다 보면 중간에 눈물이 난다.

해가 바뀐 1월, 803회 무료 웃음 치료가 끝나고 '무료 강사 개인 코칭'과 '버킷 리스트' 달성을 위한 무료 컨설팅을 하는 시간이 있다고 한국강사은행 단톡방에 공지가 떴다. '아싸! 이런 좋은 소식이.' 신이 났다. 다음날 무료 웃음 치료 시간에 맞추어 서울역 강의장으로 달려 갔다. 당연히 자리가 있을 리 없었다. 강의장은 많은 사람들로 꽉 차 있었고, 강의장 밖에 있는 의자에 앉아 고개만 내밀고 박사님을 따라 웃는 사람도 있었다. 그 자리도 없어서 서서 강의를 듣는 사람들도 있었다. 웃음의 열기가 너무 뜨거워서 입구에 서 있는 나에게까지 그 열기가 전달되어왔다. 무료 웃음 치료를 받으러 온 사람들 중에 내가 아는 강사들도 몇 명 보였다. '아, 이 사람들도 박사님께 강사 개인 코 칭을 받으러 왔구나.' 하고 생각했다.

무료 웃음 치료가 끝나고 사람들이 우르르 몰려나왔다. 추운 겨울 날인데도 얼마나 많이 신나게 웃었으면, 하나같이 얼굴이 빨갛게 달 아올라 입을 귀에 걸고 복권이라도 당첨된 것처럼 환하게 웃으며 각 자의 집으로 돌아갔다. 우르르 몰려나오는 사람들 틈에 서 있을 곳 이 마땅하지 않아서 복도로 피신해 서성이고 있었다. 한참을 서성이 며 사람들이 가길 기다리고 있는데, 복도를 지나가던 박사님과 마주 치게 되었다.

"안에 들어오죠."

"예, 안 그래도 박사님 뵈러 왔습니다."

"들어가 있어요."

강의장으로 들어가니 사무실 선생님들이 늘어져 있던 의자들을 포 개어 한쪽으로 정리하고 있었다. 정리된 의자를 하나 빼서 다소곳이 앉았다. 아무도 없었다. 잠시 후 박사님이 들어와 책상도 없이 마주앉았는데, 갑자기 콩닥콩닥 하던 심장소리가 쿵쾅쿵쾅 하고 들려왔다.

'아! 얼마나 이 순간을 기다렸던가.'

박사님을 만나고 싶은 마음 간절했지만 너무 바쁘신 분이라, 또 나같이 존재감 없는, 자랑하고 내세울 것이라고는 눈 씻고 찾아봐도 없는 소심한, 한마디로 별 볼 일 없는 50대 아줌마가 만나자고 하기에는 너무나 거리가 먼 분이었다. 그런데 이렇게 박사님과 독대를 하고 있는 것이었다. 무슨 말을 해야 할지 긴장 100%에 임박했다. 박사님은 의자에 앉으며,

"홍영순 선생님 맞죠?"

"예, 맞습니다."

한국강사은행 단톡방에서 '눈팅'만 하던 내가 소통을 배우며 늦게 소통을 시작했는데, 그래도 그 많은 잘나가는 강사들이 얼마나 많은데 나의 이름을 정확하게 알고 있었다. 그랬다. 박사님은 세심한 배려와 사랑이 많았다. 드러내지는 않지만, 그 많은 회원들을 한 사람 한 사람 다 알고 기억하고 보이지 않는 곳에서 챙기는 그런 분이었다.

"왜 아무도 없지요?"

"그러게요. 다른 날은 많은데 오늘은 아무도 없네요."

"저 박사님을 너무 만나고 싶었습니다. 그런데 이렇게 뵈니 긴장이 되어 무슨 말을 해야 할지 머릿속이 하얀색으로 변해 생각이 하나도 안 납니다."

"음, 무슨 말이든 말해보세요."

"박사님, 저 평생 처음으로 사람들 앞에 서서 강의를 했는데 너무 좋았습니다."

"저 강사가 되고 싶습니다."

"강의 몇 번이나 해보았어요?"

"10번 정도요."

"많이 했네."

"예, 가을에 박사님께서 인천 남동구에 재능 기부할 강사 구한다고 해서 바로 가서 시작했습니다."

"12월이라 교회도 가고 행사들이 있었어요."

"명함하고 프로필은 만들었나요?"

"명함은 아직이고, 프로필은 임시로 간단하게 만들었습니다."

"프로필 보내주세요."

카톡으로 보낸 프로필을 보며

"프로필 어디서 만들었어요?"

"집에서 임시로 만들었습니다."

프로필 속의 사진과 내 이마를 힐끗 쳐다보며

"지금보다 이 사진이 너무 나이가 많아 보이네요. 머리숱이 지금보다 더 없어요, 예쁜 사진으로 바꾸세요."

"예, 알겠습니다."

"한번 해보세요.

"예?"

"앞에 아무도 없다고 생각하고 한번 해보세요."

"무얼 해야 하나요?"

"아무거나 해보세요."

일단 일어섰다. 아무거나 해보라고 해서 일어서긴 했는데 무얼 해야 할지 하나도 생각이 나질 않았다. 날 턱이 없었다. 그래, 몇 번을 상의하며 '너무 좋았다'고, '잘했다'고, '초보라고 말해도 초보 아닌 것 같다'고들 하는데 지금은 멍….

잠깐이었지만 한없이 길게 느껴지는 시간 속에 박사님과 독대를 하고 있는 이 귀중한 시간이 다시 올 수 없는 기회인데, 놓칠 수는 없었다. 일단 인사를 했다.

"안녕하세요. 웃음과 행복을 전해드리는 국제웃음치료협회 이따만한 복덩어리 홍영순 강사입니다. 반갑습니다."

내가 듣는 내 목소리는 쥐구멍이라도 찾아 기어들어가는 듯한 자신감 없는 목소리였다.

"이건 교회에서 했던 건데요."

"나에게 말하지 말고 그냥 하세요. 안 볼 테니, 아무도 없다고 생각하고 해보세요. 지금 고쳐야 되는 것들을 적고 있습니다."

그랬다. 박사님은 인사하는 것, 자세, 태도, 손동작 등 이미 파악을 다 하셨다.

"저기서 나오는 것부터 다시 해보세요."

저만치 가서 걸어 나와 인사하는 것부터 다시 했다. 좀 전보다 목소리는 커진 것 같았다. 그런데 긴장해서일까. 걸어 나오는데 다리를 절며 끌고 나오는 게 표시가 확 났다. 손동작도 떨림 때문에 동작이 작아졌다. 잠깐의 동작을 하다 멈추고 말했다.

"사실은 제가 몸이 조금 안 좋습니다."

"암 같은 건가요?"

무료 웃음 치료에 암 환자들이 많이 오기 때문에 나온 질문이었다.

"아니요."

"걸어 나올 때 다리도 절고 동작을 할 때 표시가 나서 동작이 자꾸 작아집니다."

"혹시 마비가 왔나요?"

"마비는 아닌데 도파민이 부족해서 마비처럼 그래요."

"이쪽이네." 하며 오른쪽을 가리켰다."

"예."

"언제부터 그래요?"

"가을에 알았습니다. 도파민이 부족한데 웃으면 도파민이 나오잖아요. 그래서 다행이더라고요."

"그럼요. '웃음으로 통해서 병 고친 사례들 많이 있는 것 보았죠?"

"예. 그런데 박사님, 저처럼 소심하고 목소리도 작고 약한데도 강사가 될 수 있을까요?"

"그럼요, 될 수 있습니다. 앞으로 감동을 주는 강의를 하세요. 강의가 끝나기 전 진지하게 '사실은 내가 몸이 이렇게 안 좋다' 하고 불편한 것 표시나는데 감추려고 애쓰지 말고 솔직하게 말하고, 그러나 웃음 치료를 통해서 좋아지고 있다고 하고, 감동을 주는 강의를 하면 박수도 더 받을 수 있고 훨씬 좋습니다."

"그런데 아프다는 사실을 아무에게도 말하지 않았습니다. 젊은 사람이 아프다는데 창피해서 말 못 하겠더라고요."

"혹시 유연숙 강사를 아세요?"

"예, 강의 한 번 들은 적이 있습니다."

"그 강사는 더 젊었어요. 한쪽으로 마비가 왔었는데, 지금은 책도 내고 잘하고 있잖아요. 그 강사를 한번 만나보세요. 내가 만나보라고 했다고 하고 꼭 만나보세요. 많은 도움이 될 겁니다."

하고는 박사님의 기를 불어넣기라도 하듯 기도하는 것처럼 나의 불편한 오른쪽 팔을 몇 번 만져주었다.

"고맙습니다. 박사님은 제게 은인이십니다."

"왜요?"

적절하지 않은 언어 선택이 이상하다는 듯이 "왜요?" 했다. 은인이란 '자신에게 은혜를 베푼 사람'을 가리키는 말이다.

"박사님께서 웃음 치료를 창시하지 않았다면 제가 지금 무얼 하고 있겠습니까? 해피엔딩은 없고 배드엔딩만 남은 내가 지금쯤 방구석에 들어박혀 우울증으로 매일 눈물 마를 날이 없었을 것이고, 소통 또한 몰랐을 것입니다. 지금처럼 50이 넘은 나이에 새로운 것에 도전하는 일도, '꿈은 이루어진다'며 꿈이란 것을 생각이나 했겠습니까? 그것도 병든 몸으로 내세울 것 없는 아줌마가 희망을 가지고 꿈을 꾸고 있습니다. 앞으로 정상적인 생활을 몇 년을 할 수 있을지 모르는 상태에서 희망과 꿈으로 제2의 인생을 준비하고 있는데, 이것이야말로 은인이 아닐까요?"

긴장 속에서 번개처럼 시간이 지나갔다. 프로필 작성하는 것부터 시작해서 목소리 톤, 자세, 손 제스처, 행동 등 한 시간에 200만 원의 강연료를 받는 인기 강사, 스타 강사 한광일 박사님은 금쪽같은 시간을 투자해서 '무료 강사 개인 코칭'을 해주었다. "아싸!" 그리고 "꼭 유연숙 회장님과 소통하세요." 하는 문자까지 보내주었다.

롤
모
델
。

한광일 박사님께 '무료 강사 개인 코칭'을 받고 나오면서 지하도에 서서 바로 유연숙 선생님께 문자를 보냈다. "유연숙 선생님, 안녕하세요? 한광일 박사님께서 유연숙 선생님을 만나보라고 소개해주셔서 연락드립니다. 010-0000-0000 홍영순입니다." 하고 문자를 보낸 후 혹시나 연락이 오면 오늘 바로 만나고 싶어서, 그곳으로 달려가기 위해 지하철도 타지 않고 지하도 안을 서성이며 기다리고 있었다. 남들이 보아도 '아, 저 사람 누굴 기다리고 있구나.' 하고 다 알 정도로 넉넉한 시간에 여유로운 듯 천천히 왔다 갔다 했다. 그러나 속마음은 '왜 연락이 안 오지?' '왜 카톡을 확인 안 하지?' 하며 핸드폰만 뚫어져라 째려보다가 결국 집으로 향했다. 얼마나 빨리 만나고 싶었으면 약속도 안 한 데다 선생님 집이 어디인지도 모르는데, 꼭 연락하면 바로 만날 수 있을 것 같은 착각 때문에 혼자서 쇼를 했던 것이다.

웃음 치료를 배운 후 여러 곳으로 강의를 듣고 다니던 작년 5월에

'양재 시민의 숲' 심리 상담소에서 처음으로 유연숙 선생님의 강의를 들었다. 웃음 치료 강의를 들으려고 갔는데, 웃음 치료의 기본인 박장대소 한 번 하지 않고, 박수 치는 일도 없이 조용히 스크린에 화면을 비추고 『나는 내가 고맙다』라는 책의 저자 유연숙이라며 소개하고 강의를 시작했다. 웃음 치료와 또 다른 느낌의 강의였다. 완전히 달랐다. 웃음 치료는 웃음과 박수, 레크리에이션과 율동, 이런 것들로 열기가 뜨거운 반면, 유연숙 선생님의 강의는 조용하면서도 '그래그래, 맞아, 맞아.' 하며 고개를 끄덕끄덕하게 끌어들이는 강의였다. 강의 내용은 아래와 같았다.

얼굴에도 인상이 있다.
웃음과 건강은 조절이다.
세상에서 가장 쉬운 일은 늙는 것.
세상에서 가장 어려운 일은 아름답게 늙는 것.
간절하면 안 되는 일이 없다.

하나같이 와 닿는 강의였다. 간절하면 안 되는 일이 없다는 말을 할 때는 선생님 자신의 이야기를 했다. 몇 년 전 입이 돌아가는 구안괘사에 걸렸으며 아직도 마비가 다 풀어지지 않았다고 했다. 그때 한광일 박사님을 찾아가 강사가 되고 싶다고 했고, 혀가 덜 풀려 불편한데도 『나는 내가 고맙다』라는 책을 출간하고 이렇게 강사가 되어 강의를 하고 다닌다고 했다. 그냥 보기로는 구안괘사가 걸렸다는 것을 알 수가 없었다. 약간 입과 깜빡이는 눈이 이상했지만, 그렇게 버릇 든 사람도 많기 때문에 전혀 눈치 챌 수가 없었다. 강의가 끝나고 처음으로 듣는 강의가 너무 좋아서 기념으로 사진을 같이 찍어달라고 하여 사진을 찍었다.

그렇게 한번 본 후 그 선생님이 늘 기억에 남아 있었다.

작년 10월 말일에 양재 aT센터에서 한광일 박사님을 비롯해 한국강사은행 교수님들의 출판 사인회가 있었다. 먼저 가 있던 나는 유연숙 선생님이 오는 것을 보고 반가운 마음에 달려갔다.

"안녕하세요? 5월에 양재 시민의 숲에서 강의 한 번 들은 적이 있습니다."

하고 인사를 했다.

"아, 예."

하며 낯선 사람의 인사가 별로인 듯 같이 오던 일행들과 같이 그냥 지나갔다. 그도 그럴 것이, 강의를 다니며 한 번 보고 한 번 같이 사진을 찍었다고 그 많은 사람들을 기억할 수는 없는 일이었다. 그래도 한 번 강의를 듣고 그 선생님 강의 내용을 기억하고 있었는데, 얼굴이라도 한 번 더 보고 나니 반갑고 참 좋았다.

1층에 짐이 왔다고 내려오라고 해서 여러 선생님들과 내려갔다. 각자 몇 개씩 짐을 들고 같은 엘리베이터를 타고 올라왔다. 유연숙 선생님은 나라는 존재를 몰랐지만, 한 공간에서 같이 짐을 들고 있다는 것 자체만으로도 나는 너무 좋았다. 짝사랑을 하듯 혼자서 그렇게 유연숙 선생님에 대한 좋은 기억을 간직하고 있었다. 조용하고 우아하게 강의하는 것과 책을 쓴 작가라는, 나와는 너무 거리가 먼 선생님이었기에 짝사랑으로 마음에만 두었던 것이다.

그런 선생님께 만나자고 연락한 것이다. 나를 전혀 모르는데, 한광일 박사님의 소개로 만나자고 연락을 하고 나니, 만나고 싶은 마음에 약속도 하지 않은 선생님을 빨리 만날 것이라고 지하도에서 서성이며 연락 오기만을 기다리고 있었던 것이다. 선생님이 문자를 보고 "누구지. 무슨 일이지?" 하고 궁금해 할까 봐 작년에 강의 듣고 기념으로 같이 찍은 사진을 보내고, "시간 되실 때 한번 만날 수 있는 기회를 부탁드립니다. 편안한 오후 되십시오." 하고 문자를 보낸 후 지하철을 탔다.

버스로 환승하려고 지하철에서 내렸는데 전화가 왔다. 기다리던 전화가 드디어 온 것이다.

"여보세요?"

"예, 안녕하세요, 선생님."

"무슨 일이시죠?"

"예, 한광일 박사님께 개인 강사 코칭을 받았는데요. 유연숙 선생님을 만나보라고 소개해주셔서 연락드렸습니다."

"왜 나를 만나라고 했을까요?"

"선생님을 만나면 많은 도움이 될 거라고, 선생님이 많이 가르쳐줄 거라고 꼭 연락하라고 했습니다."

"언제 보죠?"

"선생님 댁은 어디세요?"

"인천입니다."

"아, 다음 주 화요일에 서울에서 강의가 있는데 그날 만날까요?"

"예, 좋습니다. 강의하시는 곳이 어디신지요?"

"내가 주소 보낼게요."

"예, 고맙습니다. 다음 주 화요일에 뵙겠습니다."

하고 통화는 끝났다. 마음이 붕 뜨고 날아가는 기분이 지금 이런 것 아닐까. 너무너무 기분이 좋았다. 집으로 오자마자 달력에 커다랗게 동그라미를 그리고 약속 날짜를 적어놓았다.

'아기다리 고기다리던'(아! 기다리고 기다리던) 드디어 화요일. 서대문 충정로에서 만나기로 했다. 강의도 늦게 끝나고, 끝난 후 티타임도 가진다고 강의 전에 만나기로 했다. 신이 나서 달려갔다. 도착 장소 길거리에서 선생님의 뒷모습만 보고도 선생님인지 알았다. 역시나 선생님을 짝사랑을 하고 있었던 것 같다.

커피향이 진한 따뜻한 카페에서 캐러멜 마끼아또를 하나씩 들고 마주앉았다. 서먹하고 어색했다. 나야 선생님을 기다리고 있었으니 마음이 붕 뜬 상태라 좋았지만, 선생님은 나를 만나기 위해 두 시간을 먼저 와서 나와의 약속을 지키고 있을 뿐인 것 같았다. 한광일 박사님을 만났는데, 내가 몸이 불편하다고, 이런데도 강사가 되고 싶다고 했더니, 선생님을 만나서 꼭 소통하라고 했다고 지금까지의 일을 설명했다. 유연숙 선생님도 몇 년 전에 구안괘사가 왔는데 혀에 마비가 덜 풀린 상태에서 강사가 되고 싶어 박사님을 찾아갔고 "한번 해보세요." 하며 테스트를 받았다고 했다. 그래서 뜬금없이 "한 번 해보세요." 하는 것이 박사님 스타일이구나 싶어서 웃음이 났다. 이렇게 선생님과의 서먹하고 어색한 만남은 과거에 고생한 얘기부터 이것을 이겨낸 이야기를 하며 마음을 열고 소통함으로써 자연스러워졌다.

선생님은 그렇게 웃음 치료를 시작하고 배우자마자 일 년 동안 144

번의 웃음 치료 강의를 다녔고, 딱 1년으로 웃음 치료 강의를 끝냈다고 한다. 지금은 관공시, 공무원, 학교 선생님, 연수원 등으로 성희롱 예방 강의를 다닌다고 했다. 웃음 치료를 같이 배우던 동기 중에 출판사를 처음 차린 사람과 인연이 되었고, 그 출판사의 1호 책의 작가가 되었다고 했다. 그래서 지금은 『나는 내가 고맙다』라는 책의 작가로서 강의를 하고 다니는데, 몇 달 전 내가 들었던 강의가 바로 그것이었던 것이다.

멋있었다. 대단했다. 그냥 주부였는데 구안괘사가 왔는데도 삐뚤어진 입으로 강의를 했고, 작가가 되었고, 작가로서 멋있는 강의도 하고…. 우~와~, 정말 대단했다. '우~와~!' '우~와~!' 하는 감탄사가 절로 나왔다.

'고등학교 졸업자가 프로 강사가 되었다.' 정말 성공한 것이었다. 가녀린 외모에 불편한 몸으로 '간절하면 안 되는 일이 없다'는 선생님의 강의 제목처럼, 간절함으로 최선을 다해 노력했을 것이고, 그래서 고등학교 졸업자가 프로 강사가 되는 새로운 기록을 세운 것이었다.

나도 그렇게 하고 싶었다. 지난번에 선홍이가 휴가 나왔을 때 엄마가 아픈 사실을 모르고 있을 때 책을 보여주며

"엄마, 나는 엄마랑 꼭 같이 여행 가보고 싶은 곳이 두 군데 있어요. 이탈리아 하고 스페인인데 정말 좋아요. 엄마에게 꼭 보여주고 싶은데, 엄마랑 제홍이랑 꼭 같이 가고 싶어요." 하며 이탈리아에서 보아야 될 것과 왜 그것을 보아야 되는지를 설명할 때, 선홍이의 엄마를 위하는 예쁜 말들과 그 마음이 너무 좋았다. 그래서,

"선홍아, 우리 선홍이랑 지금 하는 말들을 책으로 남기고 싶다."고

말한 적이 있다.

"선생님, 저도 작가가 되고 싶을 때가 있었습니다. 너무나 다양한 이야기가 있는 산모들에 대해서 쓰고 싶었고, 또 두 아들 키운 얘기도 쓰고 싶었어요. 이렇게 두 권의 책을 쓰고 싶었습니다. 책을 어떻게 쓰고 어떻게 만드는지 몰라서, 10년 전에도 산모들의 이야기를 쓰고 싶어 준비하다가 그만두었습니다."

"그럼 지금 쓰면 되지요."

"에이, 제가 책을 어떻게 씁니까?"

"그냥 있는 대로 생활을 적으면 됩니다."

"저는 책을 많이 읽은 것도 아니고 문장력도 없고 책은 무슨…"

"나도 지금까지 10권 읽은 게 다예요."

"에이, 설마."

"정말 책 많이 안 읽었어요. 웃음 치료를 같이 배운 동기 중에 출판사를 오픈하고 책 출간을 하기 전에 만났는데, 그 정도의 얘기면 책으로 충분한 소재 거리라고, 1호로 책 쓰라고 해서 시작했어요."

"그래도 책 쓸 실력이 되니까 쓰라고 했겠지요."

"아니에요. 그냥 진솔하게 쓰면 된다고 하더라고요. 그래서 시작했는데 2호, 3호 책이 나오게 생겼는데, 1호가 빨리 빠져나가야 2호, 3호가 나올 수 있다고 재촉해서 떠밀려 쓰게 되었어요."

"똥차 빠지듯 밀려서 책을 쓴 거네요."

"예, 맞습니다." 하며 킥킥대고 웃으며 수다 아닌 수다를 떨었다.

"저도 정말 책 쓰고 싶었는데, 정말 그렇게 쓰면 될까요?"

"그럼요. 사람들은 모두 다 하고 싶다고 말은 하는데 실천을 안 합니다. 그래서 일년 전에 만난 사람 무엇을 하고 싶다고 말하는데, 지금 만나도 그대로입니다. 일년 후에 만나도 발전 없이 여전히 무엇을 하고 싶다고 말만 하고 그대로 있는 겁니다. 일단 무엇이든 해봐야지요. 실천을 해야지요. 일단 점이라도 찍으세요. 그게 바로 시작이에요."

"점부터 찍으라고요?"

"그럼요. 종이에다 일단 점부터 찍고 그 다음에 쓰면 되잖아요."

"종이에 점부터 찍는다는 게, 힘들겠는데요."

"그러니까 사람들은 하고 싶다, 하고 싶다, 말만 하고 몇 년이 지나도 계속 하고 싶다 말만 하고 있는 거예요. 일단 점찍고 나면 진도가 나갑니다."

"시작이 반이라고 점찍는 게 반이네요."

하며 이런저런 이야기로 이야기꽃과 웃음꽃을 피우는 사이에, 처음 만날 때의 서먹하고 어색함은 간곳없이 180도 달라진 분위기로 선생님이 강의하는 곳으로 같이 갔다.

매주 한 번씩 이름 있는 강사들이 와서 강의를 하고 일일 회비만 내면 누구나 참석할 수 있는 곳이었다. 이 날은 유연숙 선생님의 인문학 강의가 있는 날이었다. 선생님의 강의를 한번 들은 적이 있는 나는 당연히 같이 갔다. 꽤 많은 사람들이 모였다. '인문학 강의를 하는데 이렇게 관심 있는 사람들이 많구나.' 하는 생각을 하고 강의를 들었다.

카페에서 나에게 한 얘기들을 강의장에서 그대로 했다. 선생님의 생활 자체가 강의 내용이었다. 어떻게 힘들게 되었고, 어떻게 힘든 과정을 이겨냈는지, 어떻게 하면 지금처럼 성공하는지, 고등학교 졸업자가 프로 강사가 되기까지의 이야기를 강의했다.

나는 선생님의 한 동작 한 동작을 두 눈 카메라로 찍었다. 눈도 깜빡이지 않고 선생님의 모든 동작들을 담았다. 강의가 끝난 후 많은 사람들이 인사를 했다.

"오늘 강의 너무 좋았습니다."

"정말 좋았습니다."

모두들 이구동성으로 좋았다는 표현으로 강의를 평가했다. 한마디로 멋있었다. 나도 나중에 저 자리에 서서 강의를 하고 싶다는 생각이 들었다. 아니, 저 자리에 서서 강의를 하고 싶었다. 『나는 내가 고맙다』는 책을 구입하고 선생님께 사인을 받아서 돌아왔다.

선생님을 만난 후로 머릿속으로 몇 권의 책을 썼다. 머릿속으로 책을 쓰고 정리하느라 밤에 잠도 못 자고 꼬박 지새우는 날도 있었다. 1월 12일에 선생님을 만났는데 4일 후 점을 찍었다. 컴퓨터 앞에 앉아 있는 걸 무지 싫어하는 내가 컴퓨터 앞에 앉아서 점을 찍고 글 쓸 준비를 했다. 종이에 대제목과 소제목으로 분류하고 글을 쓰기 시작했는데, 머릿속으로 정리까지 끝난 책인데 막상 쓸려니 생각처럼 되질 않았다. '이래서 책 쓰는 게 어려운 거구나.' 하는 생각이 들었지만, 일단 쓰기로 시작했으니 끝까지 가기로 했다. 시작이 반이라고 시작을 했으니 이미 반은 한 것이고 이제 반만 하면 되는 것이다.

처음 선생님을 만나고 9일 후인 21일에 인천 요양원에서 웃음 치료 강의가 있는 날. 강의가 끝나고 오후에 선생님과 만나서 식사도 하고 차도 마시며 좋은 시간을 보냈다. 두 시간 정도의 시간만 있었는데, 갑자기 약속이 취소되는 바람에 많은 이야기를 나눌 수 있는 좋은 기회가 되었다. 선생님은 두 번째 책을 준비하고 있었다. 아, 멋지다.

"선생님, 저도 점 찍었습니다."

"잘했어요."

"선생님이 점 찍고 시작하라고 하니까, 그냥 아무 생각 없이 정말 점 찍고 글쓰기 시작했습니다."

"맞아요. 그렇게 하면 되는 거예요."

"정말 잘 쓰지는 못하겠지만, 초딩 수준보다 못하겠지만, 선생님 따라쟁이가 되어 그냥 따라 하는 겁니다."

"내가 롤 모델이 되었네요."

"롤 모델이라는 단어는 생각을 안 해보았는데, 정말 롤 모델이 되었네요. 그냥 선생님 따라 하는 따라쟁이였는데, 롤 모델, 좋습니다."

"모두가 생각만 하고 이렇게 점 찍는 사람이 없는데, 잘하실 겁니다."

"벌써 프로필 사진 찍는 것도 알아보았습니다. 선생님처럼 예쁘게 똑같은 자세를 흉내도 내보고요. 그런데 밝은 옷을 가져 오래요. 빨간색이나 파란색 같은 밝은 옷을 가져 오라는데, 저는 그런 옷이 없어서 사진 찍기도 힘들겠어요."

"내 옷이 맞으려나. 내가 빌려줄게요 나도 다섯 벌 가져가서 이것저것 입고 찍었어요."

하며 사소한 것 하나부터 어떻게 책을 내는지, 선생님이 두 번째 책을 낼 때 출판사 여기저기 다니며 어떻게 했는지, 나도 그대로 따라하겠다고, 길 잘 닦아놓으라고 말하며 유익한 시간을 보냈다. 선생님은 1년 동안 144번의 웃음 치료 강의를 했던 자료를 원본 그대로 파일에 담아 나에게 선물로 주었다. 감동이었다. 지금은 웃음 치료를 하지 않아도 소중한 자료일 텐데, '무엇을 줄까' 고민하다가 이 자료를 들고 온 것이었다. 유연숙 선생님은 롤 모델로서의 진정한 마음으로 본을 보이고 있었다.

11일 후에 전화가 왔다. 장장 3시간을 통화했다. 그런데 보통 주부들처럼 살림살이 어쩌고 누구는 어쩌고 하는 수다를 떤 것이 아니라, 책 쓰는 것에 대해서, 강사가 되는 것에 대해서, 작가에 대해서… 등등에 관한 주제로 대화를 이어갔다. 책 100권 읽는 것보다 1권 정독하는 것이 훨씬 효과적이라는 얘기도 나누었다. 아직 안 되는 것은 있지만 안 되는 것은 아니라고, 손가락 없는 사람도 피아노를 치듯이 가능하다고 생각하는 사람은 가능하다는 이야기를 하며, 서로의 책 쓰는 일에 대해서 얘기를 했다.

이런 이야기를 하는 나는 진짜 작가가 된 듯한 착각으로 최면이 걸리고 있었다. 작가가 된 것이 착각이라 할지라도, 기분만은 그와 상관 없이 정말 행복하고 좋았다.

설날이 지나고 나면 서울시에서 주체하는 활동 신체 리더 교육을 받을 것이고, 인천에서 처음 강의를 할 수 있도록 자리를 마련해주었던 사회 복지사가 앞으로 33명이 들어올 것이지만, 지금은 막 오픈해서 세 사람밖에 없는 요양원에 웃음 치료 강의를 해달라는 부탁에 보답 차원에서 봉사하기로 한 것. 다음 달부터 어느 지역 96개의 노인정을 두 사람이 나누어서 경찰들과 같이 웃음 치료를 하기로 하여,

두 달 반에서 석 달 사이에 노인정 48군데를 돌며 재능 기부하기로 할 이야기 등등, 10일 정도의 사이에 있었던 일들을 나누었다.

"선생님도 1년에 144번이나 무조건 했다고 해서, 선생님 따라쟁이인 저도 무조건 닥치는 대로 하기로 했습니다. 그냥 이것저것 안 따지고 선생님 따라 하는 것입니다."

"나보다 다섯 살이나 많은데 아기 같고 너무 순수해요."

나는 그냥 웃었다.

"이런 사람. 처음 봐요. 이런 사람 없거든."

웃음 치료 교육을 받을 때 칭찬하기 수업시간에 다른 교육생들이 똑같이 하는 말들이 순수하다, 착하다, 밝다, 인상이 너무 좋다, 환한 인상이 너무 좋아 보인다 등이었다. 이 말들은 꼬리표처럼 늘 따라다닌다. 롤 모델인 선생님도 똑같은 말을 한다.

"나보다 다섯 살이나 많은데 아기 같고 너무 순수해요. 그런데 무언가 짓눌려 있는 것 같아요."

"그래요? 맞아요. 정확하게 보셨습니다."

그랬다. 내 안에 나도 모르는 열정적인 무언가 있는 것 같은데, 지금은 나 자신도 나를 알 수가 없다. 꿈이라고 생각만 했는데, 새로운 것에 도전하고 꿈을 이루기 위해서 노력하고 희망을 가지고 달려가고 있다. 전혀 생각지도 못한 롤 모델을 보며 따라쟁이가 되어 무조건 질주하고 있는 것이다.

건강할 때도 하지 못했는데, 지금은 병든 몸으로 내가 언제까지 멀쩡하게 걸어 다닐지, 언제까지 정상인처럼 행동할 수 있을지 모르는 상태인데 나의 롤 모델은 "못 걸으며 휠체어 타고 입만 있으면 강의를 할 수 있다."라고 힘을 주며 용기를 주고 있는 것이다.

"언제 우리 집에 한번 왔으면 좋겠어요." 하며 이런저런 대화들이 오고 갔다. 만약에 선생님 배에 지퍼가 달렸다면, 배 안의 간도 쓸개도 다 꺼내줄 수 있는 그런 사람. 내가 아무리 선생님의 따라쟁이라지만 이것만은 따라 할 수 없는 그런 사람이었다.

버
킷
리
스
트
。

12월에 송년회가 끝난 후 한국강사은행 단톡방에 한광일 박사님이
'2016 한. 강. 은 버킷리스트 출발 함께할 동지'를 올렸다. '죽기 전에
꼭 해야 할 일이나 2016년 꼭 해야 할 일 5가지. 오늘이 당신의 남은
생애 중 첫날이며 도전의 날이다'를 시작으로 '예) 한광일-저서 2권,
체중 감량, 매일 강연, 매주 봉사, 매주 산행'이라고 예시를 보여, 공개
하면 성공 확률이 높아지나 비공개도 가능하지만, 단 명단은 공개해
야 한다는 것이었다.

평생 처음으로 버킷 리스트를 작성해 보았다.

'내가 하고 싶은 것이 무엇이지?'

병들어 노후도 없어지고 해피엔딩이 없는 내가 하고 싶은 것이 뭘
까 생각한 후 명단을 공개했다. 얼마나 많은 명단들이 줄줄이 기록되
던지. 나는 태어나 처음으로 버킷 리스트를 작성했는데 다른 사람들
은 어땠을까?

1. 매일 운동

2. 매일 강의

3. 매주 봉사

4. 매달 소소한 시골길 여행

5. 책 쓰기

이렇게 다섯 가지를 정했다.

★ 병원에서 가르쳐준 운동을 하루에 세 번, 걷는 것 두 번을 매일 하라고 했으니 1. 운동

★ 강사가 되어 매일 강의를 하고 싶으니까 2. 강의

★ 지금처럼 요양원에 재능 기부하고 기쁨을 받아오는 3. 봉사

★ 지금까지 여행 한 번 못 해보았으니 조용한 시골길 걸으며 여유로운 시간 갖고 싶으니 4. 여행

★ 어림도 없지만 마음속에 숨어 있던 내가 하고 싶었던 것 나의 책 쓰기 5. 책 쓰기

이렇게 난생 처음으로 나의 버킷 리스트라는 것을 작성했다.

1월 29일 생전 처음으로 혼자서 기차 여행을 갔다. 목적지는 강원도 원주. 원래는 혼자가 아니었는데, 갑자기 바쁜 일이 생겼다고 약속을 펑크 낸 김 선생님 덕분에 얼떨결에 혼자서 여행을 가게 된 것이다.

청량리역에서 기차표를 끊고 확인에 또 확인을 하고 기차를 탔다. 신홍이가 생각났다. 선홍이는 항상 새로운 곳에도 가보고, 새로운 것도 도전해보라고 한다. 운전할 때 내비게이션만 보고 가면 '내비게이션 치매'가 된다고, 머리를 써야 한다고 했다. 새로운 생각을 하고 두뇌 회전을 해야 치매가 안 걸린다고 잔소리 아닌 잔소리를 하는데, 오늘처럼 이렇게 기차표를 끊고 혼자 새로운 곳을 찾아가니 "엄마 잘했어요." 하고 좋아할 선홍이가 생각났다.

항상 생각만 할 때는 기차여행을 하면 창가에 앉아 기차 뒤로 지나가는 풍경을 바라보며 "아~ 저런 곳도 있구나." 하고 감탄사도 나오고 눈이 구슬처럼 굴러다니며 구경할 줄 알았다. 그런데 기차를 타자마자 도착 시간 10분 전으로 알람을 맞추어놓고 잠을 자기 시작했다. 시끄러운 소리에 눈을 떴다 감기를 여러 번. 1시간 16분 만에 원주에 도착했다.

원주에 도착한다는 방송을 듣고 문 앞으로 나와 섰다. 오른쪽으로 내려야 할지 왼쪽으로 내려야 할지, 내가 문을 열고 내려야 하나? 아산병원에서 약 지으러 갈 때 봉고차 문을 못 열어 누가 열어주어야 했는데, 미라 언니 차를 탈 때도 봉고차 문을 못 열어 몇 번씩 힘을 주어야 하는데, 이 기차도 문을 못 열면 어떡하지? 그냥 지나가는 것 아냐? 하며 머릿속으로 여러 생각들이 지나갔다. 팔에 힘이 빠지고 있으니 문 여는 것도 걱정이 되는 게 전과는 달라진 점 중에 하나이다. 기차가 자동문으로 열린다는 것을 이날 처음 보고 알았으니, 얼마나 바보란 말인가.

원주에 혼자 여행을 간 것은 사실이지만, 목적지가 없었다면 이 여행도 못 했을 것이다. 지도에서 미리 찾아보고 간 길이라 신호등을 두 번 건너서 쭉 내려가면 된다는 박혜숙 선생님의 말처럼 자연스럽게 몇 번씩 와본 길인 것처럼 잘 찾아갔다.

이날 원주에서는 국제웃음치료협회 강원지회장님, 쌍다리 박 선생님의 무료 웃음 치료, 노래 치료 100회가 있었다. 지난달 송년회 때 처음 만나 같은 테이블에서 박사님이 한턱 쏘는 저녁을 같이 먹으며 알게 되어, 오늘 100회 특집을 축하하기 위해서 참석을 한 것이었다. 또 버킷 리스트를 실천할 기회를 원주까지의 기차여행으로 잡고 가게 되었는데, 반평생이라고 하는 50이 넘어서 처음 시작하고 경험하는 일들이 많이 생겼다. 평생 처음, 난생 처음. 이런 말들은 내가 무언가 도전을 하기에 사용할 수 있는 말들이 아니겠는가.

원주 보건소 지하상가에 사람들이 많이 모여 있었다. 문이 있는 곳이 아니라, 그냥 사람들이 지나다니고 있는 지하상가였다. 반갑게 맞아주는 쌍다리 박 선생님과 박혜숙 선생님은 한번의 만남이었지만 한국강사은행 단톡방에서 소통을 하다보니 오래전부터 알고 있었던 것처럼 자연스러우면서도 반갑게 인사를 했다. 앞자리는 어르신들이 앉아있기에 뒤쪽으로 가는 나를 쌍다리박 선생님은 제일 앞자리 할머니 옆에 자리를 찜해주었다. 지하상가라서 그런지 얼마나 춥던지. 플라스틱 의자 위에 사각형으로 자른 은박지 돗자리를 깔고, 옆에서 개인용 담요를 하나씩 집어다가 엉덩이에 깔고 앉았다. 일일 짝꿍으로 옆자리에 앉은 할머니는 담요를 집어다가 내 자리에도 깔아주며 "왜 이렇게 손이 차가워?" 하며 두 손도 잡아주었다.

할머니는 내 손을 할머니 소매 속으로 쑥 집어넣으라며 내 손을 강제로 끌어다 집어넣었다. 할머니도 추우신데 괜찮다고 해도 막무가내로 내 손을 끌어딩기셨다. 덕분에 손이 빨리 따뜻해졌다. 할머니는 중간중간 몇 번이나 내 손을 따뜻하게 잡아주었다. 처음 만난 사람인데 이렇게 따뜻하게 대해주는 할머니는 나의 첫 여행에서 만난 잊지 못할 한 사람으로 기억될 것이다. 나도 누군가에게 스스럼없이 도움의 손길을 내밀어야 한다는 것을 가르쳐주는 것 같았다. 할머니께 한 수 배운 것이다.

끝나고 내 가방 속에 들어 있던 진해의 명물 '진해 콩'을 선물했다. 진해 콩은 콩을 갈아서 다시 반죽하여 불에 구운 것인데, 튀긴 과자가 아니라서 기름 한 방울 들어가지 않은 담백하고 고소한 영양 간식이다.

정말 추웠다. 앞에 커다란 난로가 있는데도, 손뼉을 치고 있는데도 손이 시리고 발도 시렸다. 이런 열악한 현장에서 쌍다리 박 선생님과 박혜숙 선생님은 무료 웃음 치료 노래 치료를 100회나 한 것이었다. 한광일 박사님이 보낸 커다란 화환도 있었고 부시장도 다녀갔다. 그 외 이름 있는 사람들도 축하 차 다녀간 것 같았다.

이 지하상가는 처음에 식당가로 활성화되었다가 모두 나가고, 다음으로 핸드폰 가게로 꽉 차 있다가 또 다 나가고, 그 후에는 빈 공간에 불량 청소년들이 모여드는 곳이 되었다고 한다. 문화도시로 만들겠다던 원주시장이 그곳 지하상가 한쪽에 나지막이 무대를 만들었는데, 아무도 그곳을 사용하는 사람이 없었다고 한다. 그때 이 장소를 본 쌍다리 박 선생님이 시청에 찾아가서 이 공간을 계속 사용하겠다고 허락을 맡아, 2년 동안 계속 사용해서 100회의 축제를 하게 되었던 것이다. 처음에는 라디오 하나 들고 시작했다는데 지금은 장비가 얼마나 많은지. 커다란 앰프, 드럼, 장구, 북, 이런 악기 외에 이름도 모르는 장비들이 많이도 있었다. 모두가 쌍다리 박 선생님 자비로 준비했고, 봉사를 하다 보니 마음에 맞는 사람들도 만나 도움 주는 사람도 생겼다고 했다.

100회의 축제 때 많은 사람들이 출연했다. 박혜숙 선생님의 카리스마 넘치는 웃음 율동에 이어 화려한 부채춤, 창을 부르는 명인, 드럼 연주, 기타 연주, 지역 가수들까지 두 시간 동안 알뜰하게 공연이 채워졌다. 추위 속에 끌어안고 시작한 난로를 치울 정도로 공연의 열기가 올랐다. 마지막으로 생일축하 파티를 했다. 누구인지 이름은 모르지만 생일 축하 노래를 부르며 후~ 하고 촛불을 끈 후, 생일 주인공의 노래와 춤으로 마무리를 지었다. 60대의 큰 키에 등은 완전히 쭈~욱 펴진 자세, 머리는 올백으로 묶음머리, 음악에 맞추어서 춤을 추는데, '우~와' 하고 놀라는 사이에 다리가 머리끝까지 쭈~욱 뻗어 올라가서 또 한 번 더 놀랐다. 멋있었다. 개인적으로 등이 쭈~욱 펴있는 그 자세가 참 부러웠다. 공연이 모두 끝난 후 안 사실인데, 마지막을 장식한 주인공은 무용을 전공하신 분으로 무용학원을 운영한다고 했다. 어쩐지 보통은 아니었다. 이런 춤은 TV에서만 보았는데….

내가 언제 이런 공연을 제일 앞자리 로얄석에 앉아서 보겠는가. 가수들 속눈썹까지 자세히 보이는 이런 자리에서 말이다.

쌍다리 박 선생님은 총감독이 되어 노래도 해야 하고, 사회도 봐야 하고, 북도 치고 드럼도 치고…. 일당백의 몫을 하며 뛰어다니고 있었다. 100일 잔치를 하듯 100회가 끝난 후에는 "가다가 배고프면 빵 먹고, 가다가 심심하면 떡 먹고 하세요." 하며 빵과 떡, 귤을 담아 나누어주었다.

무료 공연인데도 100회 잔치의 특성상 선물까지 챙겨주는 센스.

공연이 끝나고 나니 사람들이 그냥 가버리지 않고, 자기가 앉았던 의자를 제자리에 갖다놓고, 깔고 앉았던 담요도 접어서 담아두고 정리를 했다. 100일 찬치를 위해서 준비하고 수고하신 쌍다리 박 선생님과 박혜숙 선생님, 그 외 출연진과 도움 주신 분들께 박수를 보내면서, 자기가 사용한 의자를 치우며 뒷정리를 하고 가는 원주시민 관객들에게도 박수를 보내고 싶다.

이렇게 공연은 끝났다. 수고하신 분들이 같이 있기에 단체 사진을 찍어주겠다고 했다. 그러자 모두가 다 같이 좋다면 OK. 100회 특집 플래카드 앞에 한 줄로 세우고

"자, 찍습니다. 하나, 둘, 셋 빤~스."

"예, 좋아요. 한 번 더 찍겠습니다. 다 같이 웃어볼게요."

했더니 모두 다 박장대소하며 큰소리로 웃어댄다.

"자, 사진 속에는 웃는 소리는 안 찍힙니다." 하며 찰칵 기념사진을 찍어주고 쌍다리 박 선생님은 말했다.

"이 음향시설 다 치우고 같이 저녁식사 하러 가세요."

"아닙니다. 기차표를 끊어 놓아서 가야 합니다."

"그래도 저녁은 먹고 가야죠."

"아닙니다. 오늘 정말 수고 많이 하셨습니다."

그렇게 말하고 나는 저녁 먹고 가라는 말을 뒤로 한 채 역으로 향했다. 하루의 짧은 여행이었지만 각자의 자리에서 자기만의 스타일대

로 열심히 살아가는 사람들을 만났다. 어떤 일을 하든지 모두 다른 일을 하면서도 하나가 되어 어울리며 살아가는 사람들과 스치며 지나가는 인연들 속에 또 하나의 추억이 되어 있을 오늘이 행복하기만 했다.

추웠다. 원주역에 너무 빠른 시간에 도착했다. 역으로 오는 길에 따뜻한 국물에 밥이라도 든든히 먹고 왔으면 속이라도 든든해서 덜 추웠을까. 하지만 지나오는 길에 먹고 싶은 음식도 당기는 음식도 전혀 없었기에 그냥 역으로 바로 왔다. 그랬더니 시간이 많이 남게 되었다. 역 안의 대기실에 앉아서 '가다가 배고프면 빵 먹고, 가다가 심심하면 떡 먹고' 하라며 100회 기념으로 나누어준 빵과 떡을 먹으며 역 안을 구경했다. 지나가는 사람들을 구경하며 내 인생에 처음으로 낯선 곳에서 여유롭고 한가한 시간을 보내며 즐겼다. 때론 아무런 이유 없이 낯선 곳에 앉아 머릿속을 비운 상태로 바라보는 세상도 한 번쯤은 괜찮을 듯싶다.

청량리행 기차를 탔다. 청량리가 종점이니, 이번에는 알람을 맞출 필요도 없이 기차를 타자마자 잠이 들었다. 그리곤 청량리에 도착하면서 일어났다. 내가 이렇게 피곤하고 바로 잠을 자는 이유는 병이 든 나의 증상 중 하나이다. 평소엔 아무렇지 않다고 병든 것을 인식하지 못할 정도로 밝게 생활하다가, 이렇게 피곤이 확 몰려올 때 예민해서 잠을 잘 못 자는 내가 잠자고 하는 것을 보면, 내가 정상인이 아니라 병이 들었다는 것을 깨닫게 된다.

이렇게 나의 버킷 리스트 중 하나인 소소한 시골길 여행은 원주 기차 여행으로 실천했다. 이번 여행에서 나는 내 손을 녹여주신 일일짝

꿍 할머니처럼 누군가 필요로 할 때 스스럼없이 손을 내밀어 도움이 되어야 한다는 것을 배웠다. 그리고 열악한 환경 속에서도 무료 봉사를 통해서 기쁨을 나누고 있는 쌍다리 박 선생님과 박혜숙 선생님의 열정을 직접 보고 배우는 계기가 되었다.

난생처음, 평생 처음이라는 말을 반평생을 살아온 지금 50이 넘어서야 사용한다. 이 순간 내가 아무것도 안 했다면, 도전도 하지 않고 그냥 있었다면, 내가 병들었음을 알고 그대로 주저앉았다면, 우울증을 동반하는 이 병으로 극심한 우울증으로 괴로워하고 있었을 것이다. 버킷 리스트가 무엇인지도 모르고 그냥 그렇게 울고 또 울고 하며 주위 사람들을 힘들게 했을 것이다.

그런데 지금 나에겐 희망이 있다. 내가 오래 살 것이라는 희망도 아니고, 내 병이 나을 거라는 희망도 아니다. 병마 따윈 생각지도 않고, 생각할 시간도 없다. 지금 나에게 중요한 것은 버킷 리스트에 작성한 것처럼 매일 강의도 하고, 매주 봉사도 하고, 여행도 하고, 책도 쓸 것이라는 목표를 정했으니, 이 목표를 토대로 희망을 가지고 꿈을 만들어 전진하는 것이다. 이렇게 만든 꿈을 이루기 위해 노력하고 나아가느라 내가 병들었다는 사실을 잊고 지나게 되었다.

이제 꿈을 만들었으니 지금처럼 구체적인 계획을 세우고 꿈을 이루는 일만 남았다. 꿈이란 내가 세운 계획을 행동으로 옮기면 언젠가는 이루어지는 것.

길거리 박장대소.

한 번의 만남 이후 대략 10개월 만에 청계천에서 멘토 선생님을 만났다. 얼마나 반가운지, 누구라 할 것도 없이 서로 끌어안고 포옹을 했다. 이 반가움을 어떻게 설명할까.. 열 달 만에 만난 선생님은 본인이 생각했던 것 이상으로 내가 잘하고 있다고 했다. 처음 보았을 때랑 얼굴도 굉장히 밝아지고 보기 좋다고.

"그런데 얼굴이 많이 상했는데 어디 아프세요?" 하고 물었다.

"…"

소리 없는 웃음으로 대답을 대신하고, 어느 연인들이 봐도 부러울 정도로 선생님과 팔짱을 낀 채 손을 잡고, 그렇게 청계천을 걸어서 광화문 세종대왕 동상 아래 전시관을 둘러보았다. 세종대왕 동상 아래 전시관이 있는 줄은 알았지만, 이렇게 넓고 잘되어 있는지는 몰랐다. 위에서 보면 광화문 광장인데, 지하는 또 다른 세계로 이어지는 공간처럼 나를 놀라게 했다.

그렇게 청계천을 돌아 광화문 광장 지하까지 구경하며 돌아다녔는 데도 모든 것이 눈에 들어올 리가 없었다. '아! 이런 것이 있구나.' 하는 정도로 모든 것이 건성으로 지나쳐가는 사물에 불과했다. 지금 이 순간 아름다운 꽃길을 거닌다 해도 폐허가 된 재개발 지역을 거닌다 해도 아무 상관이 없었다. 오로지 선생님과 나 둘만의 세상. 모든 사물은 뿌옇게 처리하고 두 주인공만 카메라 렌즈에 담긴 것처럼, 우린 그렇게 이야기꽃을 피우느라 발만 앞으로 향해 나아갈 뿐, 몸은 그냥 따라가고 있었다.

선생님과 여전히 팔짱을 낀 채 손을 잡고 돌아다니다, 식사를 하고 조용한 카페로 들어갔다. 걸어가는 동안에도 할 말이 얼마나 많은지, 계속 얘기를 하며 옆을 쳐다볼 여유조차 없었다. 카페에 들어가서도 이야기는 끊이질 않았다. 선생님 직장에서 있었던 일, 웃음으로 건강해지는 환자의 얘기, 웃음이 직원들 사이에서도 얼마나 많은 변화를 가지고 오는지 등등. 날을 새도 다 못 할 얘기들이 줄을 서서 기다리고 있었다.

이렇게 매일 웃어도 박장대소가 어렵다고 하는 나에게 "웃음은 이렇게 웃는 거야." 하며, 들숨을 들이쉬고 날숨을 내쉴 때 이렇게 하라며, 너무도 자연스럽게 "하 하 하 하 하하하하 하하하하." 하며 숨이 꼴깍 넘어갈 정도로 웃다가 뚝 멈추고 설명하고, 다시 "하 하 하 하 하하하하하하." 하고 웃음이 넘어가는 것이다. 전혀 힘들이지 않고 너무나 자연스럽게, 그러면서도 까르르 넘어가는 그 웃음소리는 한마디로 명품 웃음소리 그 자체였다. 뱃속에서 모든 것을 다 짜내듯 호흡 마지막까지 다 웃음소리로 내놓으면서도 얼굴 하나 변하지도 않는데,

아무리 흉내내고 따라 하려고 해도 안 되는 것이다.

이관희 선생님의 웃음 족보를 따진다면, 1172기인 나에게는 웃음 족보상으로 한참이나 올라가야 하는 웃음 조상쯤 되는 분이시다. 웃음 족보를 조선시대부터 지금까지의 족보로 비교한다면, 세종대왕 시대쯤의 위로 올라가는 선배 선배 선배…, 아득히 먼 조상급의 선배 선생님이신 것이다. 선생님 표 명품 웃음소리를 따라하려고 하면 얼굴이 얼마나 빨갛게 되는지. 호흡도 짧고 힘이 드는데, 선생님의 웃음소리만 들어도 저절로 웃음이 나온다. 웃음이 전파되어서 웃게 되는데, 선생님의 웃음소리는 예술이며 명품 웃음으로, 전파가 되기도 전부터 바로 웃음이 따라 나오게 된다.

카페에 앉아서 많은 얘기를 하는 동안 나는 아프다는 얘기를 안 했다. 그런데 간호사이신 이관희 선생님은 지금도 병원에 파킨슨 환자들이 있는데, 앞으로는 그 환자들을 더 열심히 관심을 가지고 보아야 되겠다고 했다. 카페에서 나올 때 화장실을 가는데 화장실까지 따라왔다.

"볼일도 안 보면서 왜 화장실까지 따라오세요?" 하니

"샘이 넘어질까 봐 따라왔어요." 하는 것이다.

"저 그 정도 아니에요. 괜찮아요."

"전이랑 똑같이 대한다고 하는데도 아프다는 얘기를 듣고 나니 넘어질까 봐 신경이 쓰여서 화장실까지 따라오게 되네요." 하면서

"아픈 것을 생각 안 하려고 해도 그렇게 됩니다."라고 했다.

의자에 앉아 있다 일어설 때 테이블을 두 손으로 집고 천천히 일어나도 꼭 넘어질 것 같은 자세 때문일까. 아님 간호사 선생님의 직업의

식 때문일까…:

선생님은 신생님의 명품 웃음소리가 녹음된 것을 키톡으로 보내주며, 약을 먹을 때마다 웃음 약도 같이 먹으라고 했다. 선생님의 웃음소리가 녹음된 것을 들으면 저절로 웃음이 나오게 된다. 까르륵 넘어가는 곳에서는 저절로 웃음이 터져나오게 되어 있다. 자동으로 그냥 웃음이 나오는 것이다. 수도꼭지를 열면 수돗물이 저절로 흘러내리듯이, 웃음소리를 듣고 있으면 저절로 웃음이 나온다. 그래서 같이 따라 웃게 되는 것이다.

약을 먹을 때마다 웃음 약도 같이 먹어서 웃을 때 나오는 '도파민 호르몬'을 도파민이 부족한 나에게 채워주라고 했다. 약+웃음 약. 참 좋은 방법이었다. 방법은 좋은데 실천해야 한다는 숙제를 안고 생각해보았다. 하루에 10번의 약을 먹는데 길을 걸어가다가 먹을 때도 있고, 신호등 앞에 서서 먹을 때도 있고, 버스 안에서 먹을 때도 있다. 그런데 과연 약 먹을 때마다 웃음 약을 잘 먹을 수 있을까 하는 생각에 함께 어려운 숙제를 받아들었다. 숙제를 받아들었으니 100점이 못 되어도 100점이 되기 위해서 웃음 약을 잘 챙겨야 했다.

밖으로 나와서 걸었다. 늦은 시간 무엇으로 요기를 할까 하다가,

"떡볶이 좋아해요?"

"저, 떡볶이 엄청 좋아합니다."

"그럼 떡볶이 먹으러 갑시다."

신나게 선생님과 팔짱을 끼고 종로 길가에 쭈~욱 늘어서 있는 포장마차를 찾아갔다. 선생님이랑 한 바퀴를 돌며, 인상이 제일 좋고 웃고 있는 아주머니가 있는 떡볶이 포장마차로 들어갔다. 그곳에서 떡

볶이를 같이 먹었는데, 놀라운 사실은 나의 멘토 이관희 선생님은 이런 길거리 음식을 생전 처음 먹어본다는 것이었다. 직장에서도 다른 간호사 선생님들께 사다가는 주는데 선생님은 안 드신다고 했다. 심지어는 가족들은 먹는데 선생님은 안 드신단다. 그런데 오늘, 지금 이 시간 떡볶이를 입에 넣고 있는 것이다.

깐깐하고 호랑이 선생님처럼 무서운, 도도하고 야무지고 똑소리 나는 나의 멘토 선생님은 나를 만나기 위해서 청계천으로 나오셨고, 둘은 반가움에 끌어안고 깡충깡충 뛰었다. 길거리 음식을 처음 먹어본다는 선생님은 나를 위해서, 나와 맞추어주기 위해서 한 번도 먹어보지 않은 길거리 음식을 먹어주며, 내가 편하게 먹을 수 있도록 배려해주고 계신 것이었다.

멘토 선생님과 웃음에 대해서 이야기도 나누고, 어떻게 웃는가도 이야기하며 많은 시간을 보냈다. 그런데도 헤어지기 싫어서 팔짱을 끼고 계속 거리를 방황하듯 돌아다니며 얘기를 했다. 늦은 시간 멘토 선생님과 종각역 개찰구 앞에서 헤어졌다. 헤어지기 전에 장난 겸 반 농담으로

"이곳에서 박장대소 한번 할까요?" 했더니 "좋아, 합시다." 했다. 말은 내가 먼저 하자고 했지만 솔직히 자신은 없었다. 그런데 선생님은 좋다며 바로 OK 하고는 "하하하하." 하고 벌써 시동을 걸고 있었다. 선생님 혼자 웃게 할 수는 없었다. 선생님을 처다보면서 같이 "하하하하 아하하하하 아하하하하." 하고 큰 소리로 끔뻑 넘어가게 웃었다. 우리는 마주 보며 웃고 있는데, 지나가는 사람들이 모두 다 처다보았다. 어떤 사람은 힐끗 보고 그냥 지나가고, 어떤 사람은 걸으면서도 눈

은 우리에게서 떼지 못하는 사람도 있었다. 또 어떤 사람은 웃고 있는 우리를 보며 같이 웃고 가는 사람도 있었다. 웃고 있는 우리가 이상한 게 아니라, 지나가는 사람들의 반응들이 정말 재미있었다. 태어나서 이런 기분도 처음이었다. 이런 경험도 처음인 것이다. 나의 멘토 이관희 선생님이 말했다.

"오늘 이곳 전철 개찰구 앞에서 웃은 길거리 박장대소는 잊지 못할 겁니다."

그렇게 웃으면서도 두 손을 마주잡고 헤어지기 싫어서 이런저런 얘기로 시간을 보냈다. 개찰구 앞으로 젊은 사람 한 무리가 몰려들었다. 무슨 얘기를 하는지 몇십 명이나 되어 보이는데, 웅성웅성하며 얘기하고 있었다. 그래서 선생님께 장난으로 말을 또 했다.

"선생님, 이렇게 사람이 많은데 우리 한 번 더 웃을까요?"

"좋아요, 한 번 더 웃읍시다."

"아니요, 됐어요."

"자, 웃읍시다."

"아니요, 절대로 안 돼요."

"왜 자신이 없어요?"

그 질문에 잠깐 생각했다.

"아니, 자신 있어요." 하고 나는 애써 자신 있는 척 큰소리로 대답했다.

"그럼 웃습니다."

하고는 선생님 특유의 웃음소리로 먼저 웃기 시작했다. "아하하하하하하." 나도 바로 같이 웃기 시작했다. "아하하하하하하하 아하하하하하

하하하 아하하하하하하하."

둘이서 마주 보고 얼마나 크게 한참을 웃었는지, 지나가는 사람들 중 안 쳐다보는 사람이 없었고, 지하상가 경비 아저씨까지 뛰어와서는 무슨 일인지 살피다가, 우리가 마주 보고 웃는 것을 보고는 무슨 생각을 하는지, 넋 나간 모습으로 미소 지으며 서서 보고 있었다. 한무리로 모여 있던 젊은 사람들도 동시에 모두 우리 쪽을 쳐다보는데, 그 표정들이 너무 재미있었다.

그 사람들은 우리를 보고 무슨 생각을 하는지 모르지만, 우리는 그 사람들을 보면서 웃음이 저절로 나오고 있었다. 그렇게 한참을 웃었더니 눈에 눈물이 고일 정도였다. 선생님과 나는 오늘 이 자리에서 '길거리 박장대소'로 평생 잊지 못할 추억을 만들었다. 선생님이 지하철을 타기 위해 지하로 내려가는 순간까지 선생님을 바라보았다. 선생님 또한 뒤로 몇 번을 돌아보고 손을 흔들어주며 아쉽게 헤어졌다.

무서운 사감 선생님처럼 조금도 빈틈이 없는 완벽할 것 같은 선생님. 꼼꼼하고 예리하고 날카로울 것 같은 선생님. 한 무게로 카리스마 넘치는 선생님은 오늘 나를 위해서 선생님의 체면을 내려놓고 나에게 맞추며 시간을 같이해주었다. 서로가 바쁘다는 핑계로 서로가 자주 연락하지 않아도, 마음속에 커다랗게 자리 잡은 나의 멘토 이관희 선생님은 오늘 나의 파트너로서 많은 추억을 만들며 나와 함께 고마운 시간을 함께해주었다.

세상에 없는 스폰서.

 나에게는 아주 든든한 스폰서가 있다. 내세울 것 하나 없고 보잘것 없는, 그냥 있으나마나 표도 안 내고, 존재감 없이 아무 힘도 없는 내가 이렇게 당당하게 있을 수 있는 이유는 딱 한 가지 '빽'이 있기 때문이다. 사천만 원짜리 악어 빽, 일 억짜리 명품 빽, 이런 값어치로는 논할 수조차 없는, 백지수표 수백 개를 가진다 해도 따질 수 없는 나의 빽. 든든한 나의 빽. 바로 스폰서이다.

 사람들은 스폰서 말을 많이 한다. 요즘은 TV 뉴스에서 연예인들이 스폰서 문제로 시끄럽기도 했다. 스폰서는 많은 것을 도와주고 후원해주며, 앞에서 끌어주고 뒤에서 밀어주며 그 사람이 편안하고 쉽게 갈 수 있도록 도와준다. 이런 스폰서, 얼마나 든든하고 좋겠는가. 하지만 이런 스폰서들 대부분이 거의 다 포장지만 그럴싸할 뿐 그 속으로 들어가면 180도 달라진다. 하나같이 그에 상응하는 대가를 요구한다. 앞에서 끌어주고 뒤에서 밀어주며 많은 것을 후원하고 도와주지만, 세상에 공짜는 없는 것이다. 그에 따른 합당한 무언가를 지불해야만 하는 게 스폰서의 실상이다.

그래도 사람들은 화려한 포장지에 속아 스폰서를 필요로 한다. 스폰서의 도움을 받아 편한 길로 쉽게 갈 수 있다는 이유도 있을 것이고, 스폰서의 도움으로 부족한 부분을 충족시킬 수도 있을 것이다. 스폰서의 '빽'을 이용할 수도 있을 것이고, 어떤 이유에서건 스폰서의 힘을 받아 그 그늘 아래 있으려고 한다. 그런 후 시간이 지나고 정신이 들면 하나둘 가슴을 치고 땅을 치며 후회하고 스폰서에게서 벗어나려 한다. 그러나 눈을 감고 귀를 닫고 진흙탕에서 굴러다닌 상처는 10년이 갈 수도, 20년이 갈 수도, 아니 평생 남아 스스로를 괴롭힐 수도 있는 것이다. 세상에 공짜도 없고, 밑지고 장사하는 사람도 없고, 땅 파서 장사하는 사람도 없다. 그런데도 사람들은 앞뒤 생각하지 않고 일단 기대고 보자, 일단은 먹고 보자는 식이다. 왜일까?

나도 24~25년 전쯤, 아이들이 어릴 때 나만의 스폰서가 있었다. 그때는 지식이 없어서 스폰서에 대해 잘 알지도 못했고, 스폰서의 어마어마한 힘 또한 못 알아봤다. 알아보기는커녕 그 '빽'이 얼마나 대단한 건지 그 진가를 알지도 못한 채 그냥 그 스폰서에게서 떠난 적이 있었다. 그것도 조용히 떠난 것이 아니라, 소리 지르고 대들 듯 따지며 뒤로 홱 돌아서서 나 스스로 떠나버린 것이다.

그 후 스폰서 없이 생활했다. 마음속에는 항상 스폰서의 빈 자리가 남아 있었지만, 강제로 그 자리를 지우려 애썼다. 사람들이 스폰서에 대해서 얘기라도 하려 하면, 독기를 세우고 말도 못 하게 강제로 입을 막아버리곤 했다. 스폰서가 나에게 뭐라고 한마디도 안 했는데, 괜히

나 혼자 삐져서 씩씩거리며 소리 지르고 대들고 따지고….

그 후 10년 하고도 몇 년쯤 지났을까. 우연히 스폰서를 다시 만나게 되었다. 솔직히 말해서 우연히는 아니고, 스폰서가 나에게 먼저 손을 내밀어 한 번 더 기회를 준 것이었다. 강산이 바뀐다는 10년. 그 10년도 더 훌쩍 넘어 오랜 시간이 지나서 스폰서를 만났는데, 그분은 나를 잊지 않고 기억하고 계셨다. 그분은 아무 말씀 하시지도 않았고 아무 요구조건도 없었는데, 나 혼자 삐져서 씩씩대고 대들 듯 따지고 소리 지르며 휙 돌아섰다. 그런데 그걸 생각하면 괘씸하고, 기가 차고, 분통 터지고, 억울하고, 화가 나서라도 죽어도 용서가 안 될 텐데, 그분은 나를 기억하고 먼저 손을 내밀어 주셨다. 그런데도 나는 그 고마움도 모르고 내가 화난 것만, 내가 삐진 것만, 내가 힘들었던 것만, 내가 속상했던 것만 생각하고, 반갑게 내민 그 손을 잡지 않고 또 따지고 대들었다. 그렇게 듣기 싫은 소리를 하며 큰소리 지르고 땍땍거렸는데도, 그분은 이런 나를 서운하다며 원망하기는커녕 도리어 얼마나 힘들었냐며 마음 아파하셨다.

누가복음에 보면 '돌아온 탕자'가 나온다. 할 필요도 없을 정도로 너무나 유명한 이야기. 아버지가 죽어야만 받을 수 있는 유산을 아버지가 살아 있을 때 미리 받아서 고향을 떠나 타국에 갔다가 허랑방탕하여 모든 재산을 탕진하고, 살 길이 막막해지자 잘못을 뉘우치고 아버지의 품꾼이라도 될 각오로 고향집 아버지께로 돌아온다. 그 당시 고대 이스라엘의 전통에 아버지가 살아 있는데도 불구하고 유산을 미리 받는다는 것은 그냥 유산을 미리 받는다는 단순한 의미가 아니라, 아버지와의 관계를 끊어버리겠다는 것, 또한 오래된 전통과

관습을 끊어버리겠다는 충동적이며 도발적인 행위라고 한다. 이렇게까지 아버지에게 부자의 연을 끊을 심상으로 유산을 받아 흥청망청 즐기다 거지보다 못한 꼴로 나타났다. 그런데도 탕자의 아버지는 달려가 끌어안고 좋은 옷을 입히고, 반지를 끼우고 송아지를 잡아다 환영식을 열어주었다. 거창하게 파티를 열어준 것이었다. 마찬가지로 나의 스폰서도 그랬다.

　그런데 나는 돌아온 탕자보다도 더 나쁜 자인 것이다. 탕자는 재산을 잃은 후 잘못을 뉘우치고 제 발로 걸어와 용서를 구했다. 아들이라고 불리는 것조차 미안해서, 품꾼으로 일할 테니 밥만 먹여달라고 애원하며 용서를 구했다. 그런데 나는 혼자 큰소리 치고 두 번 다시 안 볼 것처럼 하고 떠났다. 또 나 때문에 마음 아파하시던 그분은 먼저 손을 내밀며 도와주려 하시는데 나는 무슨 콧대가 그리도 높은지, "흥!" 하고 콧방귀도 안 끼었다. 쳐다보지도 않았다. 그분이 무슨 잘못을 한 것도 아닌데 손톱을 세우고 그분의 가슴팍에 흉터를 만들 정도로 나는 정말 나쁘게 굴었다. 그런데도 그분은 나를 다그치지도 않고 머리끝까지 화가 치밀어야 하는데 한 번도 화를 내지도 않고, 조용하게 차분히 나의 모든 말을 들어주셨다. 그리고는 "그래 많이 힘들었구나. 네가 힘들어할 때마다 내 마음은 찢어지듯 아팠단다." 하며 따뜻한 사랑으로 보듬어주고 안아주셨다. 옆에서 보면 부러울 정도로 정말 아낌없는 사랑을 주셨는데도 겹겹이 방어벽을 쳤다. 굳게 닫혀 있던 마음의 철문은 꿈쩍도 하지 않고 열릴 생각도 안 했다. 그러던 어느 날부터 그분의 변함없고 끝없는 사랑으로 봄눈 녹듯 마음속의 철문이 녹아내리기 시작했다.

시간이 얼마나 흘렀을까? 그분의 사랑에 감동되어 버린 나는 눈물 흘렸다. 가슴 벅찬 감동의 눈물이었다. 스폰서 없이 살아온 십 몇 년을 되돌아보았다. 정말 힘들게 살아왔다. 어떻게 견디며 살았는지 도저히 상상할 수가 없었다. 두 번 다시 돌아가고 싶지 않은 시간들이었다. 그렇게 다시 나는 스폰서의 보호 아래서 그분의 도움을 받으며 살게 되었다. 차츰차츰 마음이 안정되어가고 그분에 대해서 알아갈 때, 그분의 진심을 알고 나니 세상에 바보도 이런 바보가 없다는 생각이 들었다. 나는 다시 만난 그때부터 그분의 보호 아래 있고 그분의 도움을 받는다고 생각했다. 그런데 그분은 내 눈에 보이지 않게 처음부터 나를 보호하고 계셨고, 나를 지키고 계셨고, 사랑하고 계셨다는 것을 몇 십 년이 지난 그때야 알게 된 것이다. 눈이 어두워도 분수가 있지, 세상에 어느 바보가 나만큼이나 둔하고 미련할까. 나 스스로가 갑갑하기만 했다. 정말 나의 스폰서에 대해서 알고 나서는 지나온 세월이 미안해서 쥐구멍이라도 찾아들어가고 싶은 심정이었다.

평생 안 바뀌는 사람도 죽을 때가 되면 바뀐다고 한다. 그처럼 이렇게 그분의 사랑으로 정말 나의 모든 것이 달라지고 있었다. 환경이 달라지고 세상이 달라지고 있었다. 복잡하게 생각할 필요가 없었다. 내가 마음을 비우고 모든 것을 스폰서인 그분께 맡기기만 하면 되었다. 그분을 믿고 맡겨 놓으면, 그분은 나의 스폰서로서 모든 것을 알아서 나 대신 해결하셨다. 그분의 무한한 능력을 믿기만 하면, 그분만이 나의 든든한 '빽'이라는 사실을 기억하고 마음이 흔들리지 않기만 하면 된다. 지난번처럼 내 마음이 변질되지만 않으면, 언제까지나 그분의 보호와 사랑을 받으며 최고의 편안한 마음을 가지고 즐거움으로 살 수 있는 것이다.

홍 실장으로 잘나가던 시절 몸에 이상이 있다는 걸 느끼고 내가 무엇을 할까 고민에 고민을 거듭할 때, 웃음 치료사가 될 거라고 결정하고 도전했다. 그런데 병원에서 진단명을 받고 도파민이 부족하다는 사실을 알았을 때, '아! 그래서 웃음 치료를 배우게 하셨구나.' 하고 알게 되었다. '너무 감사합니다.' 도파민은 음식으로도 보충이 안 되고 어느 것으로도 보충할 수 없는 호르몬이다. 그런데 웃음 치료에서 박장대소를 할 때 나오는 21가지의 호르몬 중에 도파민이 나온다.

웃음 치료를 시작한 후 열심히 배우고는 다녔는데, 강사로서 자신감 부족을 어떻게 극복할지를 고민하며 '나에게도 멘토가 있었으면!' 하고 바랐는데 바로 멘토를 만난 것도 정말 신기했다. 딱 한 번의 인연으로 멘토가 되어준 그분은 지금도 소중한 인연을 이어가고 있다.

병원에서 진단을 받은 후 한광일 박사님을 만나 상담하고 싶었다. 그러나 너무 바쁘신 분이라 만날 수 있는 방법이 없었다. 혼자서 이렇게 저렇게 머리만 쓰다가 포기하고 말았다. 그런데 우연한 기회에 박사님을 1대 1로 만나서 상담하게 되었다. 만약에 다른 사람들이랑 같이 있었다면 나의 얘기를 못 했을 텐데, 1대 1 독대를 하니 몸이 불편하다는 사실을 얘기하고 같은 처지의 유연숙 선생님을 소개받은 것이다.

그 유연숙 선생님은 바로 나의 롤 모델이 되었고, 이렇게 책을 쓸 수 있도록 처음 종이에 점 찍는 것부터 알려주어 글을 쓸 수 있는 용기를 내게 하였다. 많은 것을 알려주며 또 다른 세계, 작가의 세계가 있음을 알려주었다. 내가 작가가 되고 싶고 책을 쓰고 싶다는 것은 학창 시절부터 생각했던 것이다. 그러나 그 생각은 시도조차 할 수 없고 전혀 임두도 낼 수 없었기에 그냥 나의 꿈! 이루어질 수 없는, 말 그대로의 그냥 꿈이었다. 그런데 지금 롤 모델을 만남으로써 꿈으로만 생각했던 꿈을 현실 속에서 실제로 꿈을 만들어 꿈을 이룰 수 있도록 해주셨다. 아무 말씀도 하지 않으시지만, 그분은 이렇게 나의 모든 것을 알고 준비해주셔서 물 흐르듯 자연스럽게 이루어지게 해주신 것이다.

"사람이 마음으로 자기의 길을 계획할지라도 그 걸음을 인도하는 자는 여호와시니라." – 잠 16:9

지난날 스폰서가 없을 때는 내가 하나부터 열까지 모든 것을 신경 써야 하고 복잡했다. 그런데 이제는 나의 든든한 스폰서에게 맡기고 그냥 편안하게 모든 것들을 즐기기만 하면 된다. 스폰서가 있다는 게 이렇게 좋은 것인데, 든든한 '빽'이 있다는 게 이렇게 좋은 것인데, 왜 그땐 몰랐을까? 더군다나 이 스폰서는 다른 스폰서들처럼 무슨 대가를 바라지도 않는다. 어느 요구 조건도 없다. 정말이지 아무것도 달라고 하지 않으신다. 단지 나의 마음만 변하지 않길 바라시며, 오로지 마음만 지키라고 하신다.

이렇게 아낌없이 모든 것을 주며 아낌없이 사랑으로 함께하시는 이 스폰서의 이름은 여호와이시며, 나의 생명 되신 주님이시며, 나의 하나님이시며, 나의 아버지이신분. 나의 여호와 하나님 아버지이시다.

십 몇 년 전에 내가 하나님께 대들듯 따지고 소리 지르고 등 돌리고 떠날 때, 제일 듣기 싫은 소리가 하나님은 감당하지 못할 십자가는 주시지 않는다고, 감당할 십자가만 주신다는 말이었다. 그럴 때마다 나는 소리쳤다. 그 십자가에 깔려 죽겠다고. 정말이지 숨도 못 쉬겠고, 나의 십자가에 깔려 죽겠다고 바락바락 소리를 질러댔다.

하나님을 떠나기 전에도 하나님에 대해 잘 알지도 못하면서 나는 하나님을 잘 아는 줄 알았다. 혼자서 바둥바둥거리며 길이 아닌 길을 가며 힘들어하는 걸 더 이상 두고 볼 수 없었던 하나님은 직접 손을 내밀어 잡아주셨다. 그런데도 그때까지도 나는 십자가에 깔려 죽겠다고, 감당할 수 없다고 소리 지르며 반항했다. 그러나 결국 하나님의 변함없는 큰 사랑에 무릎 꿇고 두 손 번쩍 들고 항복을 선언했다.

그 후 하나님이 어떤 분인지 알고 하나님의 마음을 알고 나니 그 사랑이 얼마나 큰지, 이 세상 무엇과도 비교할 수 없다는 사실을 알았다. 그래서 하나님을 온전히 믿고 하나님께 모든 것을 맡겼다. 내가 할 수 없는 것들을, 아니, 내가 하는 모든 것들을 모두 하나님께 맡기고 나니 세상에 이렇게 편한 것을! 이렇게 홀가분한 것을! 그 무겁던 십자가에 내가 깔려 죽겠다고 10년이나 외면하고 등 돌렸던 십자가의 무게가 무게감이 전혀 없는, 우주 공간에서 무중력 상태인 것 같았다. 마음 또한 이렇게 편안한 것을 왜 그땐 몰랐을까? 지나간 세월에 대한 후회가 슬라이드 영상 화면으로 지나가고 있었다.

그분은 그 자리에 그대로 계시는데, 나 혼자서 천국과 지옥을 왔다 갔다 하며 고생을 사서 했다. 세상에 바보도 이런 바보가 또 있을까. 이런 바보 같은 나를 보시며 그분은 얼마나 답답했을까. 미련함이 하늘을 찌르는 바보 곰탱이 같은 나를 보시며 얼마나 속이 터졌을까.

천국과 지옥을 왔다 갔다 할 때는 천국이 천국인지 모르고 지옥이 시옥인지 모른 채, 그냥 세상 속에서 힘들다고 바둥기렸다. 숨도 제대로 못 쉬고 헉헉거리며 하루하루를 살면서 세월이 흘렀다. 오로지 나에게 주어진 십자가가 무겁고 싫다고 애써 외면하며 힘들게, 힘들게 살았다. 이렇게 말도 안 듣고 고집 피우고 애써 외면하고 있는 나를 그분은 도저히 마음이 아파서 더 이상 볼 수 없어서 한탄하며 먼저 손을 내밀어 주셨다. 그런데도 똥고집에 황소고집으로 미련하게 미운 짓은 있는 대로 다 하고 그분 품에 안겼던 것이다. 하는 짓이 얄미워서 도저히 용서가 안 될 텐데도, 그분은 따뜻한 미소와 따뜻한 사랑으로 안아주시며 품어주셨다.

그 따뜻한 품속에서 이런 평안이 있을 것이라고는 상상도 못 했었다. 그분을 믿고, 내 손에 꽉 쥐고 있던 것들을 모두 다 그분께 맡기고, 마음을 비우고 욕심을 버리니 세상이 달라졌다. 이런 평안, 이런 편안함, 이런 홀가분함을 어디서 맛볼 수 있겠는가. 이것이 바로 천국이었다. 나의 스폰서, 나의 여호와 하나님, 나의 하나님 아버지, 바로 그분과 같이 있는 자체가 천국이었다.

"평안을 너희에게 끼치노니 곧 나의 평안을 너희에게 주노라 내가 너희에게 주는 것은 세상이 주는 것 같지 아니하니라 너희는 마음에 근심도 말고 두려워하지도 말라." - 요 14:27

서울시청에서 며칠째 교육을 받았다. 신체활동 리더를 양성하기 위한 교육이었다. 생활고에 어려움을 겪으면서도, 하나라도 더 배우기 위해 교육도 받고 연습도 했다. 하루 종일 받은 교육으로 몸이 힘들고 피곤하고 지쳐 있는데도 마음이 얼마나 평안하고 즐거운지, 이런 평안한 마음을 주신 나의 영원한 스폰서 하나님께 감사하며 집으로 돌아오는 길에 저절로 콧노래가 나왔다. 지금 당장 살아야 하니 일도 해야 하고 나중에 몸이 불편할 때도 강사로서 일을 하기 위해 교육도 받고 배우고 재능 기부하며 봉사하고, 이외에 내가 무얼 더 할 수 있겠는가. 나머지 내가 지금 하고 있는 것 외에 모든 것을 오로지 그분께. 아니 내가 하고 있는 것조차도 그분 안에서 움직이고 있으니, 피곤하고 힘든 줄도 모르고 흥얼흥얼 콧노래가 절로 나온다.

전 세계에서 단 한 명도 완치가 없는 불치병까지 걸린 상태에서 노후도 없어지고 하루에 열 번이나 약을 챙겨 먹고 있는 지금. 조금씩 몸이 굳어가고 있음을 느끼는 지금. 피곤이 갑자기 몰려오면 낭떠러지 벼랑 끝에서 뚝 떨어지는 듯한 느낌의 피곤이 말할 때도, 일할 때도, 걸어갈 때도, 밥을 먹을 때도 갑자기 밀려오곤 하는 지금. 게다가 생활고까지 협박하고 있는 지금. 어느 하나 좋을 것 없는 이 상황에서도 모든 걸 하나님께 맡기고 평안한 마음으로 콧노래를 부르고 있는 나는 내가 봐도 신기할 정도이다. 모든 것을 나의 하나님, 나의 아버지께 맡기고 나니 홀가분하고 정말 좋다. 다른 사람들이 보면 꼭 로또에 당첨이라도 된 줄 알 것이다. 이런 걸 보고 '하나님 짱! 짱! 킹왕 짱!!! 입니다' 하는 것이겠지.

웃음
백
세
。

하루는 출근하고, 하루는 웃음 치료 강의 가고, 밤에는 글 쓰고 하루를 바쁘게 열심히 뛰어다니는 어느 날, 오기연 북부 지회장에게서 전화가 왔다.

"지금 강북경찰서에 와 있는데요. 경찰들과 같이 북부 지역 경로당을 도는 일인데 숫자가 많아요. 나랑 같이 웃음 치료 봉사를 할 수 있나요?"

"예, 북부 지역이 어디인가요?"

하고 묻자 바로 경찰을 바꾸어주었다. 전화를 바꾼 경찰은 "강북구에 96개의 경로당이 있습니다. 이곳을 찾아다니며 노인 학대 실태조사를 하려고 하는데 전화로 설명하기가 힘이 듭니다."

"아 예, 그럼 제가 경찰서로 갈까요?"

"그럼 좋지요."

"몇 시까지 계시는지요?"

"올 때까지 기다리겠습니다."

하던 일을 빠르게 정리하고 경찰서로 달려갔다. 경찰서 입구에 서 있는 초병 경찰이 "어디 가십니까?" 하고 묻는다.

"예, 여성계 갑니다."

"앞 건물 2층입니다. 들어가십시오."

"예, 고맙습니다."

초병 경찰이 일러준 대로 건물로 들어섰다. 그런데 건물 안 안내에서 또다시 묻는다.

"어디 가십니까?"

"예, 2층 여성계 갑니다."

그러자 버튼을 눌러서 문을 열어준다.

"수고하십시오."

이렇게 2층으로 올라가서 '여성 청소년계'라고 적혀 있는 문을 두드렸다.

똑똑 노크를 하고 문을 열고 안으로 들어서니 여러 사람들이 한꺼번에 쳐다보았다.

"어떻게 오셨습니까?"

"예, 권대원 계장님을 만나러 왔습니다."

"아, 이쪽으로 오십시오."

안쪽으로 따라 들어갔다. 계장님이 나오며 물었다.

"홍영순 씨 되십니까?"

"예, 홍영순입니다."

우리는 인사를 하고 테이블에 마주 앉았다.

경찰서. 가깝지만 친하지 않은 곳. 우리 아이들이 어릴 때 길거리에서 고집을 피우거나 말을 듣지 않을 때 아이들을 겁주려고 협박하는 인물이 경찰이었다. 아이들이 어려서 말을 또박또박 하기 전인 그 시절, 우리 아이들은 경찰관을 '따따지'라고 불렀다. 아이들이 떼를 쓰면 "따따지 온다 따따지." 또는 "따따지가 잡아간다." 하며 협박 아닌 협박을 했다. 지금 이 순간 그것을 생각하니 미소가 입가에 번진다. 내가 살면서 경찰서에 올 일이 몇 번이나 있겠는가? 동네마다 파출소가 있고 집 앞에도 경찰서가 있는데, 나와는 상관없는 곳이었다. 그런데 지금 경찰서에 앉아 경찰관과 무언가를 하려 하고 있다. 쉽게 발길이 닿지 않는 곳인데, 자연스럽게 경찰서라는 곳으로 들어와 그 사무실에서 경찰관이랑 마주 앉아 있는 것이다.

나와 마주 앉은 권대용 계장은 이곳으로 오기 전에 예천에서 근무했다고 한다. 몇 년 전 어느 날 그 마을에 살인사건이 있었는데, 범인을 잡을 때까지 온 마을이 겁에 질려 있고, 쥐죽은 듯 조용해서 사람이 살기 어려울 정도로 마을이 흉흉했었다고 했다. 처음에는 사람을 해한 범인이 외부에서 들어온 줄 알았는데, 조사를 하고 범인을 잡고 보니 며느리가 시어머니를 살해한 것이었단다. 시어머니를 묶어놓고 때려서 사망하게 한 것으로 밝혀졌다. 그 이후로 마을 사람들이 모이기만 하면 그 얘기를 하고 마을 분위기가 영 말이 아니었다고 한다. 그래서 그 엉망이고 어두운 분위기를 바꿀 방법을 찾다가, 웃음 치료사를 불러 마을이란 마을을 모두 찾아다니며 웃음 치료를 시작했고, 차츰차츰 온기를 되찾아 따뜻한 원래의 밝은 마을로 되돌릴 수 있었다고 했다. 이렇게 웃음 치료의 효과를 확실하게 아는 경찰관 권대용 계장은 이 웃음 치료의 강력한 효과를 기억하고 있었다.

강북경찰서로 옮겨온 후 예천에서의 사건들을 미리 예방하기 위해서 계획을 세웠다. 요즈음 하루가 멀다 하고 방송에서 부모가 자녀를 폭행하고 살해하고 하는 뉴스들이 많이 나오는데, 이처럼 부모가 자녀를 폭행하는 것 외에도 부모나 조부모가 자녀나 손주들에게 폭행당하는 일이 의외로 많다고 했다. 또 아픈데 병원 안 데리고 가는 것도, 추운 날 따뜻한 옷 안 주는 것도, 굶기면서 방임하는 것도 노인학대에 다 포함된다고 했다. 드러나 있지 않아서 모르지만, 이런 가정들이 엄청나게 많을 것이라고 했다. 밖에서는 창피하다고, 또는 부모 마음에 자녀들을 보호하기 위해서 말도 하지 않고 당하고 있는데, 이런 가정의 노인들을 보호하기 위해서 이 일을 추진하고 있다고 했다.

그런데 이런 가정환경을 조사하려고 하는데 어르신들이 협조하지도 모이지도 않기 때문에, 웃음 치료로 어르신들의 마음을 즐겁고 가볍게 만들어주고 조사도 하기 위해 일거양득의 기회를 만든 것이라고 했다. 한마디로 웃음 치료는 어르신들을 모으기 위한 미끼, 소위 말하는 '떡밥'인 셈이다.

권대원 계장의 말을 들으며 이분은 웃음 치료사가 되었어도 성공했을 것 같다는 생각이 들었다. 지금 당장 웃음 치료 강의를 해도 손색이 없을 정도로 웃음 치료의 효과를 너무도 잘 알고 있었고, 웃음 치료의 결과에 대한 확신도 대단했다.

"관내에 경로당이 96개 있습니다. 일주일에 화요일, 목요일 두 번을 하루에 두 곳씩 두 사람이 방문하면, 일주일에 여덟 곳씩 석 달 정도 걸릴 예정입니다."

"좋은 일을 하시니까 하겠습니다. 동참하겠습니다."

"그런데 경찰에 돈이 없습니다. 이게 모두 다 재능 기부로 해야 합니다."

"알겠습니다. 좋은 일 하시는데 재능 기부하겠습니다."

그렇게 시작한 경로당 순회 웃음 치료.

정부에서 발표한 4대 악인 성폭력, 가정폭력, 학교폭력, 불량식품. 이 4대 사회악 중 노인 학대도 가정폭력이므로 노인 학대를 뿌리 뽑기 위한 운동의 일부로 경로당을 경찰들과 같이 돌며 웃음 치료로 힐링하고, 경찰관은 설문조사 하는 좋은 일에 동참하기로 했다. 그 후 얼마간 시간이 지난 후 경찰들과 같이 경찰 관용차를 타고 경로당 웃음 치료를 시작했다. 일주일에 두 번씩 강북경찰서를 가는데, 가깝지만 멀게 느껴지던 경찰서에 대한 나의 생각들이 바뀌고 있었다. 내가 알고 있는 그런 경찰서가 아니었다. TV에서 보면 범인을 잡아오고 소리 지르고 조사하는 장면만 보았고, 그런 곳만 있는 게 경찰서인 줄 알았다. 그런데 부서가 달라서인지, 전혀 다른 분위기였다. 그래서 '내가 정말 우물 안 개구리이구나' 하는 생각이 들었다.

여성 청소년계에서 하는 일도 다양하게 많이 있었다. 또 그곳 테이블에 어울리지 않게 사탕 바구니가 있었다. 경찰서에 사탕 바구니라니. 의아했는데 그곳에 엄마들과 아이들이 많이 온다는 것이다. 아이들을 데리고 와서 지문 등록을 해놓는다고 해서 나를 놀라게 했다. 이렇게 지문 등록을 해놓으면 아이를 잃어버렸을 때 바로 찾을 수 있다는 것이다.

경찰서를 갈 때마다 하나씩 배우는 것이 또 있는데, 사무실 안에 근무하는 분들이 하나같이 표정이 밝고 인상이 좋고 친절하다는 것이다. 일반 사무실보다 경찰서에 근무하는 분들이 더 활기차고 분위기가 정말 좋았다.

또 지금처럼 가정폭력 예방을 위해서 경로당을 찾아다니며 어르신들 안부를 묻기도 하고, 각 학교로 찾아가서 학교폭력 예방을 위해서 애쓰고 있다는 사실도 알았다. 경로당에서 강의를 하고 나오는데, 놀이터에서 놀고 있던 아이들이 경찰에게 스스럼없이 다가와 인사하고 친하게 얘기했다. 그 모습을 보면서 경찰들이 학교를 찾아다니며 얼마나 친근감 있게 노력했는지 훤히 보는 듯했다. 우리 아이가 어릴 때 "따따지 잡으러 온다." 하며 협박 아닌 협박을 하던 시절은 이제 호랑이 담배 피던 시절이 되어버린 것이다.

웃음 치료를 할 때 같이 가는 교통계도 마찬가지였다. 2014년에는 무단횡단하다 사망한 노인들이 5000명이며, 2015년에는 4500명이라고 했다. 이렇게 일일이 어르신들을 찾아다니며, 이번에 관내에서 교통사고가 몇 건이나 있었는데, 그 중에서 할머니들이 많았다고 설명해주었다. 그러면서 옛날 생각 하고 몸 따로, 마음 따로인 지금, 차보다 먼저 가겠다고 건너지 말고, 무단횡단 제발제발 하지 말라고 신신당부를 했다.

이렇게 직접 사람들을 찾아다니며 조심하라고 말해주고 지켜주고 보호해주고, 예전처럼 권위적이고 무게만 잡는 경찰이 아닌, 친근하고 따뜻한 이미지와 감성적인 이미지로 '찾아가는 서비스'라는 어느 광고처럼 찾아가는 경찰이 되고 있었다. 사건 사고가 있어야만 가고, 그 외의 우리처럼 법규 잘 지키고 사건과 무관한 사람들과는 연이 없는 장소인 경찰서. 그렇게 별세계처럼만 느껴졌던 경찰서는 생각과는 다르게, 내가 사는 세계와 별반 다르지 않은 장소였다.

경찰서를 다니면서 새롭게 알게 된 사실들이 많았다. 우리 집안 정도면 가장 모범적인 집이라는 것이다. 또 경찰서에는 백기라는 것이 있는데, 이 백기는 유치장에 한 사람도 없을 때 단다고 한다. 그런데 경찰서 유치장에는 항상 사람들이 있어서, 경찰서에 백기가 걸리는 것은 일 년에 딱 하루 정도라고 한다. 즉 이 말은 일 년에 딱 하루 정도 유치장이 빌 때가 있다는 말이다. 항상 딱 하루 정도만 유치장이 빌 정도이니, 얼마나 잘못을 저지르는 사람들이 많은지, 그만큼 경찰서에 사람들이 많이 온다는 것이다.

이렇게 가정폭력의 일부인 노인 학대를 예방하기 위해 시작한 웃음 치료는 '웃음 백 세'라는 타이틀을 내걸고, "하하호호 백 세까지 사느라 못 간다고 전해라."라는 슬로건으로 웃음을 전달하고 다니기 시작했다. 가는 경로당마다 얼마나 좋아하는지, 같이 웃고 소리 지르고 운동도 하며 다 같이 하나가 되어 큰소리로 박장대소를 하는데, 입도 뻥긋하지 않는 분들, 손뼉 한 번 치지 않던 분들도 결국 하나같이 웃음으로 얼굴 표정이 밝아졌다. 춥다고 웅크리고 있던 분들도 웃음 치료와 웃음 운동으로 체온이 올라가고, 그 열기 덕분에 덥다고 옷도 양말도 다 벗어던질 만큼 열기로 후끈후끈해졌다. 경로당 어르신들은 너무 좋았다고, 최고였다고 엄지 척 세워주시고, 다시 또 오라고, 언제 또 올 거냐며 좋아하셨다. 그런 모습들을 보면서 말이 좋아 재능 기부이고 봉사이지, 오히려 내가 힐링이 되고 내가 기분이 좋아 입을 귀에 걸고 행복과 보람을 가득 메고 돌아오게 되었다. 바로 이런 게 행복이 아닌가 싶었다.

어느 날 권대원 계장은 말했다.

"지금 이렇게 경로당을 다니면서 웃음 치료를 하는 것이 어르신들의 반응이 너무 좋아서인지 소문이 나서, 복지관에서도 웃음 치료를 해달라는 요청이 들어왔습니다. 강북구에 복지관이 15개 있는데, 점심 식사를 하기 위해서 11시부터 줄을 서는데 그때 웃음 치료를 해달라고 하네요."

나는 0.1초도 생각하지 않고 "하면 되지요." 했다.

"그런데 그곳에 장소가 없답니다. 줄 서서 대기하는 장소뿐이라 고민 중입니다."

보통 복지관들은 12시 점심 식사를 하고 1시나 1시 30분에 프로그램이 진행된다. 그래서 오후 1시가 복지관에 사람들이 제일 많이 모일 때라고 알고 있다. 그런데 이곳은 식사를 하기 위해 줄 서 있을 때 해달라니, 계장님이 고민 중에 있는 것이다. 나도 생각해보았다. 강의 장소는 없고 식사를 하기 위해서 줄서 있는 대기 장소가 길거리인지 아님 건물 안에 들어 있는지 한 번도 본 적이 없으니, 만약에 길거리라면 어떻게 강의를 해야 하나 하는 생각도 들었다. 예전에 경동시장 가는 곳에서 점심 식사를 하기 위해 줄서서 기다리는 것을 보았는데, 대기 장소는 따로 없고 인도에 길게 줄 서 있었다. 비가 오는 날은 우산을 쓰고 길게 줄서 있을 때도 있었다.

"15개 복지관 중에서 강의장이 있는 곳이 일곱 개 정도 있습니다."

"그럼 일곱 군데부터 하면 되지요. 오전에 한 타임 하고, 점심 먹고 오후에 두 타임 하면 되겠네요."

"아니, 그러면 힘들어서 안 됩니다."

"그게 뭐가 힘듭니까? 재미있죠. 목요일은 인천까지 가서 강의하고 오는데요. 괜찮습니다. 하겠습니다."

이렇게 해서 복지관에도 강의를 하기로 했고, 4월에 강의 날짜가 바로 정해졌다.

처음에는 석 달 정도인 5월까지 봉사하기로 했다. 그런데 자세히는 모르겠지만, 경로당이 끝나면 요양원을 돌 것이라 8~9월까지 연장된다는 말도 있었다. 게다가 이번에는 복지관이 추가되었다. 이렇게 처음이랑 약속이 달라지면 "아니 되옵니다." 하고 거부 반응이 일어나야 정상인데, 정반대로 나는 왜 신이 날까. 어르신들 만나서 같이 웃고 소리 지르고 어르신들과 웃음 치료하고 웃음 운동 하는 것이 너무 재미있고, 신나게 놀다 오면 정말 행복하다. 내가 이렇게 무리하면 안 되는데, 피곤하면 안 되는데 해도 될까 하는 생각은 전혀 들지 않고, 그냥 웃음 치료를 한다는 게 신이 난다. 신나게 놀고 와서 밤에 잠잘 때 코를 드르렁드르렁 굴어도 좋다. 내가 지금 이 몸에 시간을 쪼개고 쪼개서 이렇게 웃음 치료를 하며 다니는 것에 대해 사람들은 뭐라고 할까? 내가 무료 봉사로 재능 기부를 하러 간다는 사실을 아는 어느 지인은 '미쳤다'며 '몸이나 잘 챙기'라고 했다.

얼마 전에 어느 경로당에서 할머니 한 분이 이야기했다.

"나는 걱정이 있어."

"무슨 걱정이 있으세요?"

"나중에 아플까 봐 걱정이야."

"지금 어디 아프세요?"

"아니, 아픈 데는 없는데 나중에 아플까 봐서."

"헐! 아니, 아프지도 않은데 나중에 아플까 봐 미리 걱정하시는 거예요?"

"응, 나는 그게 걱정이야."

"에이, 그런 걱정을 왜 하세요. 지금처럼 즐겁게 즐기면서 사시기도 바쁜데요."

정말이지 이 할머니에게 한마디 하고 싶었다. '불치병 환자인 나같이 병든 사람도 그런 생각 안 하고 이렇게 웃음 치료로 신나게 살고 있는데, 병도 없고 아픈 곳도 없으면서 나중에 아플까 봐 미리 걱정하시냐'고. 정말 한마디 하고 싶었다.

그런데 나중에 안 사실이지만, 어르신들은 아프지 않아도 나중에 내가 아프면 어떡하나 하고 걱정들을 한다. 그도 그럴 것이, 옛날부터 3대 거짓말이 노처녀 시집 안 간다는 소리, 노인들 빨리 죽어야지 하는 소리, 장사꾼들 밑지고 판다는 소리라고 했다. 이렇게 입으로는

'내가 빨리 죽어야지' 하면서, 속마음은 '아프면 어떡하나' 하고 걱정하는 것이었다.

웃음 치료는 계속 진행되었다. 일주일에 이틀은 경찰서로 갔다. 오늘은 어느 지역으로 가는지, 어느 위치에 있는지 미리 알 필요가 없었다. 한마디로 경찰이 매니저인 것이다. 그냥 경찰서로 가면 경찰 관용차 타고, 경찰을 운전기사로 두고 목적지까지 간다. 그곳에서 웃음 치료 끝나면 다른 곳에 또 실어다주고, 끝나면 경찰서로 되돌아오든지 버스 정류장에 내려준다. 내가 직접 운전할 필요도 없고, 직접 어느 곳으로 찾아갈 필요도 없고, 신경 쓰지 않아도 된다. 갈수록 편하다는 생각이 들었다.

목요일에 다른 곳에서 웃음 치료 유료 강의가 계속 들어왔다. 누군가 추천해서 유료 강의를 가라고 하는데 갈 수가 없었다. 경찰서에서 재능 기부인 무료 봉사로 웃음 치료를 하기로 했기 때문에 유료 강의를 몇 군데나 포기해야 했다. 하지만 그래도 처음 약속한 것을 지키기 위해서 무료 봉사를 계속하기로 했다.

어느 날인가 이른 시간에 도착했는데, 모처럼 권대원 계장과 얘기를 하게 되었다. 계장님은 지금의 모든 생활에 만족한다며 본인은 '상상 중산층'이라는 얘기를 했다. 그러면서 나에게는 '상상 부자층'이라고 했다. 항상 밝게 웃으며 기쁨으로 가득 차 있는 나를 보면 부자라는 것이다. '상상 부자층'이란 현실의 생활은 부자는 아니지만 현 생활에 만족하고 그 이상으로 상상 속에서 더 부자로 사는 것이다. 지금 나의 힘든 이 상황들이 표나지 않고 '상상 부자층'으로 보이니 기분이 좋았다. 실제로 사는 수준은 영세민이지만, 상상으로는 부자층 그 이

상이 아닐까 하는 생각이 든다.

마음을 비우면 나에게 일어나는 모든 일에 만족할 수 있고, 만족하니 모든 일에 감사하고, 감사하는 마음이 나를 행복하게 만들고, 행복하니 웃음은 저절로 나오고, 웃으니 기분은 좋아지고, 기분이 좋아지니 불만이 있을 리 없고…. 이렇게 나는 '상상 부자층' 이상으로 행복하고 기쁜 마음으로 나의 병든 것까지도 사랑할 수 있는 마음을 가질 수 있게 되었다.

경로당을 도는 웃음 치료는 계속되었다. 복지관도 무료 급식소도 추가로 포함되어 진행되었다. 하면 할수록 재미있고 신나는 웃음 치료가 다 끝나면 서운할 것 같다는 생각이 들었다. 몇 달을 하다 보니 또 경찰 매니저에 경찰 기사에 경찰 MC에, 같이 활동하는 것이 습관이 된 듯 정이 들어서, 이번에 끝나면 내친김에 서울 전 노인정과 경로당을 다 돌까 하는 생각이 들기도 했다.

내 생애에 큰 추억으로 남을 '웃음 백 세'를 통해 경찰서를 매주 출입하게 되고부터 경찰이 내가 전혀 상상도 못 했던 일까지 하고 있는 것을 알게 되었다. 나는 정말 "와~!" 하고 놀라지 않을 수기 없었다.

가정이 튼튼해야 나라가 튼튼하다고, 가정폭력 피해자들을 보살피는 일부터 경미한 사고를 친 청소년들을 선도하는 일까지 경찰이 다 하고 있었다. 옛날에는 소년원으로 보냈는데, 지금은 경찰들이 나서서 선도 차원에서 토요일이면 '등산 학교'라는 이름으로 그 청소년들을 데리고 등산을 하며 많은 대화를 나누고 마음을 정화시키는 일을 하고, 또 암벽 타는 일도 같이 한다. 청소년 경찰학교에서는 청소년들에게 많은 교육도 시키며 경험할 수 있는 기회도 주고 과학 수사관이 되어보게 하기도 하는 등의 일을 하고 있었다.

여성청소년계여서 그런지, 차를 타고 이동할 때도 학교 선생님들에게서 전화가 와서, 어느 아이는 어떻고 하며 상담도 하고 보고도 했다. 운전을 하고 가다가도 어느 학생을 보면 바로 알아보고, 관심을 놓치지 않고 길에서도 형처럼 누나처럼 스스럼없이 다가가 학생들과 이야기했다. 소위 우리가 말하는 비행 청소년들을 위해 토요일도 반납하고 등산 학교다 암벽 타기다 하며 학생들과 눈높이를 같이 하며 새로운 마음으로 정화시키는 경찰들을 보며, 지금까지 경찰에 대한 나의 잘못된 생각들이 얼마나 미안한지 모른다. 그런데 이해가 안 되는 것은 가정폭력 피해자들이다. 경찰에서 그 아이들을 도와주려 해도, 그 부모가 말을 안 듣고 아이를 안 보내준다는 것이다. 엄밀히 따지면 자녀교육은 부모가 책임져야 하는 것 아닌가? 그런데 경찰이 도와주겠다고 해도 고개를 흔드는 부모들은 도대체 어떤 생각일까?

짧지만 긴 '웃음 백 세'는 올해를 꼬박 해도 언제 마무리될지 모른

다. 하지만 나의 기억 속에 영원히 남아 있을 강북 경찰서 여성청소년
계 경찰들은 하나같이 개성이 뚜렷해서 '웃음 백 세'가 끝나고 나면
언제 만날지, 아니 만날 기회가 없을지 모른다. 그래서 나는 그분들
을 한 분 한 분 기억에 담아놓기로 했다.

자칭 '상상 중산층'이라는 권대원 계장님은 5월 어느 날 팅팅 부은
팔에 붕대를 감고 계셨다.

"어머 다치셨어요?" 하고 걱정되어 물었다.

"1대 20으로 붙었습니다." 하며 웃으셨다.

"예? 1대 20이요?"

계장님이 다칠 정도이니 당연히 계장님이 1이고 상대방이 20일 거
라고 생각했다. 왜? 상대방이 1이고 계장님 쪽이 20인데 계장님이 다
쳤다면 말이 안 되니까.

"계장님 쪽이 1이었나 봅니다."

"아니요. 저쪽이 1이었습니다." 하고 웃으며 말했다.

"어머나 굉장히 나쁜 범인이었나 봅니다. 잡으셨나요? 아니 잡았겠
지요. 이쪽이 20인데 놓치면 말이 안 되잖아요."

"아니, 놓쳤습니다."

"헐! 아니, 어떡해요?"

"1대 20으로 붙어서 놓쳤습니다." 하고 웃으셨다. 이해가 안 가는 말
과 웃음은 나에게 어이없는 웃음을 웃게 만들었다.

사실은 벌초하러 갔다가 독사에게 물렸는데, 독사 한 마리에 사람
들 스무 명, 이렇게 1대 20으로 붙었다고 말해서 놀랐다. 웃음 치료
사가 되었어도 성공하실 권대원 계장님은 나중에 퇴직하면 웃음 치

료사로서 제2의 인생을 준비해도 될 것 같은 분이다.

김연하 경위는 대단한 미인이다. 미스코리아 대회에 나가도 당연히 진은 따놓은 미인이다. 가는 곳마다 예쁘다고, 경찰이 왜 이렇게 예쁘냐고 한마디씩 하는데, 성격 또한 터프하게 내가 좋아하는 스타일이다. 얼굴 되지, 몸매 되지, 성격 되지, 피부 되지… 도저히 나이를 가늠할 수 없는 김연하 경위는 이렇게 터프하면서도 전화받을 때는 얼마나 예쁜 목소리로 전화를 받는지, 완전히 변신하는 연약한 여성의 목소리를 내는 성우들처럼 옆에 있는 나를 웃음 짓게 만들었다.

민복기 경사는 관용차가 다 나가고 타고 나갈 차가 없으면, 본인의 차를 끌고 나온다. 애기 아빠인 민복기 경사는 운전을 얼마나 잘하는지, 골목골목 찾아가는데 어떻게 이곳으로 차가 지나왔는지 신기해서 내려 사진을 찍어 기념으로 남길 정도로 운전의 달인이다(강북 지역은 산동네라서 비탈길도 많고, 겨울엔 이런 곳에 어떻게 차가 다닐까 하는 골목도 많다. 그런데 '우~와' 하고 감탄사가 나오게 하는 그런 비탈길들과 좁은 길들이 많이 있어 운전하고 다니기엔 어려운 곳들이 많다).

주로 학교로 교육을 다닌다는 민복기 경사는 길에서 만나는 학생도 많았다. 학생들이 스스럼없이 다가와 인사를 할 정도로 얼마나 친근감 있게 대해주고 관심 가져 주는지, 보지 않아도 보이는 듯했다. 청소년 경찰학교 선생님으로, 과학 수사대 선생님으로, 학생들에게 체험할 수 있도록 많은 일을 한다고도 했다.

김황준 경장은 '웃음 백 세'의 마스코트이다. '웃음 백 세'라는 플래카드를 가지고 다니는데, 커다란 콧수염을 붙이고 "백 세까지 사느라 못 간다고 전해라."라고 적혀 있는 플래카드의 모델이다. 나도 네이버

에서 '콧수염 매력녀 홍영순'으로 떴다. 나의 콧수염 때문에 모든 사람들이 콧수염이라고 부르는데, 김황준 경장은 나의 콧수염보다 더 큰 것으로 붙이고 모델이 되어서 나의 경쟁자 아닌 경쟁자가 되었다. 웃음 치료를 하는 동안 어르신들과 같이 앉아서 박장대소를 한 적이 있었는데, 웃음소리도 크고 정말 프로급이었다. 박장대소는 웃음 치료사인 나보다 한 수 위였다.

모두가 상박이, 상박이 하고 부르는 변상박 경장은 처음에 '웃음 백세' 담당이었다. 꽃미남인 변상박 경장은 어디를 가야 할지, 노인정과 경로당 등 어르신들이 계신 곳에 시간을 잡고 운전을 해서 같이 가는데, 한마디로 웃음 치료의 매니저 겸 운전기사 겸 수고를 많이 했다. 모든 경찰들 중에 아마도 '변'가(家)는 혼자일 것이라는 상박이 경장을 여장으로 변신시킨다면 김연하 경위 다음으로 예쁘지 않을까 싶은데 그것은 나의 생각.

한번은 이동 중에 관용차가 토끼처럼 껑충껑충 뛰어서 갔다. 저절로 차 내부 천정에 있는 손잡이를 잡았는데, 웃음이 나왔다. 사실은 운전을 잘 못 해서가 아니라, 그 차가 원래 그런 것이라고, 그나마 변상박 경장만이 이 스틱 차를 운전할 수 있다고 모두가 인정하는 고수였다. 지금도 생각하면 웃음이 나오는, 토끼처럼 뛰어가던 그 차 또한 나의 기억에 남을 것이다.

송기현 경장은 귀여운 분이다. 어르신들과 율동하며 진행 중일 때도 옆에서 같이 박수 치며 율동도 같이 하는데, 웃는 모습도 귀엽고 율동도 귀엽다. 감히 경찰 아저씨를 귀엽다고 표현하는 것이 실수일지 모른다. 그러나 그만큼 좋다는 표현법으로 이해해 주었으면 하는 바람을 가져본다. 언젠가 복지관을 갔는데, 뒤 차 때문에 차가 빠져나오기 힘든 상황이었다. 후방 카메라도 없는 관용차를 뒤로 빼서 나오는데 같이 간 다른 경찰들이 "역시, 역시 기현이야." 하며 엄지를 척하고 세워주었다. 숨어 있는 운전의 고수였다. 멋있었다.

유홍기 경장은 변상박 경장 다음으로 웃음 치료를 담당했다. 새로운 매니저 겸 운전기사로 수고해주실 분으로 앞으로 웃음 치료가 끝날 때까지 담당하게 되었다. 환하게 웃는 미소가 예쁘고 재미있고, 애교 있는 말투에 저절로 웃음 짓게 하며, 사람의 마음을 무장해제시키는 능력의 소유자이다.

홍애림 순경은 이곳의 막내로 며느리 보실 어머님들이 탐낼 정도로 한 미모 하는 미인이다. 막내라는 호칭을 좋아하는 나는 왠지 막내인 예쁜 홍애림 순경이 더욱더 예뻤다. 처음에 계속 같이 다녔는데,

어르신들께도 친절하고 상냥하게 설명하며, 설문지 작성하는 것도 가르쳐주고, 마치 예쁜 손녀가 와서 어르신들 도와주려고 하는 듯해 어르신들이 더 좋아하는 것 같았다.

경찰서에 갈 때마다 괜찮다고, 아무것도 필요 없다고 해도, 꼭 차를 타주는 홍애림 순경. 언젠가는 많이 피곤했는지 부어 있어서 걱정을 했는데, 어젯밤에 당직이었다는 말에 "휴!" 하고 안도의 숨을 내쉰 적도 있었다.

경찰서 하면 무서울 것 같았다. 매일 범죄와의 전쟁에서 생활하는 경찰들도 당연히 무섭다고만 생각한 나는 이런 사람좋은 경찰들과 같이 웃음 치료를 다니며 아기 아빠들은 아기 이야기, 부인 이야기, 집에 가면 아기 기저귀 갈아주는 이야기, 부인이 소설을 쓸 것이라는 이야기. 엄마가 노인정에서 고스톱 치느라고 집에 늦게 오셔서 노인정으로 엄마 찾으러 뛰어가면, 다른 어르신들이 "우리 그냥 재미로 놀았어." 하며, 경찰인 친구 딸 눈치를 조금 보는 것 같다는 이야기. 정말 이렇게 모두가 평범한 가정의 얘기들을 나누는 경찰들도 누군가의 듬직한 아들, 딸이며 누군가의 자상한 남편과 아내, 누군가의 다정한 아빠와 엄마라는 사실을 새삼 느끼게 되었다. 내가 세상물정 모르고 살았기 때문인지, 아니면 경찰서나 법과는 전혀 상관없는 '바른 생활'을 해서 경찰들과 접할 기회가 없었기 때문인지, 옛날 범인 잡아가는 경찰만 생각하고 있어서 그런 것인지 잘 모르겠지만, 정말 많은 인생 공부를 하는 기회가 되었다.

지금 이런 이야기들은 짧은 시간 내가 본 것만 적었을 뿐, 이분들의 다가 아니다. 운전하며 웃으며 이야기를 하고 지나가다가도, 주위에 보이는 것들을 그냥 넘기지 않고 예리하게 보며, 날카롭게 두 눈의 카메라로 찍고 지나긴다. 평범한 것보다는 무엇인가 경찰들만의 '촉'이 있다는 것을 느낄 수 있었다. 눈으로 보이는 것이 다가 아니라는 생각이 들 때마다 몇 번이나 놀란 적이 있는데, 그럴 때마다 역시나 하며 마음속으로 '엄지 척' 하고 올라가는 것은 어쩔 수가 없었다. 또 상상 이상의 많은 일을 했다. 이곳은 여성청소년계인 만큼 여성과 청소년을 위해서 토요일 산행부터 암벽 타기, 청소년 경찰학교 등등.

이 책은 '경찰관 탐구'를 목적으로 한 것이 아니기 때문에, 경찰서에서 어떤 일을 하는지에 대해서 더 자세한 내용은 생략하고자 한다. 그냥 내 눈에 잠깐씩 보였던 것, 어르신들이 기분 좋아지고, 행복해하고, 그래서 '경찰'이라는 담을 허물고 더 친근하게 다가설 수 있기를 바라는 경찰들의 순수한 바람을 최대한 표현해보고자 했다. 그러나 다소 부족한 점이 많아 경찰관들의 하는 일을 축소시키는 것은 아닐지 걱정되기도 한다(청소년들을 위해서 하는 일은 더 많았다).

언제 끝날지 모르는 눈이 올 때까지 계속될 것이라는 경로당 투어의 '웃음 백 세'의 웃음 치료는 지금도 계속 진행 중이다. 내가 살아있다는 것에, 또 내가 건강하고 기분 좋게 제2의 인생을 살고 있다고 증명이라도 해주는 것 같아서 너무너무 재미있고 행복한 시간이 되고 있다.

끝으로 청소년 학교 때문에 토요일을 반납하고 크고 작은 사건들을 접하면서도 이렇게 순수하고 밝은 미소를 유지하며 하나같이 친절한 것에 감동이었다.

지금처럼 밝고 건강한 사회를 만들어 가는 데 앞장서신 분들로서

왼쪽부터 홍애림 순경, 민복기 경사, 김황준 경장, 권대원 계장, 김연하 경위, 엄청 예쁜 홍영순, 송기현 경장, 유흥기 경장, 변상박 경장은 사진 찍는 중.

아프지 말고 건강하시길 경찰들의 몸은 자기의 개인의 몸이기도 하지만 민중의 지팡이로서 국민의 몸 이기도 하므로 늘 건강하시길 하는 바람을 가진다.

어린 시절 나의 꿈은 작가가 되는 것이었다. 하지만 잊혀진 지 오래되었다.

『나는 내가 고맙다』의 작가 유연숙 선생님을 만났을 때, 나도 옛날에 책을 쓰려고 몇 번이나 계획을 세웠는데 결국 포기했다고 말했다. 그러자 지금이라도 한번 해보라고 했다. "내가 어떻게 책을 씁니까? 옛날에는 책도 많이 읽고 꿈도 있었는데, 지금은 책도 안 읽고 문장력도 없고, 쓸 줄도 모르고 완전 초딩 수준인데요." 했다. 그러자 나 같은 사람은 없다고 한번 해보라고 했다. 그리고 많은 대화를 나누었다.

유연숙 선생님이 말하는 대로 그냥 일단 점 하나 찍었다. 그리고 한 줄씩 써내려간 것이 이렇게 책 한 권을 마무리 짓는 단계에 이르렀다. 국문학을 전공한 것도 아니고 책을 많이 읽은 것도 아니고 책 쓰는 일에 지식이 있는 것도 아닌 내가 책을 마무리 지으면서 미숙한 점이 많아 내심 걱정이 되기도 한다.

내가 지금 또 다른 인생 제2의 인생을 시작하면서 겪은 일년 동안의 일만 기록하고, 꼭 있어야 할 내용 한 부분은 다음 기회에 다시 적기로 하고 곱게 접어 예쁘게 포장해서 미루어두기로 했다. 그 이유는 병든 내 몸에 내가 약해지지 않고 건강 잘 지켜서, 이번에 기록하지 못한 내용을, 누구에게도 말하지 못한 것들을 적을 수 있는 기회를 나 스스로에게 줘보고 싶었기 때문이다.

내가 사는 동안 세 권의 책을 쓰고 싶다.

첫 번째 책은 내 인생의 결론인 새로운 인생을 준비하는 이 책.

두 번째 책은 내 인생의 본론인 청춘이 그대로 담겨 있는 책.

오랜 세월을 직장에서 산모들과 생활했기에, 내 인생에서 산모들을 빼면 할 이야기가 없다. 그 정도로 많은 산모들을 만났다. 그 산모들이 없었다면 내가 한창 잘나가던 시절 또한 없었을 것이기에, 홍 실장을 있게 해준 고마운 산모들의 이야기를 쓰고 싶다. 재미있게 웃으며 읽을 수 있는, 모든 산모였던 사람들이, 또 예비 산모들이 읽을 수 있는, 산모의 가족들이 편하게 읽을 수 있는 그런 책을 쓸 것이다.

세 번째 책은 내 인생의 서론인 나의 처음 인생을 쓸 것이다. 누구나 사는 것은 똑같은데, 무엇이 할 이야기가 있을까 할 것이다. 하지만 어느 가수의 노래 '이것이 인생이다'에서 '인생'에 대해 이렇게 노래한다.

굽이굽이 살아온 자욱마다 가시밭길 서러운 내 인생
다시 가라 하면 나는 못 가네 마디마디 서러워서 나는 못 가네이 노래 가사처럼 나의 서론인 반평생을 쓸 것이다. 갑자기 약 부작용이 나타날 수도 있고, 이 상황을 이렇게 오래도록 유지할 수도 있는 지금 언제 어떻게 될지 아무도 장담할 수는 없다. 하지만 나는 나 스스로에게 숙제를 주어 책임감으로 나의 정신력을 잡아놓으려 한다.

언젠가 명강사 교육을 받을 때의 일이다. 어느 교수님이 앞으로 5년 안에 이루고 싶은 것을 세 가지 적으라고 했다. 전혀 생각해보지 않은 일이었기에, 펜을 손에 들고 빈 노트만 뚫어지게 쳐다보고 있었다. 교수님은 다가와서 빈 노트를 쳐다보며 '왜 안 적냐?'고 눈으로 말하고 있었다.

하지만 아무렇게나 남 보기 좋게 적고 싶지는 않았다. 빨리 적은 사람은 나가서 발표를 했는데, 그때까지도 나는 적을 수가 없었다. 나는 진지하게 생각했다. 앞으로 나에게 일어날 일에 대해서 제일 먼저 생각했는데, 그것은 약의 부작용이었다. 그리고 남 보기 좋은 꿈이 아니라 나에게 필요한 정말 하고 싶은 것을 생각하고 적었다. 비록 늦어서 발표도 못 하고 넘어가긴 했지만, 그 교수님의 질문으로 뿌연 안개 속에 가려져 있던 것들이 안개가 걷히면서, 내 꿈이 선명하게 보여 정리하는 계기가 되었다.

앞으로 나는 5년 안에 이루고 싶은 꿈이 있다.

첫째는 5년 안에 책을 세 권 쓰는 것.

둘째는 네이버에서 '홍영순' 하고 인물 검색을 했을 때 내 사진과 이름이 바로 뜨는 것.

셋째는 강사로서 누구에게나 인정받는 스타 강사가 되는 것.

이렇게 세 개의 목표를 5년 안에 이루고 싶다. 물론 쉽지 않다는 것을 알고 있다. 그러기에 얼마나 많은 노력을 들여야 할지. 하지만 나는 노력할 것이다. 나의 꿈을 위해서 희망을 가지고 노력할 것이다. 이렇게 내 인생의 절망 속에서 희망을 품어본다.

　이 글을 쓸 수 있도록 내 책에 출연해주신 모든 분들께 감사의 인사를 드린다. 모두 다 실명을 사용해도 좋다고 허락해 주셔서 모두 실명으로 기록했다. 동생 가족들은 언니의 병듦으로 인해 혹시 타인으로부터 마음에 상처라도 받을까 싶어 이름을 사용하지 않았다. 또한 공들여 쓴 책을 꼼꼼하게 체크해 주신 북랩 출판사의 김회란 본부장님과 편집부 직원 여러분께 감사의 인사를 드린다.

　이 책을 쓰면서 나에게 좋은 사람들이 참 많다는 것을 알았다. 나를 도와주는 사람들이 이렇게 많이 있는 것이다. 50대 전과 50대 후를 나누어 제2의 인생에 대해 적은 것으로, 50대 후에 일년 반이라는 시간 속에 인연이 되어준 멘토 이관희 선생님, 롤 모델 유연숙 선생님, 유연숙 선생님을 소개해주고 웃음 치료를 창시해서 새로운 직업을 갖게 해주신 한광일 박사님, 바쁜 시간 자리를 내어준 서초의 문혜리 선생님 오로지 하나님만을 의지하라며 보이지 않는 곳에서 나를 위해 기도하고 있는 나무언니, 임정숙 선생님, 김영자 선생님, 끊임없는 사랑을 주는 윤희옥씨 등등. 그리고 서로를 격려하고 칭찬하며 일일이 이름 불러주며 관심 가져주는 한국강사은행의 여러 교수님들과 강사님들께 감사드린다.

국제웃음치료협회 소속이라서 좋고, 한국강사은행의 가족이어서 좋은 것들, 일년 반 동안 참 좋은 것들이 많았다.

병은 들었지만 이런 좋은 분들과 같이 해서 너무 좋은 지금. 이 책이 나오면 엄마에게 제일 먼저 보여드리고 싶은데, 엄마에게는 영원히 보여드릴 수 없는 책이라는 것이 마음에 걸릴 뿐이다. 그것만 아니면 정말 좋은데. 딱 좋은데.

책을 다 쓰고 다시 읽어보았다. 어느 지점에서는 손목이 굳어 글씨를 쓸 때 힘들었던 기억이 나고, 어느 지점에서는 감정에 부딪혀 눈물이 앞을 가려 글을 쓸 수 없었던 기억, 어느 지점은 마음이 붕 떠오르듯 들뜬 기분이 들었던 기억들이 새삼스럽게 다가왔다. 가장 힘들었던 것은 손목이 굳어져서 마우스를 더블 클릭을 못 할 정도로 손가락이 빨리 움직이지 않은 것과 글씨를 보고 있으면 갑자기 커졌다가 작아졌다가를 반복해서, 눈을 감고 더 진행할 수가 없을 때였다.

처음 쓰는 책이라서 얼마나 정성을 들여서 썼는지, 온 마음과 온 정성을 모아 이 책을 읽어주실 독자들에게 감사의 인사를 드린다.

이렇게 책을 만든다고 하니 마음이 두근거린다. 내가 아프다는 사실을 가족들과 단 다섯 사람 외에는 모르는데, 이렇게 아픈 것을 밝혀야 하나 하는 생각이 아직도 두려움으로 남아 있다. 예전엔 사람 많은 모임에 가면 동작이 빨라서 항상 봉사부장으로 알아서 척척척 봉사 했는데, 지금은 지탱하는 힘이 약해지면서 사람 많은 곳에 가면 부딪쳐 넘어질까 봐 그래서 방해가 될까봐 벽이나 뒷쪽으로 물러나게 되고 적극적으로 도와주지를 못하게 되었다. 이런 모습을 이상하게 보는 언짢은 시선을 느낄 때마다 앞으로 눈에 보이게 나타나면 다 알 일인데, 한번 밝히고 나면 속이 시원할 것이라고, 훨씬 좋을 것이라고 해서 도전해 본다.

독자분들께 감히 부탁드리고 싶은 것은, 절망 속에서 용기를 내어 희망으로 가려고 노력하는 저의 마음을 헤아려 "그래 잘하고 있어. 힘내!" 하고 위로와 따뜻한 박수로 용기를 주셨으면 하는 것입니다. 그리고 저의 글이 다른 많은 분들께도 용기를 주게 되었으면 더 바랄 나위가 없겠습니다. 감사합니다.